ALOIS WOLF

ÜBERBIETENDES NEUERZÄHLEN ALS VERSUCH DER VERGEGENWÄRTIGUNG DES „WAHREN“

ÜBERLEGUNGEN ZUR VOLKSSPRACHLICHEN LITERATUR UM 1200

ÖSTERREICHISCHE AKADEMIE DER WISSENSCHAFTEN
PHILOSOPHISCH-HISTORISCHE KLASSE
SITZUNGSBERICHTE, 807. BAND

ALOIS WOLF

Überbietendes Neuerzählen als Versuch der Vergegenwärtigung des „Wahren“

Überlegungen zur volkssprachlichen Literatur um 1200

Wien 2010

Vorgelegt von k. M. Alois Wolf
in der Sitzung am 12. März 2010

Die verwendete Papiersorte ist aus chlorfrei gebleichtem Zellstoff hergestellt,
frei von säurebildenden Bestandteilen und alterungsbeständig.

ISBN 978-3-7001-6843-0

Satz: Gerald Reisenbauer, ÖAW
Druck und Bindung: Prime Rate kft., Budapest

http://hw.oeaw.ac.at/6843-0
http://verlag.oeaw.ac.at

Überbietendes Neuerzählen als Versuch der Vergegenwärtigung des „Wahren"

Überlegungen zur volkssprachlichen Literatur um 1200

Alois Wolf, Freiburg/Breisgau

Nachstehende Überlegungen knüpfen an einen Beitrag über das *niuwen* bei Wolfram von Eschenbach an, den ich vor Jahren veröffentlicht habe.[1] Die Fragestellung erschien mir wichtig genug, um erneut und auf breiterer Textgrundlage darauf einzugehen. Im Folgenden setze ich bei Wolframs ‚Parzival' ein. Es folgt ein Einschub über die Bedeutung der sich herausbildenden Vorstellung vom *meilleur chevalier*. Hierauf gehe ich auf Gottfrieds ‚Tristan', das Nibelungenlied und den ‚Willehalm' ein, bevor ich mich den großen französischen Prosawerken ‚Perlesvaus', ‚La Queste del saint Graal' und ‚La mort le Roi Artu' zuwende.

Die Forschung hat sich ebenfalls des Themas angenommen und ihm z.B. 2005 ein Sonderheft der Zeitschrift für deutsche Philologie mit dem Titel Retextualisierung in der mittelalterlichen Literatur gewidmet.[2] Zuvor hatte Franz Josef Worstbrock die poetologischen Hintergründe des Phänomens dargelegt.[3] Der Rückbezug auf das Poetologisch-Dichtungstechnische bei der Beschäftigung mit einer Literatur, die es nicht mit Erfundenem, sondern mit Vorgefundenem zu tun hat, ist zweifellos immer im Auge zu behalten, nur sollte die *materia* nicht zu kurz kommen. Wie anhand der im folgenden

---

[1] Alois Wolf, *Ein maere will ich niuwen daz saget von grôzen triuwen.* Vom höfischen Roman Chrétiens zum Meditationsgeflecht der Dichtung Wolframs, in: Literaturwissenschaftliches Jahrbuch der Görres-Gesellschaft, NF 26 (1985), S. 9–73. Der von Jean Fourquet in die französische Germanistik eingeführte Begriff der *adaptation courtoise* erfasst die Komplexität des *niuwens* nicht. Er bezieht sich auch nur auf die deutschen Bearbeitungen französischer Vorlagen und erfasst nicht, was im Französischen selbst vor sich ging. Mit einigen ‚höfischen' Retouchen ist es eben nicht getan, was auch für die sogenannten Schneiderstrophen des Nibelungenliedes gilt.

[2] Retextualisierung in der mittelalterlichen Literatur. Zeitschrift für deutsche Philologie. Sonderheft 124, 2005.

[3] Franz Josef Worstbrock, Wiedererzählen und Übersetzen, in: Mittelalter und frühe Neuzeit. Übergänge, Umbrüche und Neuansätze, Tübingen 1999, S. 128–142.

untersuchten Texte gezeigt werden soll, wird nicht nur an eine vorgegebene *materia* mit mehr oder weniger Finesse Dichtungstechnisches herangetragen, sondern die Substanz dieser *materia* kann grundlegend verändert werden, so dass in vielen Fällen die künstlerische Arbeit am Vorgegebenen einem Neuerfinden gleichkommt. Die grundsätzlich richtige Relation *materia* = das Vorgefundene zu *artificium* = dem Anteil des Dichters – von Worstbrock am Beispiel von Chrétiens *conjointure* veranschaulicht – gilt nicht für alles. Die historische Entwicklung muss bedacht werden, dazu wichtige gesellschaftliche Veränderungen – man denke an die zunehmende Konsolidierung des Ritterstandes und die Macht des Religiösen, die z.B. in der Artusliteratur immer spürbarer wird. Die Relation *materia/artificium* beginnt sich aufzulösen. Verbunden damit ist auch eine sich verändernde Einstellung zu der Frage, was man von der jungen und rasch sich auffächernden Literatur erwartete und was es mit Fiktion und Wahrheit auf sich hat.

Die lebhafte Diskussion um das Fiktionale in der mittelalterlichen Literatur hat wesentliche Aspekte in den Mittelpunkt des Interesses gerückt. Für Walter Haug, dem auch diese Diskussion wertvolle Anregungen und Einsichten verdankt, liegt eine der Leistungen dieser Literatur darin, die ‚Wahrheit der Fiktion' entdeckt und verfügbar gemacht zu haben.[4] Die Diskussion um das Fiktionale gewinnt bei Haug über das Literarhistorische hinaus grundsätzliche geistesgeschichtliche Bedeutung. In seinem wohl letzten Beitrag vor seinem Tod fasste er seine Sicht mit betonter Schärfe zusammen, gleichsam als sein Vermächtnis *in nuce*.[5] Es ist eine Sicht ex negativo im Extrem. Die literarisch schöpferischen Impulse des Hochmittelalters seien auf das Erlebnis von Sinnverlust und Scheitern zurückzuführen und nur ‚romantische Verblendung' verstelle die Einsicht in diesen Sachverhalt. Vorliegende Überlegungen gehen in die entgegengesetzte Richtung. Mein Ansatz ist ex positivo, und ich setze mich dem Vorwurf aus, ‚nichts verstanden' zu haben. Ich misstraue aber der Faszination, die vom modernen Nihilismus ausgehen mag und verlasse mich vielmehr auf die doch nicht zu leugnende Aufbruchsstimmung, die die volkssprachliche Literatur im 12. Jahrhundert erfasst hat, beginnend mit dem *canticum novum* der Troubadours. Dass die Hoffnung, die sich mit diesen literarischen Experimenten verband, die Frucht von Sinnverlust und Scheitern gewesen sei, will mir nicht einleuchten.

---

[4] Walter Haug, Die Wahrheit der Fiktion. Studien zur weltlichen und geistlichen Literatur des Mittelalters und der frühen Neuzeit, Tübingen 2003.

[5] Walter Haug, Vom Tristan zu Wolframs Titurel oder die Geburt des Romans aus Scheitern am Absoluten, in: DVS 82, 2008, S. 193–205.

Ich gehe von der markanten Eigentümlichkeit mittelalterlicher Dichtungen, dem ‚Neuerzählen‘ aus, was auch das Problem des Fiktionalen in anderem Licht erscheinen lassen dürfte. Das Neuerzählen ist ein Charakteristikum der volkssprachlichen Literatur des Hochmittelalters und hat diese in unterschiedlicher Intensität und Qualität geprägt. So beobachtet man, dass mit dem Neueinsatz der deutschen Literatur um 1060 dieselben Bibelabschnitte in neuen Fassungen vorgelegt wurden in den Handschriften Wien, Millstatt, Vorau. Im 12. Jahrhundert erfasst diese Tendenz auch die antiken Stoffe, wovon vor allem der Alexanderstoff profitierte, von der kargen Fassung Alberichs über die Zehnsilberversion bis zum großen Alexanderroman in Zwölfsilblerversen. Im Bereich der Chansons de geste beobachtet man dasselbe Phänomen, und dabei konnte es zu Veränderungen kommen, die an die Substanz rührten, wie man am Beispiel des Alten Wilhelmliedes und des Aliscanzepos sehen kann. So wird z.B. im Aliscanzepos die Vivienepisode nicht nur neu erzählt, sondern überdies in eine überbietende Beziehung zum Rolandslied gestellt, so dass Vivien zum neuen Roland werden kann, in dem sich auch die Qualitäten Oliviers wiederfinden. Wolframs Version im ‚Willehalm‘ sollte entscheidende Schritte weitergehen.

Ein reiches Betätigungsfeld für das Neuerzählen bot dann die matière de Bretagne, deren unvorhersehbarer Einbruch in die mittelalterliche Literatur diese von Grund auf veränderte. Man hat es dabei mit einem anderen Neuerungsansatz zu tun, nämlich mit dem Übergang vom Mündlichen zum Schriftlichen. Davon sollten auch Überlieferungen aus dem germanischen Sagenkreis profitieren.

Marie de France, die sich von der lateinischen Tradition löste und den bretonischen Stoffen zuwandte, ging es, wie sie formuliert, darum, die Lais, die ihr vom Hören her vertraut waren, literarisch zu gestalten, um sie dem Vergessenwerden zu entreißen. Prolog, V 39f.

Chrétien des Troyes begnügte sich damit nicht. In seinem Prolog zum ersten Artusritterroman, dem ‚Erec‘, zeigt sich dieser Übergang vom Mündlichen zum Schriftlichen mit besonderer Bewusstheit, die dieser nun entstehenden Literatur eine neue Position im kulturellen Haushalt verschaffen sollte. Im ‚Erec‘ erfasst dieses überbietende Neuerzählen diffuse mündliche Artusüberlieferungen, aus denen sich, wie das einleitende Proverb nahelegt, Wertvolles herausholen lässt – *et tret* (!) *d'un conte d'avanture une molt bele conjointure*, V 13f. In diesen Versen Chrétiens äußert sich auch eine optimistische Auffassung, wonach eben in Vielem ein wertvoller Kern stecken kann, den es zu entdecken und fruchtbar zu machen gilt. Im ‚Erec‘ bezieht sich diese Sinnfindung auf die mündlichen Überlieferungen, die damit überboten werden. In den Tristanüberlieferungen zeigt sich dieses überbietende

Neuerzählen auf eindringliche Weise. Man vergleiche Bérol mit Thomas, die Folie Tristan de Bern mit der von Oxford. Im Deutschen, bei Gottfried, setzt sich das fort. Diese ausgeprägte Neigung zum Neuerzählen blieb nicht aufs Französisch-Deutsche beschränkt. Der Norden mit Norwegen und vor allem Island bliebt nicht hinter dem kontinentalen Mittelalter zurück. Dieselbe Tendenz erfasste z.B. in voller Breite die Darstellung der norwegischen Königsgeschichte, beginnend mit dem nicht erhaltenen, in lateinischer Sprache verfassten Werk Saemunds des Weisen (+ 1133), der in Paris studiert hatte. Der Übergang in die Volkssprache erfolgte umgehend. Es entstand eine Reihe umfangreicher Geschichtswerke, gipfelnd in der dreibändigen Darstellung in der ‚Heimskringla' das Snorri Sturluson (+ 1241); wir überschlagen die Zwischenglieder. Die Geschichte Olafs des Heiligen steht im Mittelpunkt. Dass dies nichts mit den Bestrebungen auf dem Kontinent zu tun haben sollte, leuchtet mir nicht ein. Eine wichtige Voraussetzung für dieses Phänomen wird man in dem unermüdlichen Eifer der mittelalterlichen Kirche sehen dürfen, in immer neuen Anläufen tiefer in die Hl. Bücher einzudringen. Man denke nur an die vielen Kommentare zum Hohenlied, die das 12. Jahrhundert hervorgebracht hat.

Beim Übergang vom Französischen ins Deutsche kommt es zu unterschiedlichen Formen dieses Neuerzählens. So lässt der Pfaffe Konrad in seiner Neufassung des Rolandsliedes das Heroische zugunsten des Geistlichen zurücktreten, beseitigt die *la France*-Ideologie zugunsten der Betonung des *rîche* und weist dem Werk eine Funktion zu im realen politischen Machtspiel zwischen den Staufern und Heinrich dem Löwen; ein beachtlicher Bedeutungsgewinn dieser Überlieferung. Heinrichs von Veldeke Bearbeitung des französischen Eneasromans führt z.B. den Teufel ein als Instigator des Selbstmords der Dido, wo der französische Text nur den Hinweis auf die Macht *amors*, V 2058, aufweist. Hinzukommt ebenfalls eine aktualisierende Einvernahme der Politik, wie die Stauferpartien zeigen, gleichgültig ob sie von Heinrich stammen oder nicht. Es geht dabei um Punktuelles; von einer erzählerisch durchgehaltenen Aktualisierung kann keine Rede sein. Wir setzen beim ‚Iwein' Hartmanns von Aue ein.[6] Der Dichter, ohne eine Quelle zu nennen und näher auf sein Tun einzugehen, verneigt sich kokett vor der einstigen Artusherrlichkeit, die er augenzwinkernd hochlobt, stellt aber dann fest, dass die literarisch fixierte Kunde von dieser Vorzeit mehr bedeutet als die einstige Wirklichkeit, denn *uns kann mit ir* (= den Menschen der Artuszeit) *maere so rehte wol wesen; dâ tâten in diu werc vil wol.*

---

[6] Hartmann von Aue, Iwein, oder der Ritter mit dem Löwen, hg. Von Fedor Bech, Leipzig 1902, V 48ff.

Maere steht also gegen *werc*, der literarische Bericht wird gegen die Wirklichkeit aufgewertet, denn er trägt dazu bei, unser Wohlbefinden zu steigern. Die Dichter um 1200 werden sich mit dieser harmlosen Bestimmung des Wesens der Literatur nicht zufriedengeben. Wenden wir uns nun den Werken zu, für die ihre Autoren eine höherwertige Seinsweise und Funktion beanspruchen.

Wolfram und Gottfried hätten sich damit begnügen können, ihre französischen Vorlagen unter Anbringung verschiedener Retouchen dem deutschen Publikum zu vermitteln, wie das für Hartmann von Aue gilt. Und was das Nibelungenlied betrifft, hätte eine oberflächliche ‚Verhöfischung‘ der alten Sagen auch gereicht. Diese Autoren wollten aber mehr, und damit ist man an einer Schlüsselstelle für das literarische Selbstverständnis dieser Autoren und eines Teils der anspruchsvoller gewordenen volkssprachlichen Szene um 1200 überhaupt. Wenn Wolfram und Gottfried sich derart vehement in ihren Ankündigungen für die Besonderheit ihres Tuns einsetzen – und die erste *aventiure* des Nibelungenliedes steht dem kaum nach – so wird damit ein Anspruch erhoben, der grundlegend Neues verheißt. Es ist zu fragen, worauf sich dieser Anspruch gründet und was er literarhistorisch bedeutet.

Die Art, wie Wolfram sich zu seinem Werk und zu seinem Tun – auf diese Doppelheit kommt es an – äußert und was sich durch die ganze Dichtung zieht, im Prolog aber auf besonders massive Weise zum Ausdruck kommt, hat in der zeitgenössischen Literatur, von Gottfried abgesehen, nichts Gleichwertiges. Von diesem erregenden Befund, der kaum zu überschätzen ist, muss man ausgehen. Ich sehe darin den Schlüssel zum Verständnis dieser Dichtungen. Es ist verwunderlich, dass die Literarhistoriker, die sich eingehend mit diesen Prologen beschäftigt haben – selbst Haug in seiner Darstellung der Literaturtheorie im Mittelalter – dieses elementare Faktum einfach hinzunehmen scheinen. Blicken wir zum Vergleich auf Äußerungen maßgebender französischer Autoren dieser Zeit, z.B. auf Chrétien de Troyes.

Im Guillaume d’Angleterre sagt er nur, er gehe daran *de conter un conte par rime*, V 3. Im Roman Cligès kündigt er, nach Aufzählung seiner bisherigen Werke, *un novel conte* an und beruft sich auf eine schriftliche Vorlage, die in Beauvais liege. Das Wort *novel* bedeutet hier nur ein weiteres Werk. Im Karrenritterroman stellt er nach der Rühmung der Mäzenin, deren *comandement* er befolgen werde, fest, er *comence* nun *son livre*, V 25, und sein Anteil sei *painne et antancion*, V 29. Auch im Prolog zum Gralroman heißt es nur, er folge der Anordnung seines Mäzens, der ihm *le livre* verschafft habe und werde nun *rimoier le meillor conte qui soit contez a cort roial*, V

63.[7] Ähnlich wie Chrétien im ‚Erec' äußert sich auch Renaut de Beaujeu in ‚Le bel inconnu', V 4 f.: … *veul un roumant estraire d'un molt biel conte d'aventure.* Marie le France übersetzt und bearbeitet mündliche keltische Erzählungen.

Was Wolfram den Hörern in seinem Parzivalprolog zumutet – er umfasst immerhin 116 Verse! – ist auf weite Strecken eher ein Antiprolog als eine zu erwartende traditionelle Auskunft über Werk, Inhalt, Mäzen etc.[8] Niemand käme auf die Idee, dass es sich bei dem folgenden Werk um einen Gralroman handeln würde, was in Wolframs Hauptquelle, Chrétiens ‚conte del graal', ausdrücklich festgestellt wird. Statt klare Auskünfte zu bekommen, wird der Hörer/Leser Wolframs provoziert und irritiert durch verschlüsselte Angaben unterschiedlicher Art. Der erste Hinweis auf das Werk, 2,7 ff enthält nichts Prologtypisches, und wenn sich die Angaben über das *maere* gegen Schluss präzisieren,, 3,27 ff, bleibt das Publikum immer noch im Unklaren. Die *materia*, der vorgegebene und verbindliche Stoff, wird nicht erwähnt, was bei dem Umfang des Prologs besonders auffällt. Ist also bei Wolfram, dem *vindaere wilder maere*, die Bindung an die *materia* vielleicht doch nicht so eng, wie die Dichtungstheorie es will und kündigt sich hier eine neue Sicht auf die *materia* an, die sich dem Erfinden zu öffnen beginnt? Der Prolog in seiner vertrackten Vielgestalt ist ja schon ein Beispiel für Erfinden. Der erste Hinweis auf das *maere*, 2,5-16, bietet ein verwirrendes Vexierspiel. In der Erwähnung des *wîsen mannes*, 2,5, lässt Wolfram erkennen, dass ihm die Prologtopik von *tump/wîse* vertraut ist; die Entsprechung zu *wîse* findet sich in den *tumben liuten*, 1,16. Es geht auf seltsame Weise weiter. Statt anzudeuten, worin es sich bei *stiure* und *guoter lêre* handelt, erfährt man, wie *disiu maere* sich verhalten, doch nichts vom Inhalt. Es kommt dabei zu einem Anthropomorphismus, was auch mit Blick auf die Fiktionalisierungsdebatte wichtig sein könnte, und zu einer Verritterung des *maere.* So heißt es von den *maeren*, dass sie nimmer *des verzagent* … Das trifft auf menschliches Verhalten zu und evoziert Wolframs zentrale Vorstellung vom *unverzageten mannes muot*, von dem übrigens gleich zu Beginn des Prologs die Rede ist. Was sich hinter der möglichen Falknereimetaphorik in Verbindung mit *stiure* und *lêre* verbirgt, ist mir verborgen, bewegt sich aber im ritterlichen

[7] Chrétien de Troyes, Guillaume d'Angleterre, éd. Par M. Wilmotte, Paris 1962. Ders.: Cligès, publ. par M. Roques, Paris 1958, Ders.: Le chevalier de la charrete, publ. par M. Roques, Paris 1958, Ders.: Le roman de Perceval ou le conte du graal, publ. par W. Roach, Paris 1956. Renaut de Beaujeu, Le Bel inconnu, éd. par G. Perrie Williams, Paris 1967.

[8] Wolfram von Eschenbach, Parzival nach der 6. Ausgabe von K. Lachmann, hg. Von Bernd Schirok, Berlin 1999.

Bereich. (In der berühmten Blutstropfenszene spielt auch ein Falke herein!) Was dann folgt, ist eindeutig der Vorstellungswelt des ritterlichen Turniers entnommen. Das *maere* ist gleichsam Teilnehmer an einem Turnier mit den üblichen Bewegungsabläufen. Dieses Verhalten des *maere* stellt besondere Anforderungen an das Publikum. Es geht um die seltsame Abfolge von *sitzen, gân* und *stân.* Soll man sich mit dem Hinweis auf Wolframs sattsam bekannte Skurrilität begnügen? Haug vermutet einen Seitenhieb auf Hartmanns ‚Erec‘, doch um ein *verligen* geht es ja hier gerade nicht.[9] Diese Verse und damit vielleicht der Prolog insgesamt erscheinen in einem anderen Licht, wenn man den Psalter aufschlägt. Wolfram stellt zwischen seinem idealen Leser, dem *wîsen man*, und dem *beatus vir* des ersten Psalmverses eine Beziehung her. Dieser *vir non abiit/gân ... non stetit/stân ...non sedit/sitzen* … Überdies, Prolog hier wie dort! Schlüpft Wolfram in die Rolle des Psalmisten? (Von Trevrizent, hinter dem sich ja auch Wolfram verbirgt, heißt es, dass er sich im Psalter auskennt, 460,25). Zieht man Wolframs vieldiskutierte Äußerung über sein angebliches Analphabetentum, 115,27 *ich enkan decheinen buochstap*, heran, was mit dem Psalmvers 70,15 *non cognovi litteraturam* übereinstimmt, wie Ohly gezeigt hat, so kann man annehmen, dass es sich um mehr als um einen isolierten Einfall handelt, sondern dass Werk und Autor biblisch aufgewertet werden sollen. Der Psalmist fährt übrigens fort: *deus, docuisti me … et usque nunc pronuntiabo mirabilia tua*! Er ist also durchaus *doctus*, freilich auf besondere Art, direkt durch Gott selbst. Wolfram stellt sich also in eine Reihe mit diesem *doctus* aus den Psalmen. Im Willehalmprolog, der sich noch radikaler von der profanen Prologtradition unterscheidet, greift er auf diese Psalmpassage zurück und bringt damit zum Ausdruck, dass im ‚Willehalm‘ in mancher Hinsicht der ‚Parzival‘ weitergedichtet wird: *swaz an den buochen stêt geschriben/des bin ich künstelôs beliben/niht anders ich gelêret bin/wan hân ich kunst, die gît mir sin*, 2,19 ff. Wolfram nimmt also für sich in Anspruch, den *sin* zu besitzen; dieser *sin* muss aber von Gott kommen: *diu helfe dîner güete* (= des Hl. Geistes) *sende in mîn gemüete unlôsen sin* … Wenn der Psalmist in diesem Zusammenhang die göttlichen *mirabilia* preist, die er besingen will, so könnte das im Schlussvers des Willehalmprologs nachhallen: *diz maere ist wâr doch wunderlîch*, 5,15. Der Schlussvers des Parzivalprologs kündigt ebenfalls *wunder* an. 4,26.

---

[9] Haug sieht darin eine Anspielung auf Hartmanns Erek und Iwein. Walter Haug, Literaturtheorie im deutschen Mittelalter von den Anfängen bis zum Ende des 13. Jahrhunderts, Darmstadt 1985, S. 160. Kiening folgt ihm. Christian Kiening, Reflexion – Narration. Wege zum ‚Willehalm‘ Wolframs, Tübingen 1991, S. 40.

Zu erwähnen, wenn auch kaum zu beantworten, ist die Frage, warum Wolfram im Parzivalprolog nicht auf die Thematik des *doctus/illiteratus*-Seins eingeht, sondern erst in der sogenannten Selbstverteidigung, 115,26. Haben kritische Anstöße von außen – es ist an die Auseinandersetzung mit Gottfried zu denken – dies bewirkt? Die Chronologie der theoretisierenden Einschübe ist ebenfalls unklar. Es ergibt sich ein seltsamer Befund, da Wolfram am Übergang zum dritten Buch, wo er gerade auf die Handlungsführung der Vorlage einschwenkt, behauptet: *disiu âventiure vert âne der buoche stiure*. Wollte er damit andeuten, dass er andere Wege gehen werde als Chrétien, da er über andere Inspirationsquellen verfüge, was er freilich erst im Willehalmprolog abschließend präzisiert?

Diese Zusammenhänge gewinnen an Gewicht, wenn man das umfangreiche Material heranzieht, das Dennis Green in seiner großen Studie Women readers, basierend auf großer Belesenheit und klug abwägend, vorgelegt und gedeutet hat.[10] Es geht um die göttlich inspirierten *literati/illiterati*, vorwiegend Frauen, die sich als Sprachrohr einer höheren Macht fühlen, was zusätzliche Autorität verleiht. Der ‚bekennende' Laie Trevrizent gehört ebenfalls in diese Reihe wie Wolfram selbst, dessen Selbstverständnis als Autor, das auf derartigen Voraussetzungen beruht, ihn grundsätzlich abhebt von seinen französischen und deutschen Dichterkollegen.

Mit Beginn des zweiten Teils des Prologs, 2,23 ff, ändert sich die Sprechweise des Autors; statt den Leser mit verschlüsselten Bildern und Aussagen zu irritieren, geht es nun in klarerer Sprache und spürbar auf ein Ziel gerichtet weiter. Es wird zusehends präzisiert, was im ersten Teil nur allgemein ausgedrückt wurde hinsichtlich *maere*, 2,7, *triuwe*, 2,1 und 2,20 und menschlichem Verhalten, das in die Hölle führt, 2,17. Nun wird der Autor deutlicher, 2,23 ff. Nicht nur den *man* gelten seine Forderungen, sondern vor allem den *wîp*, er beschwört die Damen unter Berufung auf Gott selbst, 3,3 ff, und geht kritisch auf falsches Verhalten von Frauen ein. Das geschieht in so auffälliger Weise, dass man darin präzise Polemik vermuten darf, 3,10 ff, die sich auf Isolde beziehen dürfte. Der sprachlich aus dem Rahmen fallende Vers *die lobe ich als ich solde*, 3,13, lässt in einem Wortspiel – *I'solde* – an Isolde denken, wie man vorgeschlagen hat. Nach diesem bemerkenswerten kleinen Exkurs kehrt der Autor, 3,25 zu seinem Thema zurück, zu *wip unde man*; er will die kritische Auseinandersetzung – *prüven* – mit dem Verhalten bestimmter Menschen auf sich beruhen lassen, denn das würde zu weit führen: *dâ vüere ein langez maere mite*, 3,27. Gestützt auf die Hörerapostrophe *nû hoeret dirre âventiure site*, 3,28, die das Gewicht der folgenden Aussagen

[10] D. H. Green, Women readers in the middle ages, Cambridge 2007.

entsprechend erhöht, wendet er sich endlich seinem Vorhaben im engeren Sinne zu, bringt aber nochmals einen kleinen Einschub an, der sich zunächst eher banal anhört, wenn man von *liep, leit, vreude und angest* hört. Das Insistieren auf *man* und *wîp* und *liep* und *leit* kennt man aus Gottfrieds Tristanprolog, was auch mit Blick auf die erwähnte mögliche Anspielung auf Isolde zu bedenken wäre. Von besonderem Interesse sind zwei Aussagen, die diesen Zusammenhang verstärken würden. Wolfram mutet sich eine besondere Leistung zu, wenn er behauptet: *nû lât mîn eines wesen drî, der ieslîcher sunder phlege* … Gottfried nimmt in seinem Prolog sogar *der sinne zwelve* in Anspruch, V 4605, und zwölf *zungen* für seinen Mund, V 4608.[11] Das liegt verdächtig nahe beisammen, was durch die fast identischen Präzisierungen *ieslîcher/iegelîchiu* verstärkt wird. Die betonte Über- bzw. Unterbietung – drei bzw. zwölf – gehört ebenfalls hierher. Dazu liegen direkte Zitate vor. Bei Gottfried ist in seiner Polemik mit dem nicht namentlich genannten Wolfram vom *vindaere wilder maere* und *der maere wildenaere* die Rede, V 4665, dem entspricht hier bei Wolfram der Hinweis auf den *wilden vunt*, 4,5. Die entscheidende Schlussaussage von Wolframs Prolog, die unmittelbar bevorsteht, geht also aus einem komplexen literarischen Zusammenhang hervor, was das Gewicht ihres Anspruches erhöht. Wo Gottfried den Beistand seines Helikons braucht, schafft Wolfram es allein, dabei wären drei Dichter seines Kalibers mit dieser Aufgabe überfordert, aber er verkündet voll Stolz: … *daz ich iu eine künden will*, 4,7. (Zu erwägen wäre auch, ob nicht das feierliche Verb *künden* zurückverweisen soll auf den *wîsen man*, 2,6, der *künde* haben wollte über Wolframs *maere*.) Und dann enthüllt der Autor endlich, worin er seine Aufgabe und sein Thema sieht, doch wiederum kein Wort über den Gral, spannendes Geschehen oder prominente Protagonisten, vielmehr: *ein maere ich iu will niuwen/daz saget von grôzen triuwen.*

Dieses *maere* – und nicht so sehr Wolfram als Autor – *saget von grôzen triuwen*, 4,10. Darf man dieses *maere* einengen auf die vorgegebene *materia*, die stoffliche Vorlage aus dem Französischen? Dem widerspricht schon der eben dargelegte ungewöhnliche Aufwand an Reflexionen des Autors. Von der simplen materiabezogenen Aussage; hat er (der Verfasser der Vorlage) gelogen, so lüge ich auch, hat man sich grundsätzlich entfernt, und die *grôzen triuwen* gehen auch nicht in dem *artificium* einer molt *bel conjointure* auf. Dieses *maere* ist eine Autorität eigenen Rechts, und die Aufgabe des Autors besteht im *niuwen*, was bei Chrétien keine Rolle spielt. Das *maere* bezieht also bei Wolfram seine Würde und Daseinsberechtigung daraus, dass es von *grôzen triuwen* handelt. Die pluralische Fügung von *grôzen tri-*

[11] Gottfried von Straßburg, Tristan und Isold, hg. von Friedrich Ranke, Frankfurt 1949.

uwen – 100. Vers des Prologs (!) und durch den Reim auf *niuwen* gestützt oder provoziert – könnte andeuten, dass es sich um vielfältige Bereiche handeln wird, in denen diese *triuwe* wirksam werden kann. In den Versen 2,20 und 3,2 war man schon auf die Bedeutung der *triuwe* eingestimmt worden, nun enthüllt sie sich als das Zentralthema des Werks. Damit nicht genug, an späterer Stelle, im 9. Buch, wird man, gemäß der Wolframschen Technik des allmählichen Enthüllens, erfahren, was es mit dieser *triuwe* auf sich hat. Trevrizent, der sich betont als Laien vorstellt, worin auch Wolfram fassbar wird, von dem es ja dann heißen wird: *leien munt nie baz gesprach*, merkt an, dass er sich in der Hl. Schrift auskennt und stellt aus diesem Wissen heraus fest, 462,19, dass *got selbe ein triuwe* ist. Der unbestimmte Artikel, der im Mittelhochdeutschen auch das Exemplarische ausdrückt, besagt, dass Gott die *triuwe* schlechthin ist und nähert ihn an die Johanneische Definition an, wonach Gott *caritas* ist. Da bietet sich ein Vergleich mit Chrétiens Prolog zu seinem Gralroman an. Darin stellt er den Mäzen, den *quens Phelipes de Flandres* in den Mittelpunkt als positives Gegenbild zu Alexander, was bei der Beliebtheit des Alexanderromas in Frankreich Aktualität besaß. Die zweimalige Nennung des Namens rahmt die Rühmung des Grafen ein V 13 und 53. In Verbindung mit der religiösen Vorbildlichkeit des Mäzens zitiert Chrétien die Bibel, wenn er feststellt, *Diex est caritez*, V 47, wobei er das Zitat fälschlicherweise dem Hl. Paulus zuschreibt. Er führt mit Nachdruck auf dieses Zitat hin, indem er sagt: *qui Diex et caritez a non*, V 46 – dessen Name Gott und *caritas* ist! Wolfram könnte dieses wichtige Element aus der Vorlage aufgegriffen und es auf seine Weise präzisiert haben, indem er dieses *maere* auf den hin ausrichtete, der eben die *triuwe* schlechthin ist. Mit dieser seinshaften Bestimmung – Gott i s t die *triuwe* reiht sich Wolfram ein in die biblische Tradition der Personalisierung, die Jesu Selbstverständnis bestimmen: Ich b i n der Weg, die Wahrheit und das Leben, das Brot, das vom Himmel kommt, ich bin die Auferstehung etc. Wenn der greise Simeon bei der Darstellung Jesu im Tempel sagt: … lass deinen Diener in Frieden scheiden, denn meine Augen haben dein Heil gesehen, so heißt das, dass das kleine Kind das Heil i s t. Im Alten Testament vorgebildet in der Selbstaussage Jahwes: *ego sum qui sum*. Trevrizent fügt dem noch hinzu: got *heizt* und *ist* ein wârheit, 462,25, was sich mit Chrétiens Aussagen – *non* und *est* – deckt. Wolfram unterstreicht damit seine Kompetenz als biblischer Denker und Dichter. Dieser seinshafte Wahrheitsbegriff ist einzubeziehen in die Diskussion um das Fiktionale in diesen Dichtungen. Trevrizent vertieft seine Gotteslehre weiter, indem er präzisiert, dass *disiu süezen maere* – d.h. der biblische Bericht von der Menschwerdung Gottes, 264,26 ff – von dem *wâren minnaere* erzählen. Das Beiwort *wâr* ist auch ein Hinweis darauf, dass Wolfram das biblisch typologische Denken vertraut war.[12] Es folgt eine weitere seinshafte Bestimmung: dieser *minnaere* ist ein *durchliuhtec lieht* – *deus est lux* – im johanneischen Sinn wie *deus est caritas*. Die entsprechenden Erläuterungen Herzeloydens deuten schon darauf hin; darin nur primitives Katechismuswissen sehen zu wollen wie Michel Huby, zeugt von krassem Unverständnis. Die Vorstellung vom Licht durchzieht das ganze Werk, konzentriert in der Lichthaftigkeit Parzivals, die u.a. als Garant dafür dient, dass das Irdisch-Menschliche als zutiefst vom Göttlichen durchwirkt gesehen wird.[13] Darüberhinaus geht Trevrizent mittels des Bildes vom Sprung der Gottheit im Herzen, 466,24, auf die Vorstellung der Gottesgeburt im Menschen ein.[14] Wolfram wird nicht müde darzulegen, wie seinshaft das Göttliche mit dem Menschlichen heilsgeschichtlich wirksam verbunden ist. Wenn er z.B. sich in der sogenannten Selbstverteidigung gegen *ein wîp* wendet, weil er sie *an wanke sach*, 114,10 und deshalb sein *zorn* ihr gegenüber immer *niuwe* sei – man achte auch hier auf das *niuwen*! – so kann man dem die Worte des Einsiedlers an die Seite stellen, der von dem *wâren minnaere* sagt, *er wenket sîner triuwe niht*, 466,4. In der zentralen Blutstropfenszene kann es von Parzival, wie er auf diese Spuren im Schnee starrt, heißten, *er pflac der wâren minne gein ir* (= Condwirâmûrs) *gar âne wenken*.[15] Es geht um ein und dieselbe Minne, von der Trevrizent in diesem Zusammenhang sagt: *swem er* (= der *wâre minnaere*) *minne erzeigen sol, dem wirt mit sîner minne wol*, 466,5. Ein entscheidender Beitrag zur hochmittelalterlichen Minnediskussion, auch mit Blick auf die Etymologie des Namens Tristan!

Zurück zu Wolframs Anliegen, ein *maere* zu *niuwen*, das von *grôzen triuwen* handelt. Es geht also um Dreierlei, *maere, niuwen, grôze triuwen*. Wenn man, wie erwähnt, aus dem Mund Trevrizents erfährt, dass Gott *ein triuwe* ist und der *wâre minnaere*, so wird man Wolframs *maere*, das von *grôzen triuwen* handelt, damit verbinden dürfen. Sein *maere* wäre dann eben mehr als eine bloß spannende oder erbauliche Geschichte, sondern verbindlich aktualisierte – *niuwen*! – Heilsbotschaft. Sie würde sich also wesentlich von Chrétiens *bel conjointure* unterscheiden und schon gar von Hartmanns Iwein-*maere*, das als vergnügliche Kunde von den einstigen *werc* der Ar-

[12] Signalwörter dafür sind *verus, novus, noster*!

[13] Ingrid Hahn, Parzivals Schönheit, in: Verbum et Signum, Bd 2, München 1975, S. 203–232.

[14] Hugo Rahner, Die Gottesgeburt, in: Ders.: Symbole der Kirche, Salzburg 1964, S. 13–91.

[15] Alois Wolf, Metamorphosen des Schauens: Narziß, Troubadours und die drei Blutstropfen im Schnee, in: Nova de veteribus, Leipzig 2004, 525–548.

tuswelt diesen *werc* vorzuziehen sei. Wolframs *maere* dagegen existiert als eigenständige Größe, und er verspricht, diese für uns – *ich iu* – wirksam werden zu lassen. Dieses *maere* ist demnach also kein bloßes literarisches Echo vergangener Taten, *werc*, sondern handelt von etwas Vorhandenem, Seienden, das es zu vergegenwärtigen, zu aktualisieren gilt, eben zu *niuwen*. Mit dem Begriff Fiktion ist das sowenig fassbar wie Trevrizents *süeziu maere*. Immer wieder betont Wolfram die Eigenständigkeit seines *maere*, so z.B. bei der Begegnung Parzivals mit Karnahkarnanz, 132,14: *von der âventiure ich daz nim, diu mich mit wârheit des beschiet: nie mannes varwe baz geriet vor im sît Adâmes zît*. In der Einleitung zum zentralen 9. Buch wird Wolfram im Sinn des Prinzips des fortschreitenden Enthüllens explizit. Hier erscheint Frau *aventiure* als Person und Gesprächspartner, der Einlass in sein Herz verlangt, wo eigentlich, laut Paulus, Eph. 4,17, Christus *habitare* soll. Der Autor ist also nicht einfach Herr seiner Erzählung, er bestürmt vielmehr Frau *aventiure*, ihn zu *erliuhten*, wie es bedeutungsvoll heißt – illuminatio!

Die Einleitung zum 9. Buch, die in die Bitte um *illuminatio* einmündet, ist eine Variante des Musenanrufs, der ja nicht auf den Prolog eines Werkes beschränkt zu sein braucht, wie schon Vergils ‚Aeneis' zeigt, sondern auch an wichtigen Stellen im Text eingesetzt werden kann. Die *illuminatio*, die der Dichter sich von Frau Aventiure erhofft, wird im Prolog zum ‚Willehalm' der Hl. Geist, im Rahmen der Trinität, spenden. Wenn nämlich an die *güete* der Frau *aventiure* appelliert wird, 433,27, so deutet das auf die Bitte an den Hl. Geist im Willehalmprolog voraus, von dessen *güete* sich der Dichter Beistand verspricht, 2,23. Man vergesse nicht, dass unter den drei göttlichen Personen dem Hl. Geist die *bonitas/güete* zugeordnet wurde.

Wolfram schreibt seinem *maere* also nicht nur eine eigenständige Wesenheit zu, in deren Dienst er sich stellt, sondern durch die besondere Art der Hinwendung an Frau *aventiure* gewinnt dieses *maere* eine Dichte, die in der Analogie zu der Substantialität biblischer Texte zu sehen sein dürfte.

Es handelt sich bei dieser Art der Hinwendung an Frau *aventiure* um die Heranführung eines profanen Erzählstoffs ans Religiöse, wofür dann auch der Inhalt des anschließenden 9. Buchs spricht. Wenn erst im 9. Buch, nach fast 13000 Versen und nicht schon im Prolog die religiös getönte Bitte um Beistand geäußert wird, so kann man auch darin eine Bestätigung des Erzählprinzips des fortschreitenden Enthüllens, ja Offenbarens, sehen. Wenn also in dem vermittelalterlichten ‚Musenanruf' – Frau *Aventiure*! – Religiöses spürbar wird, so hat das Folgen für den gesamten Text. In Verbindung mit Gottfrieds Musenanruf und Prolog – von der weiteren Textgestaltung abgesehen – ein erregender Befund, der für sich schon diesen beiden deutschen Dichtungen eine Sonderstellung verleiht.

Die relative Unabhängigkeit des *maere* vom Erzähler gilt auch für die Einstellung des Autors gegenüber der Hauptperson seines Werkes, was ihr Eigenständigkeit und zusätzliches Leben verleiht. Darin verbirgt sich auch ein Kokettieren des Autors, es steht aber mehr dahinter, was den Begriff Fiktion als unzureichend erweisen dürfte. So erkundigt sich Wolfram nun besonders angelegentlich nach dem Schicksal Parzivals. Diese drängenden Fragen, die auch das Publikum einbeziehen im wiederholten *uns*, bewirken eine Verlebendigung und Vergegenwärtigung, der man sich kaum entziehen kann, was beweist, wie ernst es dem Autor mit dem *niuwen* des *maeres* ist: *wie vert der gehiure*, 433,8 ff ... *prüeft uns* ..., *lat hoeren uns diu maere*, 433,29. Nun würde man auch mit entsprechenden Schilderungen dessen rechnen, was Parzival widerfahren ist, doch statt dessen wird man mit einigen knappen Andeutungen abgespeist, was durch den scherzhaften Schlusssatz *swerz niht geloupt, der sündet*, 435,1, weiter an Seriosität einbüßt. Im Kontrast zu den nicht erzählten artushaften Abenteuern erfahren Autor und Publikum in über 2000 Versen von der Begegnung Parzivals mit Sigune, dem Grauen Ritter und schließlich dem Einsiedler Trevrizent. Das artushaft Abenteuerliche reduziert sich dabei auf Parzivals Bekenntnis: *ich ensuchte niht wan strîten*, 461,8. Im Gegensatz dazu die ausführlich dargelegten Erlebnisse Gaweins, die auch die Freunde typischer Artusabenteuer auf ihre Kosten kommen ließen, freilich auch eine höhere Bedeutung haben. Parzival taucht darin nur am Rande auf. Sein Werdegang ist von Anfang an mit unterschiedlicher Gewichtung auf bedeutsame Begegnungen und auf das Durchlaufen wichtiger Stationen angelegt, die einander erhellen können. Mit dieser neuen Romanstruktur löst sich Wolfram von Chrétiens Conte del graal ab, was auf sein betontes Bemühen, das *maere* zu *niuwen* zurückzuführen ist. Auch über Chrétiens Werk hinaus gibt es in der damaligen Literatur nichts Vergleichbares; Wolframs *niuwen* dürfte sich also als Schlüsselbegriff erweisen. Wenn man *niuwen* sagt, denkt man als Korrelat Altes mit, das nun zur Erfüllung und vollen Wirksamkeit gebracht wird. Trevrizent, der hinter dem Laien Wolfram steht, kann bei der Erschließung dieses *niuwens* hilfreich sein. Das Begriffspaar alt/neu, zu dem sich bei Wolfram auch noch *wâr* gesellt, lässt aufhorchen, da bibelexegetische Töne mitschwingen. Und wenn Trevrizent in seiner ausführlichen neutestamentlich geprägten Unterweisung mit Blick auf Plato und Sibilla, 465,19, Parzival auf den Wert *alter maere* aufmerksam macht, die man durchaus *vür niuwe* betrachten könne, da sie bereits auf *triuwe* verweisen, was sich in der Aussage, dass Gott selber *ein triuwe* ist, erfüllt, 462,19, wie der zentrale Vers verkündet. Parzival, so Trevrizent weiter, kann sich bereits an Frimutel orientieren, der seine Gemahlin mit *rehten* (!) *triuwen* liebte und solle dessen *site* (also ‚alt‘)

niuwen. Das programmatische *niuwen* des Prologs steht also in einem umfassenden Kontext, der biblischem Denken zugeordnet ist. Dem Ritter- und Gralroman wächst damit eine neue Dimension zu. Die Ankündigung des Prologs über die *grôze triuwe* erhält im 9. Buch die entsprechende biblische Stütze in den Unterweisungen Trevrizents. Vergleicht man die karge Einsiedlerepisode im Gralroman Chrétiens mit der Wolframs, so wird einem das Ausmaß von Wolframs *niuwen* bewusst. Trevrizent, der seine Autorität gerade auch durch sein Bekenntnis zu seiner früheren *ritterschefte*, 458,6, unterstreicht, öffnet den Blick auf die neutestamentliche Ausrichtung des irdischen Geschehens, die sich in der typisch christlichen Seinshaftigkeit der Heilsgeschichte manifestiert, deren Achse das Nacheinander von Altem und Neuem Testament bildet. Dem versucht Wolfram Rechnung zu tragen, indem er der Geschichte Parzivals eine Vorgeschichte voranstellte und damit seinen Helden ansatzweise dem heilsgeschichtlich typologischen Modell zuordnet und durch diese Analogie grundsätzlich aufwertet. Für das Bemühen, die Vorgeschichte in bezug zur Hauptgeschichte in ein anspruchsvolles und erhellendes Verhältnis zueinander zu bringen, war die Bibelexegese die am nächsten liegende Inspirationsquelle. Das ‚Sein' des auf diese Weise Dargestellten wird dadurch betont, dass der Autor immer wieder hinter der Autorität, dem *maere*, der aventiure, zurücktritt. Für das eben neu entstandene genus Ritterroman bedeutet diese Analogie, wie zu zeigen sein wird, einen Anspruch, der die literarische Szene von Grund auf veränderte. Die Folgezeit fiel dann wieder in die literarische ‚Normalität' zurück. Dieser Versuch Wolframs, ob überzeugend oder nicht – wenn man den etwas hastigen Schluss des Romans bedenkt – gewinnt auch dadurch an Bedeutung, dass Gottfried seinen ‚Tristan' ebenfalls eine ‚bewusste' Vorgeschichte voranstellt – in diesem Fall in der Überlieferung vorgegeben, von Gottfried aber konsequent neu gedeutet, so dass sie mehr ist als die bloß stofflich genealogische Verlängerung des Geschehens nach hinten. Natürlich hätte Wolfram von sich aus auf die Idee kommen können, seinen Parzivalroman, entgegen der Vorlage, mit einer ausführlichen Vorgeschichte auszustatten, doch dürfte es nicht ohne Interesse sein, dass der Tristanroman ebenfalls auf Vor- und Hauptgeschichte hin angelegt ist. Eine so folgenschwere Abweichung von Chrétiens Gralroman, die neue Zusammenhänge erschließt, erfolgte nicht so aus heiterem Himmel. Diese Struktur des Tristanromans mag Wolfram bestärkt haben, sich Stoff für eine Vorgeschichte zu verschaffen. Wapnewski hat schon vor Jahrzehnten gezeigt, dass sich Herzeloyde wie sie die Nachricht vom Tod ihres Gemahls erhält und in die Geburtswehen kommt, in ihrem Verhalten so scharf von Blanscheflur, die in ähnlicher Situation ist, unterscheidet, dass man beide Episoden aufeinander beziehen muss.[16] Bei dem notorisch spannungsvollen Verhältnis der beiden Autoren zueinander eine naheliegende Annahme.

Mit der strukturellen Aufladung ihrer Vor- und Hauptgeschichte griffen beide Autoren in die Substanz der erzählerischen Überlieferung ein und schufen Neues. Bei der Übernahme dieses Vor- und Hauptgeschichte-Modells gingen beide Autoren verschiedene Wege. Gottfried nutzt das Vorhandensein einer Vorgeschichte dazu, seine Version der Tristanmythe durch die klar durchdachte Annäherung an das typologische Modell grundsätzlich neu zu orientieren. In diesem Sinn stellt er zwischen den beiden Teilen ein diesem Modell gemäßes stimmiges Verhältnis her zwischen Riwalin und Tristan, Blanscheflur und Isolde, das in der Überbietung des ‚Alten‘ durch das ‚Neue‘ liegt. Gottfried beschränkt sich dabei nicht auf Entsprechungen zwischen Vor- und Hauptgeschichte, gemäß der Relation zwischen Altem und Neuem Testament, sondern greift weiter aus und bezieht dabei auch die Antike ein; so wenn Isolde als *niuwe* westliche Sonne sich über Helena erhebt, und das der *minnenden hol* der Vorzeit in der geistlich durchhellten Minneklause seine wahre Erfüllung findet. Gottfried selbst als Dichter sieht sich in dieser Relation, wenn er sich im Besitz der Inspiration durch den wahren Helikon weiß.

Wolfram, zwar durchaus im Besitz der *wâren buoche maere*, verfährt anders. Auch er weiß um das typologische Modell und schafft auf seine Weise Neues. Über die ‚Stimmigkeit‘ mag man sich streiten; Wolfram hat eben seine Ecken und Kanten. Riwalin und Tristan bewegen sich in der ‚Wirklichkeit‘ der matière de Bretagne. Nicht so Gahmuret und Parzival. Fast wie eine Gestalt aus der realen französischen Welt der Chansons de geste tritt uns Gahmuret entgegen. Er ist den Rechtsgebräuchen dieses Gebiets unterworfen, was seinen Auszug bedingt, womit alles in Gang gesetzt wird. Zu dieser halbrealen Welt gehört auch der glänzende Orient, wie man sich ihn damals zurechtstilisierte. Aus dieser Welt zieht sich dann Herzeloyde in eine Waldgegend zurück – offenbar aber noch nicht in die *forêt avantureuse*! – von wo aus dann Parzival dennoch problemlos in die Artus-Gralwelt der matière de Bretagne eintreten kann. Am Schluss des Werkes, mit Parzivals Kindern und dem edlen Heiden Feirefiz nähert man sich wieder an die anfängliche Halbwirklichkeit der Vorgeschichte an. Wolfram hat sich das typologische Modell auf seine Weise zurechtgelegt. Es muss auffallen, dass er, der so realistisch einsetzt mit seiner Vorgeschichte, den Schwerpunkt des Geschehens doch in die unbestimmte Artus-Gralwelt verlagert, in die der Waldbursche eintritt.

---

[16] Peter Wapnewski, Herzeloydens Klage und das Leid der Blanscheflur, in: Festgabe für Ulrich Pretzel, Berlin 1963, S. 173–185.

Man kann darin eine Aufwertung dieses erst jüngst erschlossenen literarischen Bereichs sehen, wenn er zum Schauplatz der Hauptgeschichte aufsteigen konnte. Eine wichtige Mittlerfunktion zwischen den beiden Bereichen hat Herzeloyde. Über sie ergeben sich enge verwandtschaftliche Verflechtungen zwischen diesen beiden Welten; eine schwerwiegende Innovation im Umgang mit der matière de Bretagne. Herzeloyde ist anders als Blanscheflur. Sie lässt sich nicht sterben bei der Nachricht vom Tod Gahmurets, sie gebiert bewusst die *werden vruht von Gahmuret* als von Gott gegeben, 110,14 f. Muttergottesanalogien – Maria lactans – treten hinzu, 113,18 ff und Hinweise auf die Herzenjammertränen, die zum heilbringenden Tau werden und wie Taufwasser auf den Knaben herabregnen, intensivieren den heilsgeschichtlichen Kontext, was durch direkte Erwähnung von Jesu Kreuzestod verstärkt wird, 113,20 ff, der als Beweis für seine *triuwe* gilt, womit Wolframs Herzwort seinen Platz findet. Das *maere* von Parzival steht somit nachdrücklich unter dem Zeichen des Neuen Testaments, was durch weitere Anspielungen erhärtet wird wie Drache, Lamm, Kreuz, Beichte. Die Bedeutung dieser ungemein dichten Passage wird dadurch noch verstärkt, dass der Erzähler mit einer Hörerapostrophe vor sein Publikum tritt, 112,9 ff. Damit wird auch der Anschluss an den Prolog hergestellt. Nun sei *des maeres sachwalde* erschienen. Der *aventiure wurf* sei *gespilt*, man tritt in das Hauptgeschehen ein. Die Würfelmetapher lässt offen, wie alles ausgehen wird, verstärkt aber das Moment der Vergegenwärtigung; wir werden zu Teilnehmern an einem ablaufenden Geschehen. Dann das Bild vom Bogen, der festgesetzt sei – *unde ir* (= der *aventiure*) *bogen ist gezilt*! Das Bild vom Bogen ist keine übliche Metapher zur Kennzeichnung des Beginns der eigentlichen Geschichte. Mit der unmittelbar vorausgehenden Erwähnung der Geburt des Kindes ist man an einem entscheidenden Punkt angelangt, was durch das ungewöhnliche Bild vom Bogen unterstrichen werden soll. Noch ist bloß vom Bogen die Rede, nicht auch von der Sehne, die ihn spannt. Im weiteren Verlauf, gemäß dem Prinzip des fortschreitenden Enthüllens, wird der Dichter das Bogenbild vervollständigen, 241,8 ff, nicht zufälligerweise in Verbindung mit der Schilderung der Gralszenerie. Das bedeutet, dass die Erwähnung des Bogens, 112,9, im Hinblick auf diese Passage konzipiert ist. Man muss gestehen, dass einem nicht alles einsichtig ist, was auch mit Wolframs sperrigem Stil zusammenhängt, mit dem er schon im Prolog die Leser bewusst irritieren will. Man wird aber sagen können, dass es sich bei diesem Bogengleichnis um mehr handeln dürfte als um eine poetologische Spielerei.[17] Das bibelex-

[17] Hans-Jörg Spitz, Wolframs Bogengleichnis: ein typologisches Signal, in: Verbum et Signum, Bd 2, München 1975, S. 247–276.

egetische Material, das zur Erklärung dieser Stelle aufgezeigt werden konnte, macht es unabweisbar, sich damit auseinanderzusetzen. Bogen und Sehne stehen für das Alte bzw. Neue Testament. In Verbindung mit der zu Beginn dieses Beitrags nachgewiesenen Anspielung Wolframs auf den Eingang des Psalters – *beatus homo* ... - könnte dieses Gleichnis zusätzliches Gewicht erhalten. Diese reich belegte Tradition des Bildes von Bogen und Sehne ist auch nicht auf exklusive theologische Zirkel beschränkt geblieben. So ist auf einen bedeutsamen volkssprachlichen Beleg hinzuweisen, der sich in einer großangelegten altfranzösischen Paraphrase des Psalms 44 findet, die um 1187 entstand und der Gräfin Marie de Champagne gewidmet ist, pikanterweise jener Mäzenin, die bei Chrétien auch den ehebrecherischen Lancelotroman in Auftrag gab.[18] (Ein Faktum, aus dem unsere Literaturgeschichten keine Konsequenzen ziehen.) Wird im ‚Lancelot‘ fatal Irdisches mittels des Sakralen überhöht, so dort umgekehrt, die Errungenschaften der *fin'amors* überschwemmen geradezu das Biblische, den Psalm 44. Und da kommt es zu einer ausführlichen allegorischen Deutung von Bogen und Sehne im Einklang mit der Bibelexegese, V 670 ff: *Por ce nos anseigne an cest vers/Quex est li fuz et quex li fers/Et que la corde senefie/S'est bien raisons qu'an le vos die/Li fuz de l'arc fu la viez lois/Que nos dona li poissanz rois. ... A cel arc prist Dex la justise/Ancois que la corde i fust mise ... mais por ce que la lois fu dure/... Si se pansa que il feroit/ tel chose qui l'adouceroit ...*

Es ist schwer vorstellbar, dass Wolfram von sich aus auf dieses Gleichnis verfallen wäre. Die bibelexegetische Implikation konnte ihm nicht verborgen geblieben sein; wir wissen freilich nicht, wie weit das im Einzelnen trägt. Wenn aber, wie erwähnt, Wolfram im ersten Gralkapitel, 241,1 ff, ausführlich auf dieses Gleichnis eingeht und dabei den Nachdruck auf die Sehne legt, so möchte man daraus schließen, dass mit dem Gralerlebnis das Neue einsetzt. Das Geschehen ist ja nun auch am Wendepunkt angelangt, was dann im neutestamentlich geprägten 9. Buch, dem Karfreitagsbuch, offenbar wird; da ist dann von Bogen und Sehne keine Rede mehr.

Deutlich unterschieden von Riwalin/Tristan werden bei Wolfram Vor- und Hauptgeschichte mittels des spektakulär inszenierten Themas vom Auszug der Protagonisten auf spannungsvolle Weise zu einander in Beziehung gesetzt. Das Schema vom Auszug des Ritters, im ‚Erec‘ und ‚Iwein‘

---

[18] Eructavit. An Old French metrical paraphrase of psalm 44 publ. by T. Atkinson Jenkins, Dresden 1909 (Gesellschaft für romanische Literatur 20). In der Einleitung zu seiner Ausgabe von Eructavit weist Jenkins, S. XXVI, auf eine Passage Heimos von Halberstadt hin, wo es heißt: *Paulus sagitta fuit Domini qui postquam ab Jerosolymis usque ad Illyricum missus arcu Domini, huc illucque volitavit ...*

vorgeführt, wird auf eine neue Grundlage gestellt. Gahmuret verlässt reich ausgestaltet als vollendeter Ritter zwar nicht den Artushof, sondern die halbreale mittelalterliche Welt, in der er auch verbleibt, um Minne und Ruhm zu erwerben. Der noch namenlose Jüngling Parzival verlässt unter absolut antiritterlichen Umständen das bäuerliche Gehöft seiner Mutter, um von da aus an den Artushof zu gelangen, also eine Gegenbewegung. Der Übergang in die andere Wirklichkeitsebene erfolgt, wie erwähnt, reibungslos. Aus dem krassen Unterschied zwischen dem Auszug Gahmurets und dem Parzivals muss man schließen, dass sich auch eine Neuorientierung der Idee vom Ritter und vom Rittertum ankündigt und dann vollzogen wird. Bezeichnend für Wolframs Vorgehen ist es, dass er jeweils die Mutter-Sohn-Beziehung in den Mittelpunkt stellt und in beiden Fällen die Gottesfrage ins Geschehen einführt. Beim typisch arturischen Auszug des Ritters, bei Erek, Kalogreant, Iwein, spielt das keine Rolle. Die Vorgeschichte mit Gahmurets Mutter ist schon auf die Hauptgeschichte hin konzipiert und stimmt auf einen zentralen Begriff der Hauptgeschichte die *helfe* ein. Um dieses Ziel zu erreichen, setzt sich Wolfram über das hinweg, was aus neuzeitlicher Sicht der Situation angemessen wäre; für seine Erzähltechnik ein wertvoller Befund. Die erbrechtlichen Normen führen zu keinerlei Beeinträchtigung Gahmurets oder zu Spannungen innerhalb der Familie; im Gegenteil, mit geschwellter Brust sieht Gahmuret seiner Zukunft entgegen, 9,25. Halten wir gleich fest, dass der Erzähler das Bild von der *dilatatio cordis* auch auf den kurz vor der Ausfahrt stehenden Parzival verwendet, 118,17 ff, dort allerdings, wie wir sehen werden, anders begründet als beim betont ritterhaften Gahmuret. In scharfem Kontrast zur Hochstimmung Gahmurets erfährt man zur Überraschung von der fast verzweifelten Reaktion der Mutter auf die bevorstehende Trennung vom Sohn, 10,12 ff. Zuerst fällt das Stichwort *jâmer*, das übrigens als Grundton das Werk Wolframs durchzieht und adelt; mit ergreifender Intensität in der Einleitung zum Willehalm, 8,8 ff. Die Mutter Gahmurets wird ausdrücklich als *wîplîchez wîp* bezeichnet, was sie einbindet in die entsprechenden Prologaussagen und mit Herzeloyde vereint. Doch was bewegt diese Frau? In 10 Versen kommt es zu einer massiven Anklage gegenüber Gott, 10,20 ff, wofür nach dem bisher Gesagten keinerlei Anlass besteht und das den Hörer/Leser überraschen muss – was wohl auch beabsichtigt ist. Es geht um Gott und seine *helfe*. Diese hier offenbar bewusst deplaziert eingesetzte Hiobfrage kennt man z.B. aus Hartmanns ‚Gregorius' – dort sehr wohl angebracht. Sie weist voraus auf Parzivals Antwort auf Cundries Verwünschung und auf die *helfe*-Diskussion im 9. Buch. Das Wort *helfe* rahmt diese Passage ein, 10,20/10,29! Doch dann äußert sich der junge Anschewin, die Gottesanklage ist vergessen, es geht nun um das Ritterdasein, und die eben noch verzweifelte Mutter ist mit Eifer daran beteiligt. Sie nimmt zur Kenntnis, dass ihr Sohn nach *hôher minne* streben will, 11,10 – bei Parzival geht es mehr um die *wâre Minne* – und will ihn für dieses Unternehmen fürstlich ausstaffieren, 11,14 … vier *soumschrîn swaere:dâ ligent inne phelle breit …* Der schroffe Gegensatz zu Herzeloyde, die alles, was mit Ritterschaft zu tun hat, radikal ablehnt und ihren Sohn in Narrenkleider hüllt, ist evident.

Aus diesem scharfen Gegensatz ergibt sich mit Notwendigkeit die Einsicht, dass sich in der auf diese Weise eingeleiteten Hauptgeschichte die Ritterwelt, um die es geht, Neuem öffnen wird. Die erwähnten Muttergottesanalogien weisen in eine bestimmte Richtung. Gahmurets Sohn wird dazu berufen sein, in der Welt der Ritter eine Erlöserrolle zu übernehmen. Die Rolle des Ritters als Befreier, die im ‚Erec‘ und ‚Iwein‘ schon angelegt ist, gewinnt damit eine neue Perspektive, die dann in der ‚Quest del saint graal‘ in der neuen Gestalt des Galaad in die totale Vergeistlichung führen wird.

Die Anklage Gottes durch die Mutter Gahmurets wird also bei Herzeloyde vor der Ausfahrt ihres Sohnes zur Gottesfrage und wächst aus einem anderen Zusammenhang heraus. Herzeloyde wird sich bewusst, mit der Anordnung, die Vögel zu töten, sich an Gottes Schöpfung versündigt zu haben: *suln vogele durch mich vreude lân*? 119,15. Mit diesen Vögeln wird die Natur als Gottes Schöpfung einbezogen in die Argumentation, was zur heilgeschichtlichen Verdichtung des *maere* beiträgt. Herzeloydens Erklärungen sind auch nicht nur als primitive Unterweisung des Dümmlings zu verstehen – der hätte Schwierigkeiten gehabt, die Verse 119,20 f zu verstehen, die eine Wolframisch verknappte Wiedergabe der Aussage des Philipperbriefes, 2,6 f darstellen: *der antlitzes sich bewac/nâch menschen antlitze.* Und Gott als Licht kennt man aus dem Beginn des Johannesevangeliums; diese Thematik umschließt übrigens die Äußerung Herzeloydens, 119,19/119,30. Der Vergleich mit Chrétien ist auch da lehrreich. Eine Gottesfrage, noch dazu eingebettet in einen derart seltsamen Zusammenhang gibt es da nicht. Bei der Begegnung mit den Rittern, die den Entführer verfolgen, meint der Jüngling zunächst, es müsse sich ob des Getöses um den Teufel handeln. Das Wissen darüber habe ihm die Mutter vermittelt, V 113 ff. Dasselbe wiederholt sich gleich darauf, nun auf die Engel bezogen, V 143 ff. Da sich Wolfram auf diese Episode bezogen hat, ist der Unterschied belastbar. Abgesehen von der simplen Schematik Chrétiens bietet dessen Darstellung auch keine Möglichkeit, innerhalb des Romans weitgespannte Beziehungen zu stiften. Eine wichtige Dimension ist damit nicht gegeben. Wolframs Erzählprinzip des fortlaufenden Enthüllens ist bei der Bewertung der Aussage Herzeloydens ebenfalls zu berücksichtigen. Wenn Gahmurets Mutter Gottes *helfe* vermisst, so ‚korrigiert‘ das Herzeloyde, indem sie Gottes *helfe* in dessen *triuwe* begründet weiß, *sîn triuwe der werlde ic helfe bôt*, 119,24, und darüber wird man dann aus dem Mund Trevrizents Endgültiges erfahren.

Die Gottesfrage, die im Anschluss an die Äußerung von Herzeloydens Einsicht in die gottgewollte Schöpfungsordnung aus dem Mund des Jünglings aufsteigt, steht am Ende einer Naturszene, die Ihresgleichen sucht in der damaligen Literatur. Bei Wolfram, im Unterschied zu Chrétien, kann man in der Schilderung dieser Episode als Grundmodell den *locus amoenus* erkennen: Wald, Platz beim Bach, Vogelgesang. (Chrétien tippt nur den Natureingang an.) Wolfram zerdehnt den literarischen Topos und durchsetzt ihn mit neuen Elementen, was ihn dynamisiert und mit Leben erfüllt. Im *locus amoenus* ist z.B. der Bach üblicherweise nicht für die morgendliche Toilette bestimmt. Die schematische Distanziertheit, die der Topos mit sich bringt, wird bei Wolfram durch die Schaffung von Wirklichkeitsnähe aufgehoben. Ich würde auch dieses Verfahren mit dem *niuwen* als Vergegenwärtigen in Verbindung bringen. Wolfram zeigt den Jüngling inmitten der Natur – Wald, freier Raum, Bach – wie er aus kindischer Naivität Vögel erschießt, ihrem Gesang lauscht und in Tränen ausbricht. Was spinnt Wolfram aus den paar Andeutungen bei Chrétien – *ce fu au tans qu'arbre foillissent, que glai et bois et pre verdissent, et cil oisel en lor latin cantent doucement au matin*, V 69 ff – heraus? Daraus wird eine faszinierende Szene. Man erfährt, dass dem Knaben die Zusammenhänge noch nicht so recht bewusst sind – *als kinden lîhte noch geschiht* – doch dafür klärt der Autor den Hörer und Leser mit überraschenden Einsichten auf. Dabei geht es um die *süeze* des Vogelgesangs und deren Wirkung auf das *herze* des Jünglings. In der Gestaltung dieser Szene gelingt es dem Dichter zum Ausdruck zu bringen, wie der Knabe halb bewusst/unbewusst erlebt, in einen großen Zusammenhang eingebettet zu sein und wie er darauf noch hilflos-rührend reagiert.

Mit *süeze* und *herze* gelangt man ins Zentrum von Wolframs heilsgeschichtlich geprägtem Grundvokabular, was dann im 9. Buch in aller Deutlichkeit dargelegt wird.[19] Die *süeze*, die das *herze* erfüllt, bewirkt die erwähnte *dilatatio cordis*; zweimal hintereinander wird darauf hingewiesen, 118,17,26. Die *süeze* des Vogelgesangs ist es also letztlich, die bewirkt, dass die Gottesfrage gestellt werden kann – nun ohne Anklage. Was es mit der *dilatatio cordis* auf sich hat, wurde von Friedrich Ohly überzeugend aufgezeigt und muss ausgewertet werden.[20] Nun machte aber bereits Gahmuret

[19] Friedrich Ohly, Süße Nägel der Passion. Ein Beitrag zur theologischen Semantik, Baden-Baden 1989 (Saecla spiritalia 21).

[20] Friedrich Ohly, *Cor amantis non angustum*. Vom Wohnen im Herzen, in: Gedenkschrift für William Foerste, Köln 1970, S. 454–476.

diese Erfahrung; gar zweimal ist bei ihm, wie erwähnt, davon die Rede, in Verbindung mit Ritterschaft und dann bei seiner etwas fragwürdigen Zuneigung zu Belakane. Was bei Gahmuret fehlt, ist die *süeze*. Auf andere Weise stellt sich die *dilatatio cordis* im ‚Willehalm‘ dar. Willehalm kniet über seinem todwunden Neffen Vivianz, 61,23 ff, nimmt ihn in seinen Schoß – es ist die pietà-Gebärde – und es kommt zu seiner zweiten großen Klage. Diese Klage steigt aus seinem *niuwen jâmer* auf und nun geht es um die *süeze*, eine *süeze*, die der Leib des Todwunden ausströmt, wobei die Passionsmystik des Karfreitags evoziert wird, was in folgender zentraler Aussage ausklingt: ... *als piment und âmer dîn süeze wunden smeckent, die mir daz herze erstreckent, daz ez nâch jâmer swillet*, 62,17 f. Dieser *jâmer* ist kein Verzweiflungsjammer; seiner Größe entspricht die *dilatatio* – *nâch jâmer* – so dass im Herzen Raum ist für das Göttliche. Die *süeze* der Wunden ermöglicht die *dilatatio*, was beim Knaben, der zu den Bäumen aufblickt, der Naturlaut bewirkt. Aber, Natur ist Geschöpf Gottes und damit heilsträchtig. Es ergäbe sich also ein umfassender Zusammenhang, der – typisch für Wolfram – auch die noch recht profan anmutende *dilatatio cordis* Gahmurets – sie bezieht sich ja auf *ritterschaft* und *minne* – einzubeziehen vermag.

In die vertrackte Naturszene hat der Dichter scheinbar nebenbei, ohne zwingenden Zusammenhang und entgegen allen neuzeitlichen Kompositionsprinzipien, den Ansatz zu einer Personendeskriptio untergebracht: *sîn lîp was klâr unde fier*, 118,11. Dieser Hinweis, mit dem man in diesem Kontext nicht rechnet, bezeichnend für Wolframs Kompositionsweise, lenkt zurück zu Gahmuret und bereitet das vor, was in der folgenden Episode, der Begegnung mit den Rittern, schärfer hervortreten wird, nämlich das Moment der Lichthaftigkeit Parzivals, die sein Wesen ausmacht. Von Gahmuret heißt es: *sîn lîp was allenthalben klâr*, 63,19, doch über die volle Lichthaftigkeit seines Sohnes, die das Siegel seiner Auserwähltheit bildet, verfügt er noch nicht. Mit dem noch kargen Hinweis auf Parzivals *sîn lîp was klâr* wird man eingebunden in ein zusehends sich verdichtendes Verweisungsnetz, das zum Erzählprinzip des fortschreitenden Enthüllens gehört.

Die Naturszene der Einleitung evoziert nicht nur den *locus amoenus* und den Natureingang der Lyrik, sondern hat, was Herzeloyde betrifft, noch eine andere Seite. Der Ort, den sie sich zurückzieht, ist ja zugleich auch Ödland – *ze waste in Soltane*, 117,9. Von *bluomen* und *kranz* will sie nichts wissen, denn *si vlôch der werlde wunne*, 117,4. Damit ist man im Bereich asketischer Weltflucht, die man aus Heiligenviten kennt. Andererseits ist Herzeloyde wiederum keine Anachoretin, denn sie gebietet sozusagen über einen landwirtschaftlichen Betrieb in dieser Einöde. Sie unterscheidet sich von Sigune, deren Absonderung von der Welt sich von Stufe zu Stufe hin zum Anachoretentum verdichtet bis zum Dasein in der Klause, in der sie stirbt.

So bietet bei Wolfram die einleitende Naturszenerie die Möglichkeit, in sein *niuwen* möglichst viele Aspekte einzubeziehen, auch, wie eben erwähnt, sehr Unterschiedliches. Es offenbart sich darin eine grundlegende Tendenz, die sich vor allem auch darin zeigt, dass sich die Minne in einem breiten Fächer an Möglichkeiten in diesem Werk entfalten kann wie sonst kaum in einer anderen mittelalterlichen Dichtung, z.B. von Sigune hin zu Orgeluse. Wolfram hat die Totalität des Seins im Blick; nur der *unstaete geselle* fällt aus diesem Schöpfungskosmos heraus.

Zurück zum Thema Lichthaftigkeit. In der Schilderung der Begegnung mit den Rittern, die einen Entführer verfolgen, wird bei Wolfram dieses Thema auf überraschende Weise ins Geschehen eingebracht. Wiederum lohnt sich der Vergleich mit Chrétien, dem Wolfram hier genau folgt, wie die Übereinstimmungen zeigen, die aber den grundlegenden Unterschied umso deutlicher hervortreten lassen. Die Lichthaftigkeit reduziert sich bei Chrétien ausschließlich auf die glänzende Rüstung der Ritter, die den Jüngling ins Staunen bringt: ... *et vit les haubers fremians/et les elmes clers et luisans/et vit le blanc et le vermeil/reluire contre le soleil*, V 129 ff. Auch bei Wolfram ist der Knabe fasziniert von diesem Anblick: *er enhete ê sô liehtes niht erkant*, 122,1 f. Doch dann kehrt sich die Situation total um, und es sind die Ritter, die ihrerseits fassungslos der strahlenden Schönheit des Jünglings gegenüberstehen – der Leser inbegriffen.

Mit dem bewusst unvermittelt und übermächtig eingeführten Thema von der unvergleichlichen Schönheit des Jünglings hat Wolfram ein neues Kapitel in der Entwicklung des Ritterromans aufgeschlagen. Gemessen an Erec, Iwein, Gawein betritt mit dieser strahlenden Gestalt, die König Artus sofort um Ritter machen würde, wie Karnahkarnanz spontan ankündigt, 123,9, ein neuer Protagonistentyp die profane literarische Bühne. Die Ritter haben nur Augen für den Jüngling, dessen Schönheit ausdrücklich als Geschenk Gottes bezeichnet wird: *dô lac diu gotes gunst an im*, 123,13. Ob der anschließende Bezug auf Adam, der an späterer Stelle, 773,28, nur den zeitlichen Abstand anzeigen soll, hier auf die Schönheit Adams, die dieser ja direkt der *gotes gunst* verdankte, zu beziehen sei, liegt nahe. Adam ging ja unmittelbar aus Gottes Händen hervor – *ad imaginem Dei*. Am Schluss der Begegnung lässt das der Dichter – bewusst gegen alle Wahrscheinlichkeit – aus dem Mund des Karnahkarnanz selbst besiegeln, wenn er, der Fürst, sagt: *got hüete dîn! ouwi wan waere dîn schoene mîn! dir hete got den wunsch gegeben, ob dû mit witzen soldes leben*, 124,17. Die Einschränkung, Parzivals *tumpheit* betreffend, ist nicht definitiv, denn sie wird im Laufe des Geschehens beseitigt.

Nach der Begegnung mit Gurnemanz heißt es schließlich, dass er *tumpheit âne wart*, 179,23 und schon im Prolog wird angekündigt: *er küene, traeclîch wîs*, 4,18.[21]

Weitere Episoden, in denen das Thema Schönheit zentral ist und sich nicht in bloßer Hyperbolik und höfischer Konvention erschöpft, seien erwähnt: Parzivals Ankunft am Hof des Gurnemanz und sein Auftritt am Artushof. Zum Ersten: Dreimal geht der Dichter auf das Thema ein und verbindet damit eine Seligpreisung der Mutter dieses unvergleichlichen Jünglings, die dem biblischen Muster folgt, 164,11-19. Beim Zubettgehen, 166,16 setzt sich das fort und schließlich stimmen alle Ritter darin überein: *si engesaehen nie sô schoenen lîp. Mit triuwen lobeten si daz wîp, diu gap der werlde albsolhe vruht*, 168,25 ff, womit der Anschluss hergestellt wird zu der Äußerung Ithers, eingebettet in eine Seligpreisung der Mutter: *gêret si dîn süezer lîp, dich brâhte zer werlde ein reine wîp. ô wol der muoter diu dich gebar! ich engesach nie lîp sô wol gevar*, 146,77 ff. Nach der zweiten Ankunft am Artushof wird erneut Parzivals Schönheit gerühmt: 305,22/306,23 gipfelnd im Engelsvergleich 308,1 ff. Unmittelbar vor dem Auftritt der Cundrie und der Verfluchung Parzivals – einem neuralgischen Punkt der Erzählung also – stellt Wolfram die Schönheit Parzivals als Gegengewicht dazu als Macht dar, die das Verhalten der Frauen von Grund auf zu beeinflussen vermag. Der Jüngling erhält einen Platz zwischen Clâmidê und Gawein. Um die Bedeutung des Folgenden zu unterstreichen, bemüht Wolfram auch hier die *aventiure – als mir diu âventiure maz*, 311,9. Dazu meldet sich auch noch der Dichter selbst, wenn er zu Beginn der descriptio betont: *ich tuon iu von sînem velle kunt*, 311,18, von dem eine Kraft ausstrahlt. Parzivals Teint wird zu einer *zange*, die bei den Frauen, die sich in Gefahr des *wenkens* befinden, den *zwîvel* beseitigt und die *staete* garantiert. In seiner Selbstverteidigung beansprucht Wolfram das Bild der *habenden zange* für sich selbst; eine nicht belanglose Gemeinsamkeit zwischen Autor und Hauptgestalt. Parzivals *vel, varwe* und *glast* wirken also auf die Frauen ein und erfüllen durch die Augen hindurch deren *herze*. Eine typische Minnesangformel wie die Spiegelmetapher, wird 311,17 vom Mann auf die Frau verlagert. Dazu bewirkt der bloße Anblick Parzivals, dass sie ihm mit *triuwe* begegnen, womit das Leitwort des Romans mit Parzivals Schönheit verbunden erscheint. Wie wichtig dieser visuelle Eindruck ist, zeigt sich auch in der typisch Wolframschen Substantivierung des Verbums *sehen*: *ir sehen in mit triuwe emphienc*. Das Sehen gleichsam eine handelnde Person!

[21] Ich kann hier Bumke nicht folgen, der das beharrlich leugnet.

Im Gralroman Chrétiens erhält man erst beim Auftritt des Jünglings am Artushof einen, bloß konventionellen, Hinweis auf die Schönheit des Jünglings. Die Leute am Hof, die ihn sehen *por bel et por gent le tenoient*, V 978. Das konnte keine Inspirationsquelle für Wolfram sein.

Bei Wolfram ist es die göttliche Lichthaftigkeit, von der die Bibel von der Genesis bis zum Johannesevangelium zeugt und die sich in Herzeloydens Erläuterung des Gottesbegriffes äußert. Die Sonderstellung des als Kämpfer angekündigten Protagonisten ist darin begründet und hebt ihn aus der Reihe der Artusritter heraus. Wolfram erhebt damit einen hohen Anspruch, und es stellt sich die Frage, ob und wie er diesem Anspruch erzählerisch gerecht wird. Aus dem bisher Dargelegten ergibt sich, dass Wolframs Neuerzählen von einem starken biblischen Impuls getragen ist, doch wie wird das von ihm mittels des arturisch geprägten Ritterromans, der gerade erst mit Chrétiens *conjointure* die literarische Szene zu bestimmen begonnen hatte, eingelöst? Überblickt man die 16 Bücher des Romans, so ist unübersehbar, dass der Autor sich theoretisch mit allem Nachdruck um seinen Protagonisten kümmert. Der ungewöhnliche Prolog mündet ein in die Charakterisierung des noch ungenannten Helden, 4,14 ff, das 2. Buch nennt ihn *dis maeres sachwalde*, 112,16 und immer wieder erkundigt sich der Autor bei der *aventiure*, wie es um den Helden steht. Die Erzählpraxis steht dazu in einem krassen Missverhältnis, denn es ist Gawein, der die Handlung beherrscht. Das meist spektakuläre Geschehen ist ihm zugeordnet, bis hin zu den *wilden maeren*, die das 10. Buch ankündigt. Am Schluss des 9. Buches ging es, mit bezug auf Parzival, um *süeziu maere*, 501,16 - Sündenvergebung und zugleich um *rîterlîchen* Zuspruch – ein typisch Wolframscher Zusatz, auf den zurückzukommen ist. Von Parzival werden also, wie man schon weiß, die typisch artushaften Abenteuer ferngehalten; nur am Rand wird er einbezogen. Nach der Verwünschung durch Cundrie geht er seinen eigenen Weg – doch worin besteht dieser? Mit einem Seitenhieb auf etwaige Hörer und Leser, die mit ritterlichem Treiben nicht viel im Sinn haben, kündigt der Erzähler Großes an: 333,15 ff: *hin reit Gahmuretes kint … Condwieramurs, dîn minneclîcher bêà curs, an den wirt dicke nu gedâht. Waz dir wirt âventiure brâht! schildes ambet umben grâl …* Doch was folgt, sind die Abenteuer Gaweins. Von den angekündigten Abenteuern Parzivals erfährt man also praktisch nichts. Man muss daraus schließen, dass dem Dichter daran gelegen war in seinem Bemühen ein *maere von grôzen triuwen* zu *niuwen*, seinen Helden von bestimmten Abenteuern der arturischen Ritterromane fernzuhalten und die Aufmerksamkeit der Hörer auf anderes zu lenken.

Wenn bei Parzival ausdrücklich von *schildes ambet* die Rede ist, so bleibt man im menschlichen Bereich; phantastische Kämpfe mit irgendwelchen

Ungeheuern sind ausgeschlossen. Parzival wird in aller Ausführlichkeit von einer betont menschlichen Station zur anderen geführt, beginnend mit Jeschute, über die sich steigernden vier Sigunestationen, Gurnemanz und Pelrapeire, dem Grauen Ritter bis zur Bekehrung im 9. Buch. Gemessen an den Gaweinabenteuern, von anderen Artusromanen zu schweigen, eine Schwerpunktverlagerung, die die eben erst erschlossene Phantasiewelt der matière de Bretagne – konzentriert in der Vorstellung von der *forêt avantureuse* – auf neue Weise verfügbar machte. Die Stationen, die Parzival durchschreitet, sind auch nicht – wie so viele Artusabenteuer – beliebig vertauschbar. Raum und Zeit zwischen den Stationen sind noch nicht zum darstellerischen Problem geworden, wohl aber, wie man bemerkt hat, der Weg. So meidet Parzival, der bei Gurnemanz zum vollwertigen Ritter geworden ist, nachdem er sich verabschiedet hat, die *strâzen*, 180,5 und *reit vil ungewertes*. Es fällt einem natürlich gleich die breite Straße ein, vor der die Bibel warnt. Chrétiens rationalisierende Anmerkung zu Percevals Herumreiten im Waldgelände: ... *car es foreś se conissoit*, V 1705, übernahm Wolfram nicht. Parzival unterscheidet sich damit von Gawein, dem die Straßen zugeordnet sind, z.B. 329,16 *sus reit der werde degen balt sîn rehte strâze ûz einem walt*, 397,26 *Gâwâns strâze ûf einen walt ginc*. Bei Parzival wird immer wieder betont, dass er sich in unwegsamem Gelände, *ungeverte*, über *ronen* ... fortbewegt. Wozu dieses Insistieren auf der Unwegsamkeit? Im ‚Gregorius‘ Hartmanns kann man lesen, dass der eben noch glänzende Ritter Gregorius seine Mutter/Gattin verlässt, als Büßer unterwegs ist und ausdrücklich die *strâzen* meidet, V 2761. Das macht aus Parzival noch keinen Büßer, markiert aber seine Sonderstellung unter den Rittern. Dass Wolfram diesem Thema Bedeutung beimaß, geht aus der Tatsache hervor, dass er immer wieder darauf zurückkommt und neue Zusammenhänge erschließt. Nach der Verabschiedung von Gurnemanz erfahren wir nicht, was das Ziel Parzivals ist, wohl aber, dass er aus minniglichem Gedenken an Liaze nicht auf den Weg achtet. So gelangt er nach Pelrapeire. Von dort aus hat er ein Ziel, er will heim zu seiner Mutter, doch die Minneversunkenheit lässt ihn über *ronen* und durch das *mos*, 224,20, reiten, was ihn zum Fischer und damit auf die Gralsburg führt. Nach seinem Versagen will er am folgenden Morgen den Gralrittern nachreiten, doch deren Fährte, von der es heißt *ir slâ was smal, diu ê was breit*, 249,8, verliert sich seltsamerweise. Ein Zeichen dafür, dass sich die Gralwelt ihm entzieht. So wieder auf sich verwiesen, gelangt er zu Sigune. Die große Minneszene, Parzivals Versunkenheit angesichts der Blutstropfen im Schnee, wird ebenfalls eingeleitet durch den Hinweis auf Parzivals Reiten durch *vil ungevertes* und über *ronen*, 282,6. Eine entscheidende Wendung nimmt die Wegthematik nach der Begegnung mit dem Grauen Ritter. Parzival will sich nun – allerdings in einer hypothetischen Fügung: *ist gotes kraft sô fier …* 452,1 f, – Gottes *helfe* anvertrauen und lässt dem Pferd freien Lauf, statt es selber zu lenken. Mit dem Begriff *helfe* ist man wieder an einem zentralen Problem des Werkes angelangt.

Die Sigunestationen, die Begegnung mit dem Grauen Ritter und der lange Aufenthalt beim Einsiedler wiegen schwerer als die ritterlichen Taten – über die wir ohnehin nichts Genaues erfahren, von Artusabenteuern zu schweigen. Parzivals demütiges Bekenntnis seiner Sündhaftigkeit und die Vergebung der Sünden durch Trevrizent tun aber dem *schildes ambet*, wie weiter oben angedeutet, keinen Abbruch: *wand in der wirt von sünden schiet unt im doch ritterlîchen riet*, 501,17f. Die Beschreibung typisch ritterlicher Taten sparte sich Wolfram, nicht ohne Grund, für den Schluss des Werkes auf, wo es im 14. Buch zur Darstellung des Zweikampfs mit Gawein kommt, worauf im 15. Buch der abschließende Kampf mit Feirefiz folgt. Der Stellenwert dieser Kämpfe erhöht sich, wenn man bedenkt, dass erst im Anschluss daran es zur Erlösung des Amfortas kommen wird. Beide Kämpfe sind offenbar mit voller Absicht spannungsvoll mit Bezug auf die *aventiure*-Definition hin angelegt, die Kalogreant gegenüber dem Waldmenschen abgibt und worin er den Sinn solchen ritterlichen Treibens expliziert. Jahrzehnte später, siehe weiter unten, wird das im französischen Prosaroman aus der Sicht Dinadans der Lächerlichkeit preisgegeben werden. Nun wird ja bereits im Iweinroman diese Definition mittels der Handlungsführung problematisiert; für Kalogreant endet das Zweikampfabenteuer mit einer Blamage, und Iwein lädt Schuld auf sich, da er den zu Tode Verwundeten und wehrlos Fliehenden erschlägt aus Furcht, des *prîses* verlustig zu gehen. Um *prîs* geht es auch in den beiden abschließenden Kämpfen Parzivals. Wolfram legt Wert darauf, die beiden Kämpfe unter ähnliche Voraussetzungen zu stellen, indem er sie aus dem vorgegebenen Handlungsablauf herauslöst. Gawein macht sich vor dem Kampf mit Gramoflanz auf, um den *lîp* zu *baneken*, 178,3, und so reitet er *al ein … verre ûf den plân*, 678,15. Von Feirefiz, der an Land gegangen ist, 736,27, heißt es 737,7: *och reit nâch âventiure dan von sînem her dirre eine man durch baneken in daz fôreht.* Bei Gaweins Ausritt fehlt der Hinweis auf *âventiure*, er will ausprobieren, ob seine Wunden und Narben schon die Ritterrüstung ertragen! Eine ‚realistische' Differenzierung, die die Schematik des typischen *aventiure*-Kampfes auflockert. Es kommt noch mehr dazu. Gaweins Gegner taucht wie aus dem Irgendwo auf. Man erfährt, 678,17 ff, dass Gawein einen Ritter am Ufer des Flusses Sabîns halten sieht, und der Autor verrät dann, dass dieser Ritter *ein schûr der ritterschefte ist*, dessen *herze valsch nie underswanc*, dem *unprîs* fremd ist, und dass nun das *maere* an den *rehten stam* gekommen sei. Über diesen Kampf wird gesagt, dass er *âne schulde*, 191,23, stattgefunden habe, was dann auch für den Kampf Parzivals mit Feirefiz gilt, 737,24, womit der Anschluss an die Definition Kalogreants gegeben ist, kaum ohne Hintergedanken! Die Boten des Königs Artus, die am Kampfplatz vorbeikommen und sehen, dass Gawein bereits total erschöpft ist, rufen ihn beim Namen, worauf Parzival, der Gegner, erschrocken sein Schwert wegwirft, 688,21. Beim folgenden Kampf wird es, anders motiviert, Feirefiz sein, der denselben Schwertgestus vollzieht, was zur wechselseitigen und vom Autor intendierten Erhellung der beiden Episoden beiträgt. Parzival bekennt sich schuldig, beklagt zweimal sein *ungelücke* und den Verlust der *saelde* und stellt fest, dass er sich selben *uberstriten* habe, 689,5. Gawein greift darauf zurück, wenn er sagt: *dîn hant uns bêde überstreit/nû lâ dirz durch uns bêde sîn leit/Du hâst dir selben an gesigt.* Damit hat man sich nun grundsätzlich vom Typ des Kalogreant-Kampfes entfernt. Der Kampf mit Feirefiz wird das weiterführen.

Der Kampf mit Gawein hat Parzival ungewollt in die Nähe des Artushofes geführt. Die *wîsen* werden dort in das Lob auf Parzivals ritterliche Qualitäten einstimmen, das Leitwort – auch für das Folgende ist *prîs*, 694,30, 695,19 usw. In dem Lob auf Parzival fehlt bezeichnenderweise auch nicht der Hinweis auf ihn als Lichtgestalt, 695,8 f. Parzival hat Bedenken, eingedenk der Verwünschungen durch Cundrie, vor den am Hof versammelten Damen aufzutreten, doch Artus empfängt ihn ehrenvoll; dabei geht es wiederum um den *prîs*, 698,29 ff. Parzivals Ansehen als Ritter ist also trotz Cundrie makellos.

Parzival möchte stellvertretend für den erschöpften Gawein am folgenden Tag gegen Gramoflanz antreten, 700,30 ff und erhärtet diesen Anspruch: *ich kom durch strîten in sîn lant, niwan durch strît gein sîner hant*, 701,5 f. Es fällt auf, dass der Dichter in der Schlussphase des Romans so sehr auf Zweikampfbereitschaft und *prîs* besteht. Soll damit angedeutet werden, dass dies die Grundlage für das glückliche Ende, Berufung zum Gral und Erlösungsfrage, bildet? Die Rückbindung dieser Aussagen an den Prolog und zum Zuspruch Trevrizents, 501,18, sind damit auch gegeben. Dieses intensive Eingehen auf das Kämpferische verbindet sich zusehends auch immer mehr mit dem Begriff *gelücke/ungelücke*, u.a. 688,24 ff, 701,27 und *saelde.*

Der typisch ritterliche Zweikampf wird immer mehr zu einem besonderen Problem, was sich bis hin zum abschließenden Kampf steigert. Gramoflanz reitet früh am Morgen aus, und man erfährt, dass er *einer maget dienstes unverzaget was*, 703,15. Bei *unverzaget* horcht man auf. Parzival, der ebenfalls ausreitet – *gar verholn*, wie es heißt, 702,21 – sieht den Ritter, der auf dem Felde hält. Ohne ein Wort zu wechseln, reiten sie gegeneinander an, das Leitwort *unverzaget* fehlt nicht, 704,12. Über Gramoflanz erfährt man, dass er grundsätzlich nur gegen zwei Gegner antritt – im Kampf mit Parzival gewinnt er freilich den Eindruck, es mit sechs Gegnern, zu tun zu haben. Bei diesem Hinweis auf Gramoflanz fragt man sich, ob da nicht der Schalk Wolfram, 705,22, sich über das ganze Zweikampfgetue lustig macht. Wie sich das andererseits mit ihm als ‚bekennendem' *schildes ambet*-Menschen verträgt, ist wiederum eine andere Frage. Im französischen Prosatristan wird der sarazenische Ritter Palamedes auftauchen und Furore machen, der gleich zwei Schwerter trägt und sich ebenfalls nicht mit einem einzelnen Gegner begnügt. Artus, in Begleitung Gaweins und anderer, erscheint am Kampfplatz und will *scheiden disen strît*, 707,9, was auch sogleich gelingt, da Gramoflanz sich geschlagen gibt. Auch dieser Kampf also ohne tragische Folgen! Sieht man von der Tötung Ithers ab, die ja nicht in einem ritterlichen Zweikampf erfolgt, so zeigt sich, dass die Kämpfe Parzivals gut ausgehen. Man muss die andere leidvolle Liste – man denke nur an die Söhne des Gurnemanz – dagegenhalten. Um diesen sich verdichtenden Erzählstrang, der zum Feirefizkampf hinführt, entfaltet der Autor ein einmalig reiches und buntes romanhaftes Treiben, das um die unterschiedlichen Formen der Minne kreist. Darauf wäre eigens einzugehen, da nicht zuletzt auch darin sich eindrucksvoll Wolframs *niuwen* erweist.

Der Kampf mit Feirefiz ist deutlich vom breit angelegten Geschehen abgesetzt, wobei über die drohende Gefahr der Verwandtentötung der Zusammenhang bis zurück zu Ither gegeben ist. Nach Parzivals Kampf mit Gramoflanz löst sich das komplexe Geschehen im Wohlgefallen der Stiftung ehelicher Verbindungen auf. König Artus, der – wie es humorvoll heißt – *der vrouwen milte was*, 730,11, bekräftigt diese Bindungen. Damit ist man eigentlich am Ende der Geschichte angelangt; sogar das Kudrunepos wird in eine Art Massenhochzeit einmünden. Aber da ist noch Parzival. Der Autor hat auch nicht versäumt, bei der Schilderung dieser großen Versöhnung immer wieder Parzival einzublenden, nicht zufällig in seiner Eigenschaft als Lichtgestalt, 717,30/723,25/727,21 usw. Parzival hat keinen Anteil an der allgemeinen Minneseligkeit. So steht 732,1 ein nachdenklicher Parzival vor uns. Diese Situation entspricht der am Ende des 6. Buches, wo Parzival durch den Auftritt Cundries praktisch aus der Artusgesellschaft ausgeschlossen wird und den Hof verlässt. Nun bedarf es keines äußeren Anstoßes, um den Artushof zu verlassen, wenn Parzival sagt, *ich will ûz disen vreuden varn*, 733,20. Mit diesem Entschluss wird nicht nur der Bogen zurück geschlagen zum ebenerwähnten 6. Buch, sondern auch nach vorne, wo Parzival nach Cundries nun heilvollem Auftritt diesen Vers ins Positive gewendet aufgreifen wird, 783,25. Diese drei Textstellen bezeugen auch einen grundlegenden Wandel in Parzivals Gottesbeziehung und bestätigen damit, wie wichtig die Problematisierung und Vertiefung des Gottesverhältnisses für Wolframs *niuwen* dieses Erzählstoffes gewesen sein muss. Der darin sich äußernden wandelnden Einstellung Parzivals gegenüber Gott steht in diesen drei Etappen seiner Entwicklung die Minne als das einzig verlässliche Fundament gegenüber, wobei nachdrücklich die Rückbindung an die programmatischen Aussagen des Prologs erfolgt. Reihen wir die drei Passagen aneinander. In den Abschiedsworten, die Gawein nach dem Auftritt der Cundrie an Parzival richtet, empfiehlt er ihn Gott und dessen *helfe und kraft*, 331,27 ff. Gott ist da auch der Spender von *gelücke*. Auf das hin folgt Parzivals harsche Absage an Gott, was bis zum Gotteshass geht. Dem steht Parzivals Bekenntnis zur heilvollen Wirkung der Minne gegenüber, 332,10 ff. Frauenminne ersetzt also Gott. Anders dann am Ende des 14. Buches bei seinem unspektakulären Verlassen der Artusgesellschaft. Statt des öffentlichen Wortwechsels nun die betonte Verlagerung ins Innere: *nû dâhte Parzival, er dâhte …* 732,1/732,15/733,1. Parzival, niedergeschlagen, weil die Minnefreuden der Artusgesellschaft ihm verschlossen sind, sehnt sich nach seiner Frau, was ausführlich dargelegt wird, wobei im Sinn des Prologs *unstaete* und *zwîvel* ausgeschlossen sind und die *triuwe* im Mittelpunkt steht. Mit der Minne verbindet sich nun auch das Verlangen nach dem Gral, und mit dem *herzenjâmer* gewinnt Parzival Anteil an einem zentralen Faktor, dessen Erschließung eine der großen humanen Errungenschaften dieser Dichtungen darstellt, auch im Nibelungenlied und im ‚Willehalm‘. Parzival setzt nun seine Hoffnung auf *gelücke* – also noch nicht auf Gott – lehnt sich aber auch nicht mehr gegen ihn auf, sondern stellt nur resigniert fest: *got will mîner freude niht*, 733,8. Die *vreuden* der Hofgesellschaft werden Gott empfohlen, er selbst *will ûz disen freuden varn*, 733,20. Wie dann Parzival, vereint mit Feirefiz, sich erneut in der Artusgesellschaft befindet, erscheint Cundrie nun mit der erlösenden Kunde vom Gralkönigtum, was mit einer Seligpreisung Parzivals beginnt, 781,3 ff. Parzivals Abstammung von Gahmuret und Herzeloyde wird eigens hervorgehoben. Parzival, aus dessen Augen *wazzer vlóz, s'herzen ursprinc*, wie es ausdrücklich heißt, denn auf das *herze* kommt es an, 783,3, kann nun bekennen: *sô hât got wol ze mir getân*, 783,10. Das *trûren* hat ein Ende und er kann verkünden: *ich sül gein mînen vreuden varn*, 783,25.

Zurück zum *strîten*, zum letzten Kampf, dem Bruderkampf. Parzivals diskreter Ausritt am frühen Morgen steht ganz im Zeichen der Minne, im Gedenken an Konwiramurs; dazu kommt der Gral. Er trifft nun auf den glänzenden Ritter aus dem Orient. Wie schon angedeutet, lässt sich auch dieser Kampf an wie ein typischer *aventiure*-Kampf gemäß der Definition des Kalogreant. Aufgrund der Natur des Gegners ist die Steigerung unverkennbar. Es stellt sich die Frage – etwas pointiert – ob es dabei u.a. nicht auch um eine ‚Abrechnung' mit dieser Art von *aventiure*-Kämpfen gehe. Es wird schließlich gerade das, worum es sich bei dieser Art von Kämpfen handelt, nämlich die Erwerbung von *prîs*, in Frage gestellt. Auch bei den vorausgehenden Kämpfen war verdächtig oft vom *prîs* die Rede! 742,21: *ir strît galt niht mêre/wan freude, saelde* und *êre/Swer dâ den prîs gewinnet/ op er triuwe minnet/wertlîch freude er hât verlorn/und immer herzen riuwe erkorn.*

Die Laufbahn der Lichtgestalt Parzival begann mit einer unwissentlich begangenen Verwandtentötung. Am Schluss, unmittelbar bevor er als Erlöser-Ritter investiert wird, ficht er einen Kampf aus, der ebenfalls unwissentlich nun zur Tötung des Halbbruders führen könnte. Im Anschluss an den vorausgegangenen Kampf mit Gawein muss man schließen, dass hier eine tiefgreifende Problematisierung dieser Art exemplarischer ritterlicher Bewährung vorliegt, die wohl auch mit Wolframs Bemühen um ein *niuwen* zusammenhängen dürfte. Die ungewöhnliche Ausführlichkeit de Schilderung und die Vielfalt der Aspekte unterstreichen die grundsätzliche Bedeutung dieses letzten Kampfes.

Wolfram schickt der Schilderung dieses Kampfes eine Einleitung voraus, 734,1 ff, worin wir u.a. erfahren, dass Parzival die schwerste Prüfung bevorsteht. Zugleich öffnet der Autor aber auch den Ausblick auf den glücklichen Ausgang, die Heilung des *süezen* Amfortas und die *hôhe saelde* der Königin von Pelrapeire. Der Autor stellt sich auch hier als Sprachrohr der *aventiure* vor, als deren *slôz*. Ausdrücklich wird festgestellt, dass Parzival für dieses heilvolle Geschehen verantwortlich ist: *Parzival daz wirbet*! Eine detaillierte Begründung für diese schwerwiegende Aussage gibt der Autor nicht. Von der Handlungsführung aus gesehen, muss der anschließende Kampf mit Feirefiz damit zu tun haben. Darin wird ein kompositorisches Problem sichtbar. Man fragt sich ja, womit denn Parzival es ‚*wirbet*', um als Heilsbringer dazustehen. Was hat er denn wirklich geleistet? Aber, ist diese Frage richtig gestellt? Muss man im Sinne Wolframs nicht so sehr nach dem fragen, was Parzival an Heilbringendem leistet, als vielmehr nach dem, was er i s t? Es geht um die Herausarbeitung der inneren Werte, von denen im Prolog die Rede ist, und dem mittelalterlichen Autor müssen wir das in dieser Darstellungsform abnehmen, statt aus neuzeitlicher Sicht eine überzeugende Begründung aus dem Tun des Protagonisten zu fordern.

Der Autor vertraut zunächst das Schicksal Parzivals ganz und gar dessen *herze* an, in dem *diu vrevel bî der kiusche lac*, 734,25 (Unmittelbar vorher wurde die *kiusche* Conwiramurs gerühmt.) Der Prolog hat schon auf das Besondere, das dieses *herze* auszeichnet, 4,14, eingestimmt. An der vorliegenden Stelle würde man eher eine Berufung auf Gottes Beistand erwarten; doch eilen wir nicht voraus. Mit *herze* trifft man auf ein Zentralwort der volkssprachlichen Literatur dieser Zeit, und es ist durchaus im Sinne Wolframs, dass er bei der Schilderung des entscheidenden Schlusskampfes das *herze* an den Beginn stellt; alles Weitere hängt damit zusammen.

Von Feirefiz heißt es, dass er allein *nâch âventiure* ausreitet, 737,7. Es ist das, wie schon angedeutet, die typische Kalogreant-Situation. Feirefiz strebt nach *minne und prîs*. Von Parzival heißt es, dass er nicht allein ist, *dâ was mit im gemeine/er selbe und ouch sîn hôher muot*, 737,14 f. Der Autor sorgt sich um ihm, ist aber voll Hoffnung: *in süle des grâles kraft ernern*, 737,27 und auch die Minne. Unmittelbar vor Beginn des Kampfes wird noch *fortuna* – nicht Gott – beschworen, damit die Brudertötung vermieden werde, 738,18. Der Autor zieht also verschiedene Register. Die Kampfschilderung selbst ist ein Paradestück an emphatischer Vergegenwärtigung eines Geschehens, was natürlich dessen Bedeutung erhöht. Immer wieder schaltet sich der Erzähler ein, nimmt Anteil, vor allem am Schicksal des Getauften und betont, dass in diesem Kampf *dâ streit der triuwen lûterheit/grôz triuwe aldâ mit triuwen streit/durch minne heten si gegeben/mit kampfe ûf urteil bêde ir leben*, 741,21 ff. Diese *grôze triuwe*, die da beschworen wird, hat ihre Entsprechung in der entscheidenden Ankündigung im Prolog, 4,10. Die *triuwe* ist also in den beiden Kämpfern verkörpert. Hat es etwas zu bedeuten, dass da zwischen *grôzer triuwe* und ‚einfacher' *triuwe* unterschieden wird? Bezieht sich das eine auf den Getauften, das andere auf den Heiden? Die Aussagen des 9. Buches, 462,19 ff legen das nahe. Wolfram vollzieht mit dieser Begründung einen Bruch mit den Artusromanen. Dort geht es darum, dass der Protagonist, der in die Rolle des Befreiers einrückt, einen besonders gefährlichen Gegner besiegt oder ein Monster bzw. einen Bann bricht. Letzteres wirkt in der Gralgeschichte noch nach. Wolfram hat aber anderes und mehr im Sinn. Mit dem *triuwe-triuwe*-Kampf vollzieht er eine folgenschwere Verinnerlichung des konventionellen Geschehens, die im Religiösen wurzelt. Dass sich dabei so Manches der Einsicht entzieht und nicht ganz zu überzeugen vermag, tut nichts zur Sache; es zählt die Intention, die neue literarische Gattung auf breiter Basis neu zu organisieren.

Kurz vor der Entscheidung kommt endlich Gott ins Spiel. Es ist der Autor und nicht Parzival, der feststellt *got ner da Gahmuretes kint*, 742,14, aber auch den Heiden in diesen Wunsch einschließt. Minne und Gral werden nicht vergessen, 743,13 f. Im Gedenken an sein *wîp* nimmt der *getoufte an kreften zuo*, 743,23 f. Der Heide muss nun einen fürchterlichen Hieb hinnehmen, doch Gott bewahrt Parzival vor der Brudertötung. 744,14: *got des niht langer ruochte/daz Parzival daz rê nemen/in sîner hende solde zemen.*

Beide stehen vor der *hôhsten hende/daz diu ir sterben wende*, 744,23. Parzivals Schwert zerbirst, und der Gegner verzichtet auf das, was den herkömmlichen Zweikampf befeuert, auf den *prîs* und wirft aus Fairness sein Schwert weg, 745,1 ff. Er wirft es, wie es sonderbarerweise heißt, *verre* von sich in den *walt*, 747,16. Steckt dahinter ein Seitenhieb auf den typischen Artusabenteuerwald? Beide Bewegungen sind von hoher Symbolkraft; das Schwert ist schließlich die Ritterwaffe schlechthin. Nicht minder wichtig ist es darum, dass Parzival das Schwert seines Halbbruders holt und es ihm in die Scheide steckt – als Zeichen eines Neuanfangs im *schildes ambet*! Das Ganze also auch eine Absage an die *aventiure*-Definition des Kalogreant.

Wolfram holt in Verbindung mit der Schilderung dieses Kampfes weiter aus, was hier angedeutet werden soll. Es geht dem Autor nicht zuletzt um den Versuch einer großangelegten Integration der Artus-Gralgesellschaft in sein neues Erzählkonzept. Das gilt es zu bedenken, wenn man sich die Frage stellt, wie sich dieses Neuerzählen zur Gattungsproblematik verhält; schließlich ist um diese Zeit viel im Fluss und von einer Gattungslehre für die volkssprachliche Literatur, die sich damals herausbildete und sich von der lateinischen unterschied, kann man nicht sprechen. Wir kommen darauf zurück.

Was sich im Gaweinkampf – der auch auf dem Hintergrund des Iwein/Gaweinkampfes im ‚Iwein' zu sehen ist, ankündigt, schlägt nun voll durch. Dass der Heide Feirefiz dabei eine wichtige Rolle spielt, ist kein Zufall. Wie er nämlich erfährt, dass er seinen Halbbruder vor sich hat, lässt es der Dichter nur so aus ihm hervorbrechen, 748,14-749,2. Es beginnt mit einem großen Lob der heidnischen Götter in Analogie zu dem, was vorher über den christlichen Gott und dessen fürsorgliches Walten verlautete. Seine Äußerung gipfelt aber in einer Rühmung seines Gegners, die sich zu einer biblisch getönten Seligpreisung aufschwingt, 748,26 ff: ... *gein dir, vorhtlîch süezer man/... geêrt sî luft unde tou, daz hiute morgen ûf mich reis/. minnen slüzzel kurteis!/Owol diu wîp dich sulen sen/waz den doch saelden ist geschehn*. Feirefiz reiht sich damit ein in die Lobpreisungen, die mit den Äußerungen des Fürsten Karnahkarnaz begannen. Woher weiß Feirefiz das alles? Dass dies aus heidnischem Mund kommt, erhöht die Bedeutung, gerade weil man es da nicht vermutet. Dieses gewaltsame Verfahren gehört zu Wolframs Poetik. Parzival lässt in seiner Antwort durchblicken, dass er nicht über diese Wortgewalt verfügt, 749,3 f. Feirefiz wird dann über das Schicksal seines Vaters aufgeklärt. Dessen *triuwe âne wenken* wird entsprechend gerühmt, was uns mit Blick auf Belakane seltsam berühren mag, aber offenbar Teil von Wolframs Konzept ist. Das abschließende Urteil über den Kampf wird Feirefiz überlassen, 752,1 ff. Was im Gaweinkampf schon anklang, kommt nun zur Entfaltung: sie beide hätten in diesem Kampf mit sich selbst gekämpft. Der arturische Zweikampf gewinnt damit eine neue Dimension, von der Kalogreant noch nichts ahnte. Feirefiz schließt mit einem Dank an Jupiter, der einen tragischen Ausgang verhindert habe, in Entsprechung zu des Autors Bemerkung über Gott und den Höchsten. Feirefiz lenkt damit an den Beginn seiner ausführlichen Äußerung zurück, so dass sich ein Bogen schließt. Doch damit nicht genug. Das Heidnische wird christlich überformt, wenn es heißt: *sîn heidenschiu ougen/begunden wazzer reren/al nâch des toufes êren/der touf sol lêren triuwe/sît unser ê diu niuwe/nâch Kriste wart genennet/an Kriste ist triuwe erkennet.* 752,24 ff. Das klingt wie eine Illustration zu dem Dictum von der *anima humana naturaliter christiana*. Tränen als Taufwasser und der vorher erwähnte Tau lassen an Herzeloyde bei Parzivals Geburt denken und führen Feirefiz über die leibliche Verwandtschaft an diese erwählte Sippe heran. Diese wichtige Episode endet also mit dem ausdrücklichen Hinweis auf das Neue Testament und wird damit eingefügt in das weitgespannte biblisch-neutestamentliche Netz, das diesem Stoff gleichsam übergestülpt wird. Was sich an solchen Textstellen beobachten lässt, vermittelt auch einen Einblick in Wolframs ‚Poetik‘. Man kann beobachten, wie diese Literatur seit Chrétien dabei ist, sich ihre eigene Poetik zu schaffen. Die mittellateinischen Lehrbücher konnten dafür nur Handwerkliches liefern, wie ganz offensichtlich im Fall Gottfrieds. Zu dieser entstehenden volkssprachlichen Poetik schien es zu gehören, an sich neutrale Erzählstoffe zu öffnen für außergewöhnliche Sinngebungen, deren Substanz aus anderen Traditionen geschöpft wurde und diesen Stoffen gleichsam aufgedrängt werden musste. Wir werden bei der Betrachtung von Gottfrieds *niuwen* darauf eingehen. Dieses Bemühen um Sinn – auch gegen den Strich wie z.B. im ‚Tristan‘ – zeigt, dass man in diesen Stoffen ein Entwicklungspotential vermutete, das zu erwecken man sich zutraute.

Das auf den Kampf folgende Geschehen ist auch von Bedeutung mit Blick auf Parzivals Verhältnis zur Artusgesellschaft, was wiederum den Roman als solchen betrifft. Parzival, der eben noch die Artusgesellschaft und deren *vreuden* verlassen hat, kehrt nun mit Feirefiz dorthin zurück. Der Kampf muss also einen Sinneswandel bewirkt haben; dieser besondere *strît*, der – als einziger – das Eingreifen der göttlichen Gnade provozierte, war, wie Feirefiz es nennt, ein Kampf mit sich selbst. Mit dem typisch arturischen Aventiure-Zweikampf hat das nur mehr äußerlich zu tun. Wolframs Lieblingsthematik, der *strît*, erhält damit neuen Sinn. Wolfram verliert aber auch sein zweites Lieblingsthema, die *vrouwen*, nicht aus dem Auge. Feirefiz schlägt vor, dass Parzival ihn begleite, damit er das *rîcheste her schouwen* könne. Parzival stellt dem *vrouwen schîn* und *grôze wünne* entgegen, die es bei Artus zu *schouwen* gebe, 753,26 ff, was bei dem Orientalen Feirefiz sogleich auf lebhaftes Interesse stößt. Die Spannung zwischen Parzival und der Artusgesellschaft ist damit aufgelöst, und damit ist auch der Weg frei für den nun befreienden Auftritt der Cundrie. Die Erlösung wird besiegelt in der Heilung des Amfortas und findet in der Taufe des Heiden Feirefiz ihre Erfüllung. Eine großangelegte Integration findet ihren Abschluss, gleich, wie überzeugend uns das vorkommen mag. Hervorzuheben dabei ist auch, wie Wolfram sich nicht mit allgemeinen Aussagen begnügt, sondern mit Sorgfalt und Liebe ins Detail geht, wenn er die Artusgesellschaft mit einem einmaligen Personenreichtum, weitverzweigter Versippung und in bunter Fülle vor uns erstehen lässt. Das beginnt schon mit dem ersten Auftritt des Dümmlings am Artushof, steigert sich von Stufe zu Stufe und gibt auch Nebengestalten Entfaltungsraum. Bei diesem Befund kann man von der Schaffung eines arturischen Kosmos sprechen.

Der Kampf ist aber nicht vergessen, vom *warthûs* aus, 755,19, hat man diesen einmaligen Waffengang beobachtet, worauf Artus sogleich feststellt, dass einer dieser Kämpfer Parzival sein müsse. Wie die beiden dann bei Artus einreiten, kann man die Spuren des Schlagabtauschs an ihren Rüstungen erkennen, was der Dichter ins Künstlerische umdeutet, 756, … *ieweder wolgelêrte hant truoc, der diu strîtes mâl entwarf, in strîte man ouch kunst bedarf*! Der Dichter greift damit auf die Kampfschilderung zurück, wo es heißt, 742,11 *mit kunst si die arme erswungen* ... Das martialische Geschehen wird dadurch aufgelockert, indem Wolfram, kaum zufällig gegen Ende des Romans, bewusst ein eher spielerisches Element ins Geschehen einbringt. Nach ausführlicher Würdigung der Rüstung des Heiden, wobei Gawein Regie führt, wendet sich die Erzählung den Damen zu, 758,24 ff. Hierauf unterhalten sich Gawein und Parzival über den Kampf, und dann ist man mitten in der höfischen Geselligkeit. Was Wolfram sich da bei Artus entfalten lässt, geht weit über das hinaus, was das typische schematische Artusfest in Caridoel an Pfingsten oder Himmelfahrt zu bieten hat und gibt der Artuswelt eine neue Daseinsfülle, so dass man sagen möchte, dass Wolfram dem zum Klischee erstarrten Bild vom Artusfest neues Leben eingehaucht habe. Dabei ist hervorzuheben, dass in den Gesprächen, die sich in dieser Geselligkeit entwickeln, Wolframs Grundanliegen, die Vergegenwärtigung der *triuwe*, nun aus dem Mund der Protagonisten, zu seinem Recht kommt; aus Parzivals Mund 751,2 ff und durch Feirefiz, parallel dazu, 752,2 ff. Feirefiz und Parzival sind die zentralen Gestalten. Artus setzt sich zu Feirefiz, und beide kommen ins Gespräch, 766,19 ff. Artus lobt Gott dafür, dass er es fügte, dass Feirefiz *ûz heidenschaft in toufpflegenden landen* eintraf.

Dem setzt Feirefiz die heidnische Göttin Juno entgegen, der er den günstigen Segelwind zu verdanken habe, 767,3 ff. Da er wenige Verse später überbietend auf den trojanischen Krieg anspielt – *ich füer sô kreftigez her, Troyaere lantwer unt jene die si besâzen müesen rûmen mir die strâzen*, 768,1 ff – ist zu überlegen, ob nicht im Hinweis auf Juno und den günstigen Wind eine nicht minder überbietende Anspielung auf Eneas vorliegt, der bekanntlich mit Juno auf Kriegsfuß stand. Die Ausführungen des Feirefiz enden aber nicht mit einem Lob der Götter, sondern handeln ausschließlich von der Minne seiner Dame Sekundille. Die habe ihm *helfe* gebracht, mehr als Jupiter hätte *trôstes* bieten können, 768,28 ff. Damit ist auch Feirefiz bei der Überzeugung angelangt, der Parzival Gawein gegenüber nach der Verwünschung durch Cundrie am Artushof Ausdruck verleiht. Der wichtige Begriff *helfe* verstärkt den Zusammenhang, 332,10. Artus, der sich also angelegentlich mit Feirefiz unterhält, lenkt dann das Gespräch auf Parzival und dessen Gralsuche hin, 769,24, was dessen Sonderstellung begründet. Hierauf will Artus erfahren, was die beiden mit *strîte* (!) erlebt hätten: *ir saget mir liute unde lant/diu iu mit strîte sîn bekant*. Nun legt Feirefiz los und zählt alle auf, die er bezwungen hat: Könige, Herzöge, Grafen und beendet seine Liste mit der Aussage *ich hân durch wîp vil getân*, 771,19. Die Forschung hat gezeigt, dass viele dieser Namen, auf welchen Wegen auch immer, auf den spätantiken Autor Solinus zurückgehen. Doch wie setzt Wolfram dieses Material ein? Von der Situation her handelt es sich ja um die noble altepische Form des Heldenkatalogs. Das Rolandslied kennt z.B. vor dem Tod Rolands noch ein beeindruckendes Beispiel dieser Tradition. Die geballte Ladung von verballhornten Zungenbrechern – Heusler sprach von wahrhaften Stachelrochen – die Wolfram auf das Publikum herunterrasseln lässt, wird man nicht mit dieser erhabenen epischen Tradition gleichsetzen; es kann sich da nur um eine saftige Parodie auf dieses altepische Requisit handeln, womit auch der Unterschied zwischen Epos und Roman deutlich wird. Ein echter Wolfram! Auch Parzival lässt sich nicht lumpen, greift das Leitwort *strît* auf, 771,24, und liefert eine Liste der Taten seiner *ritterschaft*, die er in seiner Gralsuche vollbracht hat, worüber Wolfram aber nichts verlauten ließ. Diese offenbar parodistischen Einlagen bedeuten keineswegs eine indirekte Absage an *strît* und *ritterschaft*, so wenig wie z.B. die deftigen religiösen Parodien in der mittelalterlichen Literatur mit Gottlosigkeit zu tun haben. Beeinträchtigt aber nicht doch das Vorhandensein dieser monströsen Litaneien die Seriosität des Gesamtwerks, was auch Folgen hätte für die Fiktionalitätsdiskussion? M.E. im Gegenteil, Parodie und Humor, was bei Wolfram auch sonst wahrlich nicht fehlt, verstärken die Vergegenwärtigungstendenz und Wirklichkeitsnähe und geben Bodenhaftung.

Wir wenden uns nun noch kurz einer Idee zu, die eng mit *strît* und *ritterschaft* – diesen Wolframschen Zentralwerten – verbunden ist, der Idee vom *meilleur chevalier*, die es ermöglichte, vor allem die phantastische matière de Bretagne mit der gesellschaftlichen Wirklichkeit des Ritterstandes im Hoch- und Spätmittelalter zu verbinden. Hat sich Wolfram in seinem Bemühen ein *maere* zu *niuwen* auch mit diesem neuen Phänomen des *meilleur chevalier* auseinandergesetzt? Doch zuvor ein Blick auf die Entwicklung der Bezeichnung für den berittenen Krieger. Der Begriff *chevalier* präzisiert den wenig aussagekräftigen lateinischen Terminus *miles* und gewinnt rasch an Prestige im Französischen wie im Deutschen; das Wort *ritter* hat schon in der frühmittelhochdeutschen Bibeldichtung einen ausgesprochen positiven Klang. So heißt es in der Wiener Genesis, um 1060, dass Joseph zu seinem Vater Jakob reitet *mit ime manich ritter gemeit*, V 5061, was eindeutig preisend zu verstehen ist. Ein ähnlicher Hinweis kommt aus der gleichen Zeit aus dem Romanischen, dem Lied auf die Hl. Fides. Fides entstammte einer mächtigen Familie, V 92 ff, ihr Vater wird aber nicht seinem Stand gemäß als *duc* oder *conte* bezeichnet, sondern es heißt vielmehr von ihr *e fo filla de cavaller*, V 341. Und Wilhelm IX., der erste Troubadour und mächtigste Herr Südwestfrankreichs, empfiehlt sich den Damen nicht mit seinem Standestitel, sondern betont als *cavalier*, Lied V. Gut eine Generation später legt der österreichische Sänger von Kürnberg ebenfalls den Akzent auf sein Rittersein; von Hartmanns Bekenntnis zu schweigen. Der Traktat Bernhards von Clairvaux ‚De laude novae militiae' sei ebenfalls erwähnt.

Der *chevalier/ritter* bildete dann den Grundbestand des Personals der großen erzählenden Dichtung, und die Autoren widmeten ihm ihre besondere Aufmerksamkeit. Der Yvainroman Chrétiens sollte sich dabei als zukunftsweisend herausstellen. Während im ersten Artusritterroman, dem ‚Erec', die Ritter zur Jagd aufbrechen – freilich eine besondere Jagd – so ist das im Grunde kein ungewöhnliches Unterfangen. Im ‚Yvain' vollzieht sich Neues mit dem, was Calogreant verkündet und tut. Mit der Wirklichkeit des Rittertums hat das nicht direkt zu tun, und es gibt auch keine Beziehung zu den Kriegern der chansons de geste oder der antiken Stoffe, wo die Ritter eingebettet sind in eine Gemeinschaft und für diese kämpfen. Nun entdeckt man den individuellen Ritter, der allein ausreitet und für seinen persönlichen Ruhm – *prîs* – kämpft und das in einer weitgehend imaginären Welt tut, Stichwort *fôret avantureuse*. Diese Vereinzelung des Kriegers als *chevalier/ritter* ist von literarhistorischer Tragweite. Wie kam man dazu? Wollten die Autoren dem *chevalier* eine über dem traditionellen Kampfgetümmel befindliche ‚höhere' Laufbahn eröffnen, gleichsam als etwas verquere profane Parallele zu dem, was ein bestimmter Typ von Heiligenlegenden zu bieten hatte? Die volkssprachliche Literatur sollte sich nun als mächtiges Medium in dem Aufwertungsprozess dieser kämpferischen Klasse erweisen. In den Artusromanen ‚Erec‘ und ‚Yvain‘ erreichte Chrétien diese Aufwertung, wie Max Wehrli gezeigt hat, mittels Anlehnung an Legendenstrukturen, so etwa im Dreischritt von einer unvollkommenen Seinsstufe über die Krise zu einer Art neuen Lebens. Daraus wurde aber keine gattungsverbindliche Struktur, wovon die meisten Literaturgeschichten auszugehen pflegen. Schon in seinem Karrenritterroman ging Chrétien einen anderen Weg; die Aufwertung des *chevalier* liegt da bei der Idee der *fin'amors*. Ein weiteres Aufwertungspotential bot die Vorstellung vom Ritter als Befreier, wobei auch auf Mythisch-Märchenhaftes zurückgegriffen werden konnte. Dass sich in den Artusritterromanen bis hin zum Prosalancelot immer mehr Mönche und Einsiedler in Wald und Einöde herumtreiben, ergänzt dieses Bild.

Das egozentrische, auf bloßen *prîs* bezogene Streben nach dem Zweikampf wird aber schon in den ersten Romanen als unzureichend dargestellt. Der Ritter muss vielmehr ethisch Höherwertiges leisten, wovon die Taten Erecs und Iweins im zweiten Durchgang zeugen. Der *chevalier* erhält nun Züge des Befreiers ja Erlösers. Zur leitmotivischen Verfestigung zum Begriff *meilleur chevalier* kommt es zunächst noch nicht. Der Terminus taucht aber bereits gelegentlich auf. So sagt Roland über seinen sterbenden Freund Olivier *en nule tere n'ad meillor chevalier*, V 2214. Im zweiten Teil des Alten Wilhelmsliedes heißt es vom Sarazin Alderufe, *er fu hardiz e prouz, chevaler bon …* V 2135. Im Aliscanzepos bekennt Wilhelm, unterwegs zum Königshof, gegenüber einem *castelains*, der ihm misstraut, *Cevaliers sui, si faites vilonie …* V 2104, und etwas später ist von *grant chevalerie*, V 2138, die Rede. Mit dem neuen Erzählstoff der matière de Bretagne änderte sich das. Vor allem im Französischen konnte sich nun die Idee vom *meilleur chevalier* zu einer Leitidee und festen Fügung entwickeln und den Werken eine neue Richtung und einen neuen Mittelpunkt geben. Im Deutschen gibt es den jeweils besten Ritter, zu einer vergleichbaren Leitmotivik basierende auf der Idee vom *meilleur chevalier* kam es aber nicht, was wohl auch mit der lückenhaften Rezeption der einschlägigen französischen Literatur zusammenhängt. Der Gralroman dürfte an der Verfestigung dieser Idee in hohem Maße beteiligt gewesen sein. Es ist kaum Zufall, dass die Glorifizierung des *ordre de chevalerie*, Perceval V 1637, einer Gestalt aus der matière de Bretagne in den Mund gelegt wird, dem Ritter Gornemanz und nicht einem Helden der *chansons de geste* oder der antiken Romane.

Mit Perceval hat es eine besondere Bewandtnis. Bevor er bei Gornemanz über die bevorzugte Stellung des *chevaliers* aufgeklärt wird, kommt es bei seiner Ankunft am Artushof zu einer unerwarteten Rühmung des Waldburschen, die in geradezu aufdringlicher Weise um *chevalerie* und *chevalier* kreist. Das Fräulein, das seit mehr als sechs Jahren nicht mehr gelacht hat, tut dies nun angesichts des Jünglings und sagt: *... en trestot le monde n'avra/ N'il n'ert ne on ne l'i savra/Nul meillor chevalier de toi*, V 1044 ff. Der Hofnarr greift das sofort auf: *celui qui chevalerie/aura toute la seignorie*, V 1059 f. An dieser Stelle treten französische und deutsche Traditionen auseinander. Wolfram folgt hier seiner Vorlage genau und übernimmt die Episode vom lachenden Fräulein und dem Narren und von der rüden Reaktion Keies, 151,11: *dâ saz vrou Cunneware ... diu enlachete deheinen wîs/si ensaehe in der den hoesten prîs hete od solt erwerben.* Wolfram setzt aber andere Mittel ein, um die Einmaligkeit seines Helden zu begründen. Das zeigt sich, anders als bei Chrétien, schon im Prolog. Wie sich dieser dem Ende und dem Höhepunkt nähert und die kämpferische Unvergleichlichkeit des noch ungenannten Protagonisten gerühmt wird, ist keine Rede vom *meilleur chevalier*; Wolfram beansprucht die *grôze triuwe*, in deren Umfeld dieser Held gedeiht. Es zeigt sich dann, dass es die Lichthaftigkeit ist, die diesen Ritter auszeichnet von Anfängen als Waldbursche an, und in dieser Lichthaftigkeit leuchtet es, wie erwähnt, biblisch auf. In der französischen Tradition wird zwar unmittelbar Apokryph-Biblisches in die Gralgeschichte einbezogen, es handelt sich aber – bei aller *senefiance* – um eine bloß stoffliche Anreicherung und nicht wie bei Wolfram – um den anspruchsvollen Versuch, das Ritterdasein von Grund auf und von Innen her biblisch zu begreifen. So wird bei Robert de Boron oder in der Queste ganz naiv Joseph von Arimathäa rückwirkend zum *bon* bzw. *verais chevalier* ernannt. Auf eine mit Wolfram vergleichbare Biblisierung lässt sich Chrétien nicht ein.

Die Idee vom *meilleur chevalier* nahm eine besondere Eigenentwicklung, die vor allem von der Minne bestimmt wurde, einer Minne allerdings, die das Gegenteil von dem war, worum es Wolfram ging und die von den Vorstellungen *fin'amant* und *fin'amors* geprägt war und um die ehebrecherische Liebe kreiste. Der Karrenritterroman Chrétiens, der kein Gegenstück im Deutschen hat – Ulrichs Lanzelet hat damit nichts zu tun – sollte zum Grundtext für das französische Ideal vom *meilleur chevalier* werden. Im Falle Lancelots scheint es sogar zu einer Umkehrung der Maßstäbe zu kommen, denn bei aller ritterlichen Tüchtigkeit ist es eher seine unvergleichliche Liebe zur Artuskönigin, die ihn zum *meilleur chevalier* macht. Aus seiner ihm vorbestimmten Rolle als Befreier und Erlöser macht er sich nicht allzu viel. In der ‚Queste del saint graal' wird Lancelot den Titel *meilleur chevalier* wegen der sündhaften Verbindung mit der Artuskönigin verlieren an seinen heiligmäßigen Sohn Galaad mit dem biblischen Namen. Dabei kommt auch das typologische Modell zur Wirkung. Irdische Minne und Gral treten bei

Lancelot auseinander; es tritt also das Gegenteil dessen ein, worauf Wolfram mit seiner integrativen Sehweise abzielt. Parzivals Minne fällt nicht aus dem großen Schöpfungs- und Erlösungszusammenhang heraus. In dem von der Idee der Minne beseelten Nacherzählen kann man aber hier wie dort die Signatur der großen Literatur des ausgehenden 12. und beginnenden 13. Jahrhunderts sehen; das gilt auch da, wo ein dem *niuwen* Wolframs vergleichbarer Begriff fehlt.

Die Hinordnung des *meilleur chevalier* auf die verabsolutierte Minne setzt erzählerische Energien frei, was es ermöglichte, aus den vierschrötigen Kriegern den sensiblen *chevalier* herauszuentwickeln, was es der volkssprachigen Literatur ermöglichte, psychologische Feinheiten erzählbar zu machen. Chrétiens Karrenritterroman ist ein faszinierendes Beispiel dafür; die Blutstropfenszene im Gralroman – auch Wolframs – gehört ebenfalls hierher. Den Höhepunkt erreicht diese Entwicklung in Gottfrieds Tristanroman, worin überdies das *niuwen* mit einem Anspruch vertreten wird, der nicht nur diese alte Mythe in ein neues Licht taucht, sondern über Chrétiens ‚Lancelot‘ hinaus, mit dem ihn die Ehebruchsthematik verbindet, die Minne selbst neu deutet.

Im Anschluss an Wolframs *niuwen* ein Seitenblick auf den Stricker, der in seinem ‚Karl‘ ebenfalls verspricht, *ein altez maere* zu *erniuwen*, V 117. Ob eine Anspielung auf Wolframs Ankündigung vorliegt, sei dahingestellt. Das Ergebnis ist klar. Es geht um eine Verdoppelung des *niuwens*, da ja Konrad bereits die Chanson de geste *erniuwet* hat, auch wenn bei ihm dieser Begriff fehlt. Beim Stricker handelt es sich um eine harmlos glättende Überarbeitung ohne jeden Ansatz zu einer Vertiefung oder Problematisierung. Erzählerisch bleibt er sogar hinter Konrad zurück, wenn man z.B. die Episode von der Ankunft der Boten Marsilies im Lager Karls betrachtet. Bei Konrad eine große auf drei Stufen sich steigernde Szene angelegt, die 84 Verse umfasst, deutlich markiert durch den gleichen Einsatz: *die boten dô cherten*, V 625, *die boten sâhen …* V 641, *die boten vure gingen*, V 675 und gipfelnd in der Schilderung des unwiderstehlichen göttlichen Glanzes, der über Karls Antlitz liegt. Beim Stricker schrumpft das kläglich zusammen, V 1231 ff. Anklänge an Konrads Text, Hinweis auf Salomon und die Sonne, markieren nur die Reduktion. Das seltsame Vorspiel von Karls Aufenthalt bei den Heiden, das nicht im mindesten integriert ist und die monotonen, zahllose Verse füllenden Kampfschilderungen bessern das Bild nicht auf. Auch das kann *niuwen* bedeuten!

Bevor wir näher auf Gottfrieds ‚Tristan‘ eingehen, sei ansatzweise versucht, beide Werke, ‚Tristan‘ und ‚Lancelot‘, zusammenzusehen. Dass es Gottfried, dem Literaten schlechthin, der besonders offen gegenüber Frankreich gewesen sein muss, verborgen geblieben wäre, was sich dort im Umfeld Chrétiens und der Gräfin Marie de Champagne tat, halte ich für wirklichkeitsfremd. Dass direkte Zeugnisse fehlen, besagt im Mittelalter überhaupt nichts. Wie kamen Hartmann und Wolfram zu ihren Französischkenntnissen und in einzelnen Fällen zu ihren Vorlagen?

Folgende Gemeinsamkeiten, die den ‚Tristan' mit dem ‚Lancelot' verbinden, seien herausgehoben: Die Überzeugung, dass im *chevalier/ritter* mehr steckt als nur der auf seinen Ruhm bedachte Zweikämpfer. Das geht zusammen mit einer Relativierung oder gar Geringschätzung des Martialischen überhaupt. Dazu kommt die Herausarbeitung feinster seelischer Regungen, zu denen die Protagonisten nun fähig erscheinen und schließlich die Sakralisierung der verabsolutierten Minne.

Eine Belastung lag darin, dass es sich um ehebrecherische Minne handelt, zwischen Lancelot und der Artuskönigin, zwischen Tristan und Isolde – ebenfalls Königin. Dies macht das Ganze zu einem riskanten und anspruchsvollen literarischen Experiment, beim Karrenritterroman geprägt durch die Mäzenin, an deren Religiosität nicht zu zweifeln ist, oder im Falle Gottfrieds auf eigene Initiative zurückzuführen, wie man der auffallenden Betonung seines Dichter-Ichs entnehmen kann. Das kompetente Publikum konnte mit gespanntem Interesse verfolgen, wie sich diese Autoren ihrer Aufgabe – was ich wörtlich verstanden wissen möchte - entledigen würden. Es geht um die nun verfügbar gewordene Eigenständigkeit der Literatur.

Von Lancelot heißt es, er sei *li miaudres chevaliers del monde*, V 3219. Seine kämpferischen Fähigkeiten werden aber nicht eigentlich vorgeführt. Der erste Kampf nach der Entführung der Artuskönigin wird nicht geschildert. Man erfährt nur, dass der Erdboden zerstampft ist, dass ein totes Pferd daliegt und der eine Kämpfer sich zu Fuß auf den Weg macht. Der Kampf mit dem angeblichen Vergewaltiger der sehr freizügigen Dame, die Lancelot das Nachquartier angeboten hat, erweist sich als kein wirklicher Kampf, sondern ist ein von dieser Dame inszenierter Spuk, dem sie selbst im Handumdrehen ein Ende macht. Die Episode mit dem Furtwächter handelt zwar von einem Kampf, doch das hört sich sehr seltsam an. Lancelot hört nicht die Warnrufe des Furtwächters; er ist in tiefste Minnegedanken versunken, V 711 ff, bis zur troubadourhaften Selbstvergessenheit, worauf der Erzähler in aller Ausführlichkeit eingeht. Der Wächter wirft ihn aus dem Sattel. Im kalten Wasser kommt Lancelot zu sich, Schild und Lanze schwimmen weg. Mit beiden Händen fasst er nun den Berittenen an, was diesen schmerzt und ihn bitten lässt, er möge sich doch mit ihm *conbatre par igal*, V 813 und Schild und Lanze herausfischen, V 815. Lancelot geht darauf ein und sammelt seinen Schild und die Lanze ein, V 836. Der dreimalige Hinweis auf die im Wasser schwimmenden typisch ritterlichen Utensilien zeugt nicht von hohem Ernst. Lancelot hat Mühe mit dem Wächter fertig zu werden. Er, der der Überzeugung war, es mit 100 aufnehmen zu können, V 854, braucht viel Hiebe und Zeit für diesen einen, V 871 f. Ist es mit dem *meilleur chevalier* also doch nicht so weit her? Es geht natürlich gut aus, und Lancelot schont den Besiegten. Der entscheidende Vorwurf gegenüber dem Wächter liegt darin, dass er ihn aus *son panser*, V 887, gerissen habe; auf das Innerseelische kommt es also an.

Ein Paradebeispiel für die Unterordnung des Kämpferischen unter die Minneekstase stellt der Kampf Lancelots mit Meleagant dar, eine Schlüsselszene für unsere Überlegungen. Es beginnt schon beim Begehen der Schwertbrücke. Am anderen Ende warten zwei grimmige Löwen, und der Leser stellt sich darauf ein, dass Lancelot nach Überquerung des Flusses als Auftakt zum eigentlichen Kampf zuerst diese beiden Untiere besiegen muss; für Artusritter ja auch eine angemessene Beschäftigung. Diese Erwartung geht aber ins Leere. Je mehr sich der Ritter dem anderen Ende der Brücke nähert, umso mehr schrumpfen die Tiere ein und lösen sich schließlich in Nichts auf. Es folgt der Zweikampf, doch was für einer! Beim Furtwächter ließ die Minneversunkenheit den Ritter ins Wasser plumpsen, jetzt, angesichts der Artuskönigin verwandelt die totale Minneekstase den ritterlichen Zweikampf in ein groteskes Marionettenspiel. Lancelot starrt auf die Königin, steckt furchbare Hiebe ein und kämpft schließlich sogar mit dem Rücken zum Gegner, um die Königin nicht aus den Augen zu verlieren – ein genial grotesker Einfall, dem die Gräfin Marie de Champagne ihre Bewunderung nicht versagt haben wird. Von Calogreants Zweikampfdefinition ist man weit entfernt. Lancelot als vorbildlich Liebender zeichnet sich also nicht so sehr dadurch aus, dass er Ungeheuer besiegt; eine für ihn typische Kraftleistung besteht darin, dass er mit bloßen Händen die trennenden Gitterstäbe vom Fenster, hinter dem die Königin im weißen Hemd steht, zur Seite zu biegen und dann wieder einzusetzen vermag. Seine Besonderheit liegt in der totalen Ergebenheit gegenüber seiner Minneherrin, aus der heraus er lebt und agiert. Das zeigt sich vor allem in einer seelischen Empfindsamkeit, die Ihresgleichen nur bei den Troubadours hat, so in seiner ungewöhnlichen Fähigkeit, immer wieder in Selbstvergessenheit und Ekstasen zu versinken. Diese Fähigkeit, die das Wesen Lancelots ausmacht, wird punktuell sogar Perceval/Parzival zuteil in der berühmten Blutstropfenepisode; ein werkübergreifender Befund, der diese Texte in einem größeren Zusammenhang erscheinen lässt.

Gottfried distanziert sich auf seine Weise vom arturisch-ritterlichen Treiben. So tritt er die Schilderung des Turnierens anlässlich der Feierlichkeiten der Schwertleite ab an die Platzwärter, die Tötung Morgans folgt ganz und gar nicht dem ritterlichen Comment, der Kampf mit Morold wird stark allegorisiert. Der Sieg über den Riesen Urgan verdankt sich, schon aufgrund der Natur des Gegners, betont nichtritterlichem Tun: Ausstechen des einen Auges, Abschlagen der Hand, Ausstechen des zweiten Auges, Stoß über die Brücke in den Abgrund. Tristan wird dabei um die Bäume herumgejagt. Die Tötung des Drachen endet damit, dass Tristan, vom Gift betäubt, in Ohnmacht sinkt und nicht überleben würde. Gottfried versieht diesen Kampf – mit einer zusätzlichen maliziösen Doublette, worin der Kampf mit dem Untier als groteskes ritterliches Scheinspektakel inszeniert wird. Auch der für das Artusrittertum zentrale Begriff *aventiure* gerät dabei in schiefes Licht, V 9157. Der feige Truchsess reitet heran und beginnt einen regelrechten ritterlichen Zweikampf mit dem toten Untier. Er versticht seinen Speer und hackt dann auf dem Kadaver herum, was Gottfried sachkundig unter Aufbietung des Fachvokabulars kommentiert und dieses somit der Lächerlichkeit preisgibt. Wenn die in unseren Überlegungen herangezogenen Texte so sehr auf den kämpferischen Qualitäten des *chevaliers* bestehen, so ist das in diesem Zusammenhang nicht ohne Interesse. Es gab offenbar unterschiedliche Ansichten über das ritterliche Treiben. Was Tristans Waffentaten im Dienst des römischen Reiches betrifft, geht Gottfried überhaupt nicht darauf ein, V 18454 ff, denn ihm sei ja mit der Wahrheit *ein michel arbeit uf geleit.* Was er mit Wahrheit meint, wird uns noch beschäftigen. Mit der Loslösung seiner Hauptgestalt vom ‚modernen' Ideal des *meilleur chevalier* gelang Gottfried die Schaffung eines neuen Typs von Protagonisten, bei dem das Kämpferische zu einer mehr oder weniger stoffbedingten Nebensache wird. Das zeigt sich auch darin, dass dieser Tristan absolut desinteressiert ist an einer höfischen Karriere. Wenn unlängst die gegenteilige These vertreten wurde, Tristan sei ein typischer höfischer Karrierist, der z.B. aus diesem Grund auf seine Position in seiner Heimat verzichtet, weil er am Hof Markes bessere Aufstiegschancen wittere, so ist das ein fundamentales Missverständnis.[22] Wenn Marke ihn, den Neffen, zu seinem Nachfolger machen will, so hat das nichts mit Initiativen und Absichten Tristans zu tun, und wenn er am Hof Markes ekstatisch-verzückt gefeiert wird, so deshalb, weil die Menschen spüren, mit Neuem konfrontiert zu sein, das die herkömmlichen ritterlich-höfischen Kategorien sprengt. Tristans Wesen ist Musik und Minne, was auf hohem Niveau der Entfaltung des Seelischen Raum gibt, wofür u.a. die Schilderung des Erwachens der Liebe nach der Trankszene ein geradezu betörendes Bei-

[22] Hans-Jochen Schiewer, Erzählen am Hof, Antrittsvorlesung als Rektor, Freiburg 2008.

spiel liefert, das die mechanische Wirkung des Zaubertranks ad absurdum führt.[23]

Zur Minneekstase, die schon im Karrenritterroman das bloß Ritterhafte überformt, tritt als Krönung das Religiöse, was diese Ekstase in einer Weise aufwertet, die ihr sakrale Weihe verleiht und sie absolut setzt. So fühlt sich Lancelot wie magisch angezogen vom Brunnen, an dem die Königin ihren Kamm mit dem Goldhaar vergessen hat, nimmt ihn andächtig zu sich und birgt ihn wie eine kostbare Reliquie an seine Brust. In der nächtlichen Liebesbegegnung am Hof des Baudemagus findet diese ehebrecherische Minne ihre Erfüllung, reich sakral orchestriert: *et pui vint au lit la reine, si l'aore et se li ancline, car an nul cors saint ne croit tant*, V 4651 f. Bei der Trennung wird das bekräftigt: *au departir a soploié a la chanbre, et fet tot autel con s'il fust devant un autel*, V 4716 f.

Das war nicht mehr zu überbieten, und der Roman musste wieder auf ‚normal' zurückschalten. Chrétien hat ihn auch nicht vollendet. Auf den Versuch kam es an, und das ist literaturgeschichtlich kaum zu überschätzen. Im Dasein Lancelots spielt aber das Religiöse als solches im Gegensatz zu Perceval/Parzival keine Rolle. In seinem Innenleben ist nur Platz für seine Minne zur Artuskönigin. Um die ‚Rettung' dieser ehebrecherischen Minne geht es; sie soll nicht dem Schwank vorbehalten bleiben.

Der Tristanroman, dem wir uns nun zuwenden, enthält noch eine kräftige Dosis Schwankhaftes, was aber der Überhöhung auch dieser Minne bis uns Sakrale keinen Abbruch tut. In seinem Neuerzählen der alten Mythe geht Gottfried über das hinaus, was Chrétien im Karrenritterroman wagte. Das zeigt sich auch darin, dass es bei Chrétien der Ritter Lancelot ist, der die Sakralisierung vollzieht, während im ‚Tristan' der Autor selbst dafür seine Autorität einsetzt.

Wenn Wolfram seinem Publikum verkündet, er wolle ein *maere*, das *von grôzen triuwen* handelt, *niuwen*, und damit, wie sich zeigen lässt, eine besondere Rolle für sich als Autor beansprucht, so gilt das auf andere Weise auch für das, was Gottfried mit seiner Fassung der Tristanmythe vorhatte. Hinzukommt, dass er sich mit dieser berühmten Ehebruchsgeschichte auf etwas einließ, was mit den Moralvorstellungen in krassem Widerspruch stand, zugleich aber das Publikum auf ungewöhnliche Weise in seinen Bann zog. Dass etwa zur gleichen Zeit Chrétiens Karrenritterroman entstehen konnte, zeigt, wie sehr diese Thematik die hohen Gesellschaftskreise erregt haben muss.

---

[23] Alois Wolf, Gottfried von Straßburg und die Mythe von Tristan und Isolde, Darmstadt 1989, S. 179 ff.

Neben dem Prolog Wolframs führt auch der Tristanprolog über das hinaus, was man damals von einem Prolog erwarten konnte. Bei Gottfrieds Tristanprolog handelt es sich um ein sprachliches Kunstwerk besonderer Art, das als solches in der damaligen europäischen Literatur nicht Seinesgleichen hat. Die Literaturgeschichten gehen zu leicht darüber hinweg. In 244 Versen legt der Dichter sein Anliegen dar, sorgfältig gegliedert in einen strophischen Teil, der überdies durch Akrostichon ausgezeichnet ist, V 1-44, auf den der stichische Teil folgt.[24] Erst am Schluss des strophischen Prologs lenkt der Dichter auf sein Ich hin, das dann, nicht ohne Stolz, den umfangreicheren stichischen Teil einleitet. Es geht um eine bewusst provozierende Ankündigung eines Werkes, das mit dem Anspruch auftritt, ein neues Kapitel in der Entwicklung der volkssprachlichen Literatur aufzuschlagen. In seiner ungewöhnlichen Dichterschau, diesem großangelegten und weitausladenden Musenanruf, wird Gottfried diesen Anspruch erhärten, indem er sich als Sänger des *wâren Elicons* präsentiert.

Mit geradezu sophistischer Dialektik – man möchte an die zeitgenössische Theologie denken – argumentiert er sich an die Schlussaussage des Prologs heran und legt damit zugleich die Grundlage für die Diktion des folgenden Erzählwerks, das mit dem Begriff Minneroman nur unzureichend erfasst ist. Immer wieder stellt sich bei diesen Werken die Frage nach der literarischen Gattung. Die Literaturgeschichten gehen kaum darauf ein. Der überlieferte Tristanroman, den das Publikum erwartete, wird den *edelen herzen* als ungewöhnlich kühnes literarisches Experiment vorgestellt, wofür um 1200 offenbar der nötige geistige Freiraum gegeben war. Der Haugsche Begriff Fiktion, der ja auch die übrigen literarischen Werke der Zeit umfasst, wird der Einmaligkeit dieses Anspruchs nicht gerecht. Gottfried tritt dann in den fast 20000 Versen seines Werkes auch den Beweis dafür an, dass es möglich war, aus dem Stoff einer plumpen Ehebruchsgeschichte eine artistisch literarische Glanznummer zu machen. Fiktion hin oder her, wichtiger ist die Erkenntnis, dass eine bewusste Antwort auf eine besonders schwierige literarische Herausforderung vorlag. Man tut gut, wiederum an Marie de Champagne zu denken und an ihren Anteil an Chrétiens hochartifizieller Ehebruchsgeschichte in dessen Karrenritterroman. Von irgendwelchen moralischen Einwänden, auch kirchlicherseits, weiß man hier wie dort nichts; es geht auch nicht um Häresie, und die Krise eines hochmittelalterlichen Weltbildes oder einen radikalen Sinnverlust braucht es auch nicht.

[24] Hennig Brinkmann, Der Prolog im Mittelalter als literarische Erscheinung. Bau und Aussage, in: Wirkendes Wort 14, 1964, S. 1–21. Brinkmanns These von der absoluten Trennung zwischen *prologus praeter rem* und *ante rem* trifft nicht zu.

Folgen wir den Argumentationsschritten mit Blick darauf, wie Gottfried sich zum Phänomen des *niuwens* stellt. Der erste Teil, der durch Strophik und Akrostichon ausgezeichnet ist, betont die richtige Einstellung gegenüber den rühmenswerten Leistungen, die von Menschen erbracht werden. Bei der Kühnheit seines literarischen Experiments sichert sich der Autor also ab. Vielleicht sollte der im Akrostichon genannte Dietrich auch dazu beitragen. Es geht um Grundsätzliches, um die fast feierliche Verpflichtung zur Pflege der *memoria* derer, *von den der werlde guot geschiht*, Str. 1 f. Siebenmal auf engstem Raum ist die Rede von *guot* tun. Dazu kommt die Verbindung mit *werlde*. Damit sind Leitbegriffe vorgegeben, an denen sich die Interpretation orientieren kann und die den strophischen Teil des Prologs mit dem stichischen verbinden. Die Aufmerksamkeit wird somit darauf gerichtet, ob es mit einem allgemeinen Hinweis auf *memoria* sein Bewenden haben wird, oder ob die weitere Argumentation auf eine bestimmte, vielleicht einmalige Art des Gedenkens abzielt, was auch der Fall sein wird. In der Strophe, die den ersten Teil des Prologs abschließt und zum stichischen überleitet, stellt sich der Autor über das Leitwort *werlde/gewerldet* in die Reihe jener, die potentiell Memoriawürdiges zu bieten haben dürften. Der Einsatz des stichischen Teils präzisiert das mit dem Begriff *unmüezekeit*, womit mit Bedacht ein weiteres Leitwort eingeführt wird, das überdies ein typisches Prologmotiv, die Zurückweisung der schädlichen *otiositas* enthält. Über das *unmüezekeits*-Thema stellt der Autor im folgenden die Gemeinsamkeit zwischen sich und seinem erlesenen Publikum her: V 71, 78, 82 f gipfelnd im V 171: *daz lege ich miner willekür allen edelen herzen vür, daz si da mite unmüezic wesen*! Es handelt sich um eine besondere *unmüezekeit*, deren Einmaligkeit der Autor für sich – und sein Publikum - beansprucht und womit er sich von den bisherigen Bemühungen um den Tristanstoff, so verdienstvoll diese auch sein mögen, unterscheidet. Ausführlich geht er ab V 131 darauf ein. Über die *guote*-Leitmotivik, V 142 ff, erhalten auch diese, obgleich noch unvollkommenen, Versionen der Tristanmythe Anteil an dem, was im Sinn der ersten Strophe *memoria*-würdig ist. Damit ist auch zum Ausdruck gebracht, dass die Tristanmythe an sich über eine ganz besondere Grundsubstanz verfügt. Mit der präzisen Quellenangabe könnte der Prolog zu Ende sein: … *alle sine jehe gelas, wie dirre aventiure was*, V 165 f. Doch nun folgt der überraschende Neueinsatz: *waz aber min lesen do waere von disem senemaere* … und es folgen noch fast 80 Verse, die über dieses *min lesen* aufklären. Bertau vermutet zu Beginn dieser Argumentation, V 131, *ich weiz wol, ir ist viel gewesen, die von Tristande hant gelesen* … einen Anklang an den Beginn des Lukasevangeliums: *multi conati sunt* …, eine Anregung von großer Tragweite, die sich bestens einfügen würde in das raffinierte Motivgewebe des Prologs und darüberhinaus.[25]

Hinter der Aussage *was aber min lesen do waere*, womit Gottfried die verfügbaren Tristandichtungen überbietet, wirkt vernehmlich der neutestamentliche *ich aber sage euch*-Duktus nach, womit Jesus ja nicht das Vorliegende ‚Alte' beseitigen, sondern es erfüllen will. Über die ins Ohr gehende *ze guote*, *guot*-Leitmotivik – drei *guot*-Belege auf engstem Raum, intensiviert durch das besonders wertvolle Adverb *innecliche*, das V 108, 111 in Verbindung mit *herze* auf Liebende verweist und vorausdeutet auf die Liebenden – Tristan und Isolde – V 220, wird die sich ankündigende neue Tristanversion Gottfrieds an den Beginn des strophischen Prologs angeschlossen und gewinnt dadurch an Grundsätzlichkeit. Zugleich wird der dort im Zentrum stehende *memoria*-Begriff konkretisiert, so dass Gottfrieds Tristanversion und die *memoria* zusammenrücken, ja einswerden in einer besonderen *memoria*. Mit der Ankündigung, V 167 *was aber min lesen do waere* ... hat sich der Autor gleichsam freiargumentiert und kann nun aufs Ganze gehen. Doch bevor wir auf diesen immer dichter werdenden Schlussabschnitt eingehen, lenken wir zurück und achten auf weitere Argumentationselemente, die ein Netz religiöser Anspielungen entstehen lassen.

Es beginnt mit dem Begriff *werlde* am Beginn des Prologs, was sich zunächst noch unverfänglich anhört. Das ändert sich am Ende des strophischen Prologs, worin zum Begriff *werlde* die ungewöhnliche verbale Intensivform *gewerldet* tritt, V 44, die aufhorchen lässt. Es setzt ein reizvolles Vexierspiel ein in dem provozierenden Hin und Her zwischen allgemein akzeptierter Wortbedeutung und einem neuen Sinn. Auch bei Gottfried geht es nicht um glatte, konventionelle Aussagen. Auf seine Weise mutet Wolfram seinen Hörern eine nicht minder anspruchsvolle Einführung in sein Werk zu. Zu Beginn des stichischen Teils heißt es dann schon ... *der werlt ze liebe*, V 46, was verdächtig nach simpler Weltverfallenheit klingt. Unmittelbar darauf wird klargestellt, dass es nicht darum geht, sondern um *ein ander werlt*, V 58, was unübersehbar an geistliche Vorstellungen anknüpft. Aber, man muss wieder umdenken, denn es handelt sich nicht um die aus dem Religiösen vertraute Idee einer ‚anderen Welt', sondern um etwas Neues, die Welt des Herzens, eines besonderen Herzens, was in immer neuen Wendungen beschworen wird, V 60 ff; ein Verfahren, dem man sich nicht entziehen kann und dessen sich Gottfried nicht nur im Prolog mit sicherem Griff immer wieder bedient. Wenn es dann heißt: *der werlt will ich gewerldet wesen/mit ir verderben oder genesen*, V 65 f, so streift das erneut an religiöse Vorstellungen. Das greift

[25] Karl Bertau, Über Literaturgeschichte. Höfische Epik, München 1983, S. 117.

ins Existenzielle ein und lässt ahnen, dass ein Werk, das unter derartigen Voraussetzungen entsteht, mehr sein wird als ein *maere* das uns *wol* sein lässt, wie es im ‚Iwein‘ heißt. Man gerät damit in die Nähe zu Wolframs Parzivalprolog, in dem es ja auch um ein *maere* besonderer Art geht.

Die eindeutig religiös konnotierte *werlde*-Thematik, verschärft durch das Bekenntnis zu *verderben* oder *genesen*, beschwört eine für religiöses Denken bedrohliche Grenze, was dieser Aussage zusätzlichen Reiz verliehen haben wird. Die *werlde*-Thematik ist damit abgerundet, der Dichter kann auf diesem Fundament weiter argumentieren. Er hat sich auf einen waghalsigen Balanceakt eingelassen und verbindet damit die Absage an das bloße Streben nach *vröude*, V 54, wobei sogar der liebe Gott bemüht wird, eher herablassend. Der Autor hat Höheres im Sinn, dem er in den folgenden einprägsamen Oxymora Ausdruck verleiht, V 60 ff. Was er da aufzählt, ist natürlich auch christliche Seinserfahrung, doch da winkt am Ende die *vröude*, wo Gottfried auch das *verderben* einbezieht. Mit Blasphemie oder Nihilismus hat das nichts zu tun, es ist vielmehr geistvolles Spiel, zu dem nun die volkssprachliche Literatur fähig ist. Die Geisteshaltung, die sich hinter diesem Spiel mit religiösen Vorstellungen verbirgt, lässt an die vielen mittellateinischen religiösen Parodien denken – Geldevangelium, Saufmessen, Liebeskonzil von Remiremont, Vagantendichtung u.a. Das ist freilich ein anderes literarisches Register, das aber nur ‚aufgewertet‘ zu werden brauchte. Chrétien verfährt in seinem Karrenritterroman nicht viel anders als Gottfried. Bei der Distanzierung von der bloßen *vröude* ist nicht zu vergessen, dass *vröude/joys*, als besondere Freude eine der großen Errungenschaften der Troubadourdichtung ist. In seiner Dichterschau, einem Meisterstück an Argumentierkunst, wird sich Gottfried dieser *vröude* zuwenden, indem er Walther von der Vogelweide auf Kosten Reinmars rühmt und den Minnesängern empfiehlt: *die müezen so gesingen, daz si ze vröuden bringen ir truren* ..., V 4817 f.[26]

Blicken wir voraus, so erkennt man, dass der Höhepunkt dieses raffinierten Einsatzes religiöser Vorstellungen, wie man seit Friedrich Ranke weiß, in der Darstellung des Daseins der Liebenden in der Minneklause liegt. Diese großartige Schilderung, die Chrétiens Beschreibung der Liebesnacht Lancelots mit der Artuskönigin hinter sich lässt, auf plumpe Sexualität zu reduzieren, stellt einen literarhistorischen Sündenfall dar; nicht einmal die entsprechende nicht mystisch verklärte Szene in Markes Baumgarten, die

[26] Alois Wolf, Venus versus Orpheus. Reinmar, Walther und die ‚Renaissance des 12. Jahrhunderts‘, in: Sprache und Dichtung in Vorderösterreich, Innsbruck 2000, S. 75–99 (Schlern-Schriften 310).

darauf folgt und negativ besetzt ist, wäre auf diese Weise zu charakterisieren.[27] Nach Haugs ‚radikaler' Deutung von Gottfrieds ‚Tristan', die ihre Wirkung nicht verfehlen dürfte, ist Bett gleich Bett. Nicht so für Gottfried. Dieser schildet in aller Ausführlichkeit und mit Nachdruck das profane Lager, das Isolde nach der Rückkehr an den Hof in Markes Garten aufschlagen lässt – in *ir aller werlde*! – wo dann auch prompt das Paar von Marke, der hinzutritt, beim plumpen Ehebruch ertappt werden kann. Das Ganze evoziert die Situation des Sündenfalls der Stammeltern. Davon total abgehoben die vorausgehende Beschreibung eines ganz anderen Liebeslagers. In der Minneklause, nun in einem paradiesischen Garten gelegen und mittels religiöser Allegorie entrückt, befindet sich das Kristallbett, in dem die beiden ihre Minne zelebrieren. Marke hat keinen Zugang!

Zurück zur Argumentation des Prologs. Wie führt der Autor die Protagonisten ein, und was bedeutet das für die Anlage des Prologs? Wir bemerkten weiter oben, dass mit V 166 der Prolog zu Ende sein könnte. Ein vergleichbarer Einschnitt bietet sich schon V 130 mit der Nennung der Namen der Protagonisten an. Beidemale geht aber die Argumentation weiter, was die Bedeutung des großen Schlussabschnitts, V 167-244, erhöht; dort wird die eigentliche Botschaft des Prologs zu suchen sein. Nach über 100 Versen überraschender Argumentation ist es soweit, dass die Namen der Protagonisten genannt werden können, V 125 ff, was mit einer Sorgfalt geschieht, deren Sinn sich mit Blick auf den Schluss des Prologs enthüllt, in dem ja der Schlüssel zum Verständnis des Romans steckt. Man konstatiert eine Übereinstimmung der beiden Abschnitte in der Darstellungsweise. Wie mittels eines Siebs wird hier wie dort aus allgemeineren Angaben Schritt für Schritt die entscheidende Schlussaussage herausgefiltert: *von edelen senedaere* … zur Enthüllung der Namen Tristan und Isolde, wobei der männliche Name den weiblichen gleichsam umarmt. Dasselbe Verfahren, nun zur großartigen Verheißung gesteigert, prägt den Schlussabschnitt, V 231 ff beginnend mit *ir triuwe, ir triuwen reinekeit, ir herzeliep, ir herzeleit* … dann ins Strophische übergehend, die unwiderstehlich einhämmernde Wirkung des Reims auf tot einsetzend, was an Isot denken lässt, und gipfelnd in der apodiktischen Aussage *und ist ir tot der lebenden brot.* Zu erwähnen ist auch eine Änderung der Sprechweise. Zunächst bedient sich der Autor der dritten Person, etwa ab V 200 ff, geht er zu ersten Person Plural über, Autor und Publikum werden eins im *uns*, V 218, 229, um dann in die feierliche Allgemeingültigkeit der Schlussaussage einzumünden. Durch das gemeinsame Procedere bei der Gestaltung der beiden wichtigen Passagen - Namensnennung und Schluss –

[27] Siehe Haug, oben Anm. 5.

gewinnen die Namen der Liebenden als solche an Bedeutung, was uns noch beschäftigen wird. Der Autor kann nun, nach Erwähnung der Quellen, auf sein *senemaere* eingehen – wie er nachdrücklich vermerkt, V 168 – übrigens bedient er sich durchgehend dieses Begriffs und will ihn vielleicht bewusst absetzen von *aventiure*, V 166 und 151, was sich auf die Quellen bezieht! Mit diesem *senemaere* verbindet sich *unmüezekeit*, und die *guot*-Thematik stellt die Beziehung zum strophischen Prolog her, V 172 f.

Im Schlussabschnitt des Prologs, somit an wichtiger Stelle, geht Gottfried auf seine Weise auch auf das *niuwen* ein. Wolfram sieht seine Aufgabe darin, ein *maere* zu *niuwen*, das von *grôzen triuwen* handelt. Das *maere* existiert also, es wird nicht vom Dichter geschaffen und soll nun – profan formuliert – aktualisiert werden. Das ist auch bei der Fiktionalisierungsdiskussion zu bedenken! Wolframs Position weicht, wie erwähnt, von der Hartmanns in dessen Iweinprolog ab. Dort geht es um das Verhältnis *werc/maere*, und Letzteres ist dazu da, das Wohlbefinden der Hörer zu steigern. Wolfram dagegen will das *maere* als solches, als objektiv existierende Gegebenheit präsent machen und zur Entfaltung bringen. Gottfried steht dem nicht nach, er geht in seiner Deutung des *maere* sogar noch weiter. Er ‚personalisiert‘ die *niuwen*-Thematik und lässt ihr am Schluss des Prologs, V 215-240, eine ungeahnte Metamorphose zuteil werden. Das durchgehende Bezugswort ist *ir*, worin die Liebenden gegenwärtig sind. Es heißt, V 218, *uns ist noch hiute liep vernomen, süeze und iemer n i u w e ir innecliche triuwe* ... Mit V 224 erreicht man eine neue Stufe: ... *und sol ir tot der werlde noch ze guote lange und iemer leben ... uns lebenden leben und n i u w e wesen*. In der apodiktischen Schlussaussage, die jeden Widerspruch ausschließt, wird dann konstatiert: *und ist ir tot der lebenden brot.*[28] Der Akzent liegt auf dem i s t und damit ist die Analogie zum Abendmahl und zum Kreuzestod gegeben. Wenn Wolfram aus dem Mund Trevrizents feststellt, dass Gott *ein triuwe* ist, so konnten wir bereits auf die fundamentale Seinshaftigkeit dieser *triuwe* hinweisen, die uns Schritt für Schritt in der Sprache der Bibel begegnet. Gottfried beansprucht diese Seinshaftigkeit für sein sehr unbiblisches Werk. Über das *ze guote*-Leitwort, V 225, wird überdies die Verbindung zum Anfangsvers des Prologs hergestellt und somit zum *memoria*-Topos, der sich nun, am Schluss des Prologs mit seinem neuen und wahren Inhalt füllt, sich nicht in irdischem Gedenken an irgendwelche Wohltaten erschöpft, sondern Größeres beschwört und an die *memoria*-Passage aus der Abendmahlsszene denken lässt: *hace quotiescumque feceritis in mei memoriam facietis*!

---

[28] Eva Wilms, Der *lebenden brot*. Zu Gottfried von Straßburg ‚Tristan‘ 238, 240, in: ZfdA 123, 1994, S. 19–44. Sieht im *brot der lebenden* gewöhnliches Hausbrot.

Aus der Anlage von Gottfrieds Tristanprolog geht hervor, dass eine durchgehende Ausrichtung nach religiös-biblischen Vorstellungen beabsichtigt ist. So weit geht Chrétien in seinem Karrenritterroman nicht; da geht es um einzelne punktuell religiöse Anleihen, die allerdings Gewicht haben. Wenn Gottfried hier grundsätzlicher verfährt, so heißt das freilich nicht, dass in seinem Roman alles restlos in dieses Programm integriert sei. So kann Schwankhaftes stehenbleiben, Tristans fragwürdige Listen haben darin Platz, ja sogar Isoldens hässlicher Mordanschlag gegenüber der treuen Brangäne. Weder Autor noch Publikum haben sich daran gestört, und dass diesem, religiös gesehen, problematischen Stoff ein biblisches Kostüm übergestülpt werden sollte, wird das Interesse des sophisticated Publikums vom Schlag einer Marie de Champagne nur gesteigert haben. Bezieht man, was man kaum getan hat, Chrétiens Karrenritterroman in die Betrachtung ein – bei dem übrigens noch eine gehörige Portion Ironie im Spiele ist – ergibt sich m.E. eine durchaus schlüssige Sicht auf den ‚Tristan' Gottfrieds. Neuzeitliche Ganzheitsvorstellungen führen nicht ans Ziel.

Der Blick auf einige aufschlussreiche Probleme und Passagen des Romans selbst soll vorliegende Deutung des Prologs ergänzen, wobei sich erneut zeigen wird, dass Gottfried über das hinausgeht, was in Chrétiens Karrenritterroman angelegt ist. Die nationalsprachigen Literaturgeschichten nehmen diese faszinierenden unterschiedlichen Auseinandersetzungen mit den damals neuen stofflichen Herausforderungen der Literatur kaum zur Kenntnis.[29] Gehen wir davon aus, was nicht abwegig sein dürfte, dass mit der Idee des *niuwens* implizite die Vorstellung vom Alten und Neuen Testament verbunden war, so würde das die Tendenz zur biblischen Überformung des Stoffes verstärken.

Bei Gottfried wird das schon in seiner Deutung des im Stoff vorgegebenen Verhältnisses von Vor- und Hauptgeschichte erkennbar, die er nach dem biblisch typologischen Muster von Vorahnung und Erfüllung verstanden wissen wollte. Da er dieses Denkmodell überdies an mehreren Stellen im Haupttext selbst expressis verbis einsetzt, kann man annehmen, dass es auch für Vor- und Hauptgeschichte Geltung hatte. In der Geschichte von Riwalin und Blanscheflur ist vorgebildet, was sich bei Tristan und Isolde erfüllt. Das Gahmuretvorspiel steht zur Parzivalgeschichte in keiner direkt vergleichbaren Relation. Schon das Verhältnis zur Wirklichkeit ist jeweils anders: bei Gahmuret ein halbreales Frankreich und ein entsprechenden Orient – bei

[29] So die unlängst erschienene umfangreiche Histoire de la France littéraire. Naissances, renaissances dirigé par F. Lestringant et M. Zink, Paris 2006. Ein gelehrtes Werk, aber mehr eine Aneinanderreihung von isolierten Artikeln als eine ‚histoire'!

Parzival die Artus- und Gralwelt und ein Abschluss, der etwas notdürftig, wiederum in stilisierte Wirklichkeit einmündet.

Eines der wichtigsten typologiestiftenden Themen zwischen Vor- und Hauptgeschichte bei Gottfried ist das Thema Tod, vom Thema Minne einmal abgesehen. Wie man vom Schluss des Prologs her weiß, ist die Deutung des Liebestodes von Tristan und Isolde das Anliegen des Dichters schlechthin. Riwalin stirbt aber noch den üblichen Tod im Kampf, bei Blanscheflurs Sterben ist schon mehr im Spiel. Es ist ein besonderes Sterben, das sich abhebt von zwei vorausgehenden vorbereitenden Szenen. V 1170 ff geht es um Blanscheflurs Reaktion auf die Kunde vom vermeintlichen Tod Riwalins, das zweite Mal um Blanscheflurs Klage, als Riwalin sie verlassen will, V 1385 ff. In der dritten Szene, die vom Tod Riwalins handelt, V 1711-1750, geht es um das Sterben der Blanscheflur selbst. Die zwei konventionellen Klagewörter *ach/we*, die sorgfältig verteilt, in den beiden vorausgehenden Klagen noch ertönen, sind nun wesenlos geworden. Das letzte Wort in dieser Szene, in der die Sterbende in ergreifender Stummheit das Kind gebiert, ist *tot*: *seht, daz* (= das Kind) *genas und si lac tot.* Der Unterschied zum Verhalten Herzeloydens bei der Geburt Parzivals könnte, wie weiter oben erwähnt, kaum größer sein. Das Leben des Neugeborenen steht also unter dem Zeichen des Todes. Alles Spektakuläre, das die Geburt eines Protagonisten in der Literatur anzukündigen und zu begleiten pflegt, ist zurückgedrängt; man wird aufs Innermenschliche verwiesen und auf den Tod, mit dem sich, wie wir sehen werden, die Namengebung verbindet. Diese Zuspitzung der Gedankenführung auf den Tod hin lässt an die Anlage des Prologs denken, die ebenfalls wie mit Notwendigkeit darauf hinführt – dort aber ins Heilvolle gewendet, Tod als *brot der lebenden.* Ein weiterer Beleg dafür, wie durchdacht Gottfrieds Werk ist.

Im Parzival zieht sich Herzeloyde in die außerhöfische Einöde zurück, im Tristanroman muss das Neugeborene vor Gefahr innerhalb der höfischen Welt geschützt werden, was Anlass zu einem Betrugsmanöver gibt, denn das Kind wird als Sohn Ruals und Floraetes ausgegeben, wegweisend für Tristans Schicksal überhaupt. Selbst in der Minneklause wird es nicht ohne Täuschung abgehen, wenn Tristan zwischen sich und Isolde das Schwert legt. Man muss dabei allerdings bedenken, dass auch dieses Täuschungsmanöver sich auf *ir aller werlt*, Markes Welt, bezieht und von ihr provoziert wird.

Die Frage des *toufaere* nach dem Namen des Kindes, V 1974 ff, spinnt der Dichter aus zu einer tiefsinnigen Betrachtung dessen, was es mit dem Namen auf sich hat. Bei dieser Suche nach dem Namen wäre auch ein Anklang an die Namengebung bei der Geburt von Johannes dem Täufer, Luk.

1,59, zu erwägen. Gottfried setzt dabei das Verfahren ein, das er im Prolog anwendet und das darin besteht, aus der Aneinanderreihung einzelner wichtiger Fakten das Entscheidende Zug um Zug herauszufiltern, so V 60 ff, 126 ff, 233 ff. Fünfmal fällt nun in dem Abschnitt V. 1978-2020, der Begriff *name*, um abschließend sein volles Gewicht zu erhalten. Wie wichtig das auf diese Weise Dargestellte ist, zeigt sich auch daran, dass es auf die Frage nach dem gewünschten Namen des Kindes heißt, der Marschall Rual *sweic lange*, um nach Abwägen aller Umstände in direkter Rede zu Wort zu kommen: *so nenne wir in Tristan*, V 1998. Damit nicht genug, denn nun meldet sich der Autor selbst zu Wort und erschließt die Zusammenhänge. Typisch mittelalterlich geht er von der Etymologie aus, *triste=triure*, V 1999 f, und kommt sogleich darauf zurück, indem er konstatiert: *so wart das kint Tristan genant/Tristan getoufet al zehant/von triste Tristan was sin nam/der nam was ime gevallesam …* Dabei kommt es auf den Nachdruck an: zweimal Erwähnung des Wortes *nam* und dreimal des Namens Tristan selbst auf engstem Raum. Die Begründung des Autors geht über das hinaus, was Rual zu sagen hatte. In sich steigernde Eindringlichkeit, unterstrichen durch die vierfache Aufforderung – *sehen* – fasst er zusammen, was dem Kind bevorstehen wird –Rual schaut zurück! – und enthüllt daraus den wahren Grund für den Namen Tristan – es ist der Tod. Abschließend wird erneut die totale Übereinstimmung von Name und Schicksal festgestellt. Die Überlegungen des Autors der vorausblickt, gipfeln wie die Ruals – diese überbietend – in der Nennung des Namens Tristan, jeweils am Versschluss, V 1998, 2022. Was ist das für ein Tod, auf den der Autor abzielt und den er aus dem Namen Tristan herausspinnt? Es geht um die Einmaligkeit dieses Todes, was der Autor in fünf Versen pointiert darstellt, V 2013 ff zunächst nur der Hinweis *sehen an den trureclichen tot*, doch dann heißt es von Tristans Ende: *daz alles todes übergenoz/und aller triure ein galle was*. Dieser Tod, wird am Schluss des ausgeklügelten Prologs als *brot der lebenden* gefeiert. Wie passt das zusammen? Der Leser muss hellhörig werden. Rual hatte den Namen Tristan noch aus dem traurigen Schicksal der Mutter abgeleitet; er konnte noch nicht mehr wissen. Anders der Autor, er kennt die Zusammenhänge und prägt sie dem Leser ein. Nur die christliche Heilsgeschichte weiß noch von einem Tod, *der alles todes übergenoz* war und doch zugleich *brot der lebenden*. Eine Vermutung sei noch angefügt. Wenn Gottfried in diesem Zusammenhang von *galle* spricht, so möchte man an den Essigschwamm denken, der dem Gekreuzigten geboten wurde. Im Hinweis auf die Bitternis, die das Ende Tristans kennzeichnet – *aller triure ein galle* – könnte aber auch ein Anklang an das Mittelalter verbreitete negative Dictum über den *amor huius mundi*, herauszuhören sein, der *finem amarum habet*. Es käme damit eine für Gottfried nicht untypische Neigung zu ambivalenten Aussagen zur Geltung; es kam ihm wohl auch darauf an, der kennerischen Leserschaft zu zeigen, dass er über mehrere Register verfügte. In den Worten des Autors wird das totale Einssein von Name und Sein durch die Verstechnik unterstrichen im Verschränken der Verben *heizen* und *wesen*: *er was reht als er hiez … und hiez reht als er was*. Die Worte *nam* und Tristan, jeweils am Versende bilden dazu einen Rahmen, V 2019 und 2022. Ein Seitenblick auf Wolfram offenbart einen wesentlichen Unterschied zwischen den beiden Autoren. Für Wolfram, der sich an seinen Namensorgien berauscht und implizite auf eine seriöse Einbeziehung dieser Thematik verzichtet, hat der Name seines Protagonisten keine mit dem Namen Tristan auch nur annähernd vergleichbare Bedeutung. Bei Parzivals Geburt keine Rede von Namengebung, Herzeloyde verwendet nur banale Koseformen, so dass der Held namenlos aufwächst, bis er von Sigune seinen Namen erfährt, 140,15. Bei Chrétien steigt das Wissen um den Namen aus dem Bewusstsein des Jünglings selbst empor. Wie sich das zueinander verhalten mag, ist mir unklar. Für Gottfried dagegen hat, wie zu zeigen sein wird, bei seinem Neuerzählen der Tristanmythe die Ausgestaltung der Namenthematik entscheidenden Anteil und trägt dazu bei, das hohe literarische Niveau dieses Werkes zu bereichern.

Name, an sich ein bloßes Wort, ist bei Gottfried mehr als ein *flatus vocis*, ihm kommt ein Sein zu; das dürfte auch Folgen haben für Qualität und Substantialität der Worte seiner Dichtung und deren „Seinshaftigkeit“. Bei der Hinführung des Hörers und Lesers auf den zentralen Ort der Dichtung, die Minneklause, setzt der Dichter ebenfalls auf die Aussagekraft des Namens, den das *hol*, das einst in heidnischer Zeit in den *wilden berc* gehauen worden war, nun auszeichnet: *als fossiure a la gent amant/daz kiut:der minnenden hol. Der name gehal dem dinge ouch wol*, V 16700 f. Wie bei Tristans Taufe heißt es auch hier, dass der *name* dem *dinge gehal*; bei Tristan hieß es *gebaere*. Im Namen, der also nicht als beliebige Bezeichnung begriffen wird, ist die Sache mit ihrem Sosein präsent und man kann erwarten, dass dieser Name die Sache zu dem macht, was sie ist. Etwas auffällig ist der Wortgebrauch, wenn die Minneklause ungewöhnlicherweise als *dinc* bezeichnet wird, dem der Name entspricht. Reimzwang liegt nicht vor. Setzt man für *dinc* das lateinische Wort *res* ein, so wäre man, in Verbindung mit *nomen*, bei dem im Universalienstreit und Nominalismus geläufigen Begriffspaar *vox/res*. Bei dem überwältigenden Rang, den Reflexionen und schwierigen Argumentationen in Gottfrieds Text einnehmen, sind solche Überlegungen durchaus erwägenswert.

Bereits im Prolog erhalten die Namen der *edelen senedaere*, von denen der Dichter erzählen will, durch die effektvolle Stilisierung eine Sonderstellung und bilden den Höhepunkt der Aussage: Tristan Isolt, Isolt Tristan, V 130. Gegen Ende des Prologs, man nähert sich der entscheidenden Schlussaussage, erscheint das Phänomen *name* in einem Konzentrationsprozess, durch den – wie angedeutet – das herausgefiltert wird, worauf es ankommt. So heißt es V 212: *und haeten die durch liebe leit/in einem herzen niht getragen/son waere ir name und ir geschiht/so manegem edelen herzen niht/ ze saelden noch ze liebe komen.* Nehmen wir das getrost wörtlich, so geht es um die Gewissheit, dass im Namen Heil sei. Daraus ergeben sich Anspielungsmöglichkeiten von großer Tragweite, die die Grundtendenz vom Gottfrieds Werk absichern und verstärken, die eben darin liegt, diesem Stoff neuen Sinn und neues Sein zu verleihen. Dabei kommt es darauf an, worauf sich der Dichter bei seiner Einbeziehung der Namenthematik bezieht und ob sich das in den Umdeutungszusammenhang einfügt, aus dem heraus er den Tristanstoff verstanden wissen will. So von sich allein dürfte er kaum auf die Bedeutung der Namenthematik verfallen sein. An der eben zitierten Stelle steht *name* noch neben dem etwas unbestimmten Begriff *geschicht.* Mit dem Schlussabschnitt, der vernehmlich mit V 218 einsetzt, ändert sich das. Nun wird präzisiert; es verbindet sich *name* mit *tot* und gewinnt in dieser Nachbarschaft Anteil an der *süeze* und an Gegenwartsmächtigkeit: *ir süezer name der lebet iedoch/und soll ir tot der werlde noch/ze guote lange und i e m e r leben.* Ab nun muss alles hinter dem Phänomen Tod, das zur Heilsverheißung wird, in der Argumentation zurücktreten, die die Verse 224 bis 240 füllt. Im weiteren Verlauf haben die beiden Namen nicht ganz das gleiche Gewicht. Zunächst spürt man, wie zu zeigen sein wird, die Wirkung, die vom Namen Tristan ausgeht, doch mit dem Eintritt Isoldens ins Geschehen wird es dieser Name sein, von dem die eigentliche Faszination ausgeht, wodurch die Frau zur Hauptgestalt wird.

Zunächst zu Tristan.

Die Jäger Markes fragen den Jüngling, den sie nicht genug bewundern können, auffallend angelegentlich nach seinem Namen: *din höfscher vater wie nante er dich*, V 3135, was Tristan mit zweimaliger Namensnennung beantwortet: *Tristan‘ sprach er, ‚Tristan heiz ich*! Im Bericht der Jäger wird dann erneut der Name genannt: … *er heize Tristan*, V 3281, was sich bei der offiziellen Vorstellung des Ankömmlings am Hof noch steigert. So fragt Marke, der ja Tristans Namen nun schon kennt, nochmals nach, ob er denn Tristan heiße: *‚vriunt‘ sprach er ‚heizestu Tristan?‘/‘ja herre Tristan‘* – V 3352 f. Die Höflinge greifen das begeistert auf: … *si triben niuwan daz eine liet:Tristan, Tristan li Parmenois*, V 3362. Kündigt sich da bereits die Musikalisierung des Namens an, die dann bei Isolde offenkundig wird? Nebenbei sei bemerkt, dass auch ein schicksalhafter Ort wie Tintajel durch die

Namensgebung herausgehoben werden kann. In der Vorgeschichte ist das noch nicht so; da handelt es sich bloß um die sachliche Mitteilung: Riwalin erfährt, dass *Marke der maere/ze Tintajele waere*, V 477. Nun, mit Tristan, ist das anders, was wiederum zeigt, wie sorgfältig der Dichter das Verhältnis von Vorgeschichte und Hauptgeschichte abgewogen hat.

Wie Tristan sich zusammen mit den Jägern Markes der Burg Tintajel nähert, die kurz zuvor von den Pilgern ins Gespräch gebracht worden war, V 2725, fragt er nach dem Namen der Burg und erhält die entsprechende Antwort, die auch genügen müsste. Tristan greift aber nun diesen Namen auf und kommt gleichsam nicht davon los: *Tintajel? a welh ein castel! de te saut, Tintajel*, V 3158 f. Die französische Sprache tut ein Übriges.

Tristans betörende musikalische Darbietungen nutzt dann der Dichter auch dazu aus, um den Namen herauszustellen. Wie man schon mehrfach bemerkt hat, beschwört das Harfenspiel Tristans vor Marke die Situation Davids vor König Saul. Es beginnt, wie das Possessivum *unserm* zeigt, mit der Einvernahme dieses Tristan durch die Hofgesellschaft! Alle anderen Jünglinge sind ein Nichts *wider unserm Tristande*, V 3643. Das mündet ein in die dreifach Rühmung dieses Namens, verstechnisch durch die Spitzenstellung betont: *Tristan, waere ich alse duo/Tristan, du maht gerne leben/ Tristan, dir ist der wunsch gegeben* … V 3711. Bei der Ankunft Ruals an Markes Hof lässt sich der Dichter die Namen-Thematik ebenfalls nicht entgehen, V 3911-3924, was sich wiederholt bei der Enthüllung der Identität Tristans, V 4170. Nach der Ankunft des todwunden Tristan am Hof in Dublin geschieht etwas mit dem Namen, der immerhin Tristans ganzes Sein beinhaltet. Aus Tristan wird Tantris in einem Täuschungsmanöver, dessen es in der höfischen Welt – *ir aller werlde* – bedarf, wodurch aber das volle Einssein von Name und Person beschädigt wird.[30] Bei Tantris denkt man nicht mehr an *tristitia*; de facto verleugnet Tristan also sein Wesen. Von anderen fragwürdigen Manövern war schon die Rede; wir gehen nicht weiter darauf ein.

Nun zum Namen Isolde, in dem alles beschlossen liegt, der aber auch, wie sich am Ende des Romanfragments enthüllen wird, den Keim des Zerstörerischen in sich hat. Im Moroltkampf V 6946, 7072, fällt der Name zum erstenmal – auf Mutter Isolde bezogen – und ist bloß sachliche Information aus der Situation heraus; das gilt auch für die Reaktion der Angehörigen

---

[30] Aus der sicherlich leicht durchschaubaren Umstellung von Tristan auf Tantris auf Mangel an Subtilität zu schließen, ist eine totale Verkennung der Episode, wie Gottfried sie einsetzt. M Huby, Dans quel esprit Gottfried travaillait-il? In: La legend de Tristan au moyen âge.

des Erschlagenen, V 7168, wobei zum erstenmal die Tochter erwähnt wird. Entgegen jeder neuzeitlichen Kompositionstechnik fällt aber dann der Dichter ganz abrupt mit der Tür ins Haus – ein drastisches Signal für den Leser; dabei geht es um den Namen, V 7284-7292. Es beginnt mit dem Hinweis auf die Schönheit und Vollkommenheit Isoldens, der Mutter, die strahle wie das Morgenrot, womit in Anlehnung an geistliche Metaphorik die Erwartung auf den Tag geweckt wird, auf die Tochter Isolde. Im Folgenden ist auf den Unterschied zwischen der Stimme des Autors und der Tristans zu achten. Erstere ist zunächst eher konventionell. Es heißt da von der Tochter Isolde, dass sie von einem Clericus unterrichtet wurde: ... *die erwünscheten maget/ von der diu werlt elliu saget/und von der disiu maere sint*, V 7716 ff. Damit ist aber auch gesagt, dass Isolde die zentrale Gestalt des Romans sei. Wie dann Tristan als Lehrer eingeführt wird, ändert sich die Sprechweise. Die Königin, die sich mit Tantris besprochen hat, lässt dessen Harfe und die junge Isolde herbeiholen. (Dass Tristans Harfe und Isolde durch dasselbe Verb *besenden* verbunden sind, mag Zufall sein; bedenkt man aber die Musikalisierung, die den ganzen Roman durchzieht, so möchte man hellhörig werden!) In diesem musikalischen Kontext wird aus des Autors Mund die junge Isolde charakterisiert als *daz ware insigel der minne/mit dem sin* (= Tristans) *herze sider wart/versigelt und vor verspart* ... V 7812 ff. Musik und Minne rücken dabei zusammen, was besonders am Schluss des Fragments – nun auch in seiner Ambivalenz – zum Ausdruck kommen wird. Der Autor überrascht den Hörer mit einer Wesensbestimmung der jungen Isolde, denn *insigel* und *versigeln* sind keine Ausdrücke, mit denen man hier rechnen würde; gegen Ende des Fragments wird der Autor darauf zurückkommen. Es geht dabei um Leitworte. Isolde i s t das wahre *insigel* der Minne; auf diese Seinshaftigkeit kommt es an, wie man das schon aus dem Prolog kennt, wo es heißt, dass der Tod der Liebenden das *brot der lebenden i s t*! Man bewegt sich damit auf ähnlich biblischen Denkbahnen wie Wolfram, wenn dieser aus dem Mund Trevrizents konstatiert, dass *got selbe ein triuwe ist*! *Es* folgt die exorbitante Rühmung der musikalischen Qualitäten Isoldens. Der Dichter geht dabei deutlich über das hinaus, was er über die Kunst Tristans und deren Wirkung zu sagen wusste. Wie in anderen Zusammenhängen auch, kommt es zu einer Überbietung der Antike. Die Sirenen ziehen nur die Schiffe an, V 8888, Isolde dagegen die Herzen und Gedanken – die typisch Gottfriedsche Verlagerung ins Innermenschliche! Isoldens Musikalität ist zweifacher Natur: Einmal *ir sanc, dens offenliche* darbietet und der das *herze* ergreift, zum andern *ir wunderlichiu schoene/diu mit ir muotgedoene* – wie es in einem genialen Neologismus, die Schönheit als Innerlichkeitsmusik definierend, heißt – verstohlen in die Herzen eindringt.

Das geht über das hinaus, was über Tristans Wesen und Musik gesagt werden kann und begründet die überragende Stellung Isoldens als Mittelpunkt des Romans.

Aus dem Mund Tristans erfährt dann die Rühmung Isoldens eine weitere Steigerung. Nach seiner Rückkehr aus Irland fragen ihn Markes Leute nach der *maget Isolde*, von der vorher am Hofe, nach dem Moroltkampf, keine Rede war, was anzeigt, dass es dem Autor auf diese *maget* ankommt, V 8253-8300. Da kommt es erneut zu einer Überbietung der Antike. Nun ist es Helena selbst, die hinter ihrer mittelalterlichen Konkurrentin zurücktreten muss. Mit dieser Rühmung verbinden sich eindeutig christlich-biblische Signale. V 7292 hat man erfahren, dass Mutter Isolde wie das Morgenrot leuchtet, nun geht mit der Tochter, der *maget* Isolde, die Sonne auf, die *niuwe sunne*, der Tag. Diese Sonne geht im Westen auf, in Analogie zu mittelalterlichen Vorstellungen vom segensreichen Wirken irischer Mönche; sie strahlt *in elliu herze* und *erliuhtet elliu riche*, V 8238 f. Dieser *sol*, als *sol novus*, überbietet die *sunne von Mycene*, was das typologische Modell evoziert, das ja auch auf die heidnische Antike angewendet werden konnte. Die personalisierte *illuminatio*, die Isolde darstellt, deckt sich mit dem, was der Troubadour Marcabru über *amors* zu sagen wusste: *Ai! fin'amors, fons de bontat, c'as tot lo mon illuminat*![31] Isolde als Licht der Welt und Verkörperung von *amors*. Sie sei die Krönung von *wip* und *wiplichen namen*. Damit endet Tristans Lobpreis Isoldens. Mit diesem Insistieren auf *wip* und *wiplichen namen* eröffnen sich wichtige intertextuelle Einsichten, die beweisen, dass diese Autoren aus einem fruchtbaren literarischen Umfeld heraus dichteten, was das immer wieder in der Forschung anzutreffende hartnäckige Leugnen solcher Wechselbeziehungen – z.B. die Wolfram/Gottfried-Polemik – als lächerlich erscheinen lässt. In Wolframs Parzivalprolog finden wir dasselbe Insistieren auf *wîp*, V 2,25-3,25, und am Beginn des 3. Buches beklagt der Dichter das Auseinanderklaffen von *wîp* und Namen: *ez machet trûrec mir den lîp, daz alsô manegiu heizet wîp* ... Denken wir auch an Reinmars berühmten Lobpreis auf *wîp* und den Namen *wîp*, den Walther in seinem Nachruf als die Leistung Reinmars aufgegriffen hat.

Diese Sicht Gottfrieds auf das Thema *erliuhten, illuminatio* ist mit dem zu vergleichen, was Wolfram im ‚Parzival‘ dazu bietet, in der Lichthaftigkeit des Protagonisten und in dem, was Herzeloyde über das Wesen Gottes zu sagen hat; da ist Gott im Sinn des Johannesevangeliums das Licht, das *erliuhtet* und nicht eine Isolde!

---

[31] Poésies complètes du troubadour Marcabru, pub. par J.M.L. Dejeanne, Toulouse 1909, Lied 40.

Wir überschlagen Manches und wenden uns der *namen*-Thematik vom Schluss des Fragments zu. In Verbindung mit den substanziellen biblischen Anleihen im Prolog, in der Schilderung der Minneklause und deren Umfeld – man denke an den ‚wunderbaren Hirsch'[32] – in den direkten Hinweisen auf den Sündenfall im Paradies etc., fragt man sich, ob nicht auch bei der ungewöhnlich ausführlichen Darlegung der nun als ambivalent erfahrenen Namenthematik am Schluss des Fragments ebenfalls Biblisches präsent sein könnte. Es geht in besonderer Weise um den Namen Isolde, was der Dichter von langer Hand vorbereitet. Man ist bei der Schilderung der Trennung der Liebenden, Marke hat das Paar ertappt. Das mündet ein in den Hinweis auf den drohenden Tod, den ‚gewöhnlichen' Tod der Ehebrecher. Damit schließt dieser Teil: *er* (= Marke) *wirbet unseren tot*, V 18265. Der folgende und längere Teil der Äußerung Tristans – *herzevrouwe, schoene Isot* – ist durch den Reim an *tot* gebunden. Man darf daraus den Schluss ziehen, dass der Reim auf *–ot, Isot/tot*, von Gottfried als durchgehender Akkord verstanden wurde; nicht zufällig gipfelt der Prolog, siehe weiter oben, in den acht *–ot*-Reimen!

Tristans Rede bleibt, so anrührend sie auch sein mag und so sehr das Leitwort der Minne, *herze*, im Mittelpunkt steht, eher auf dem konventionellen Niveau gehobener Sentimentalität. Ganz anders das, wozu die Frau, Isolde, fähig ist. Schon der Umfang ihrer Aussage überrascht. Der realistische Einwand, dass es Tristan aus naheliegenden Gründen besonders eilig hatte, genügt nicht, diese Disproportion zu begründen; es geht um die Gewichtung der beiden Gestalten. In Isoldens Worten erhält das, was sich in den raschen Äußerungen Tristans andeutet, aber an der Oberfläche bleibt, Tiefgang. Kuss und Tod gewinnen einen neuen Stellenwert, und Neues tritt hinzu. Dass nun mit den Worten Isoldens, eine höhere Stufe erreicht ist, macht auch eine szenische Anmerkung deutlich. Statt Tristans Bitte um den Abschiedskuss sofort nachzukommen, heißt es von Isolde, *si trat ein lützel hinder sich*. Sie bringt sich also in eine bestimmte Position, von der aus sie spricht. Zum Kuss kommt es erst am Schluss ihrer Ausführungen, und es wird etwas Besonderes sein um diesen Kuss. Wenn Tristan feststellt: *Isot diu muoz iemer/in Tristandes herze sin*, so hört sich die Entsprechung aus dem Mund Isoldens am Beginn ihrer Rede erheblich anspruchsvoller an, wobei es nicht nur um eine rhetorische *amplificatio* geht. So stellt Isolde der konventionellen Bitte und Beteuerung Tristans: *lat mich zu iuwerm herzen niht/wan swaz dem minem geschiht/dar zu enkomet ir niemer*, V 18276 f, eine Aussage auf höherem Niveau gegenüber, die in einem größeren Verweisungszusammenhang steht,

[32] Johannes Rathofer, Der ‚wunderbare Hirsch' der Minnegrotte, in: Zeitschrift für deutsches Altertum und deutsche Literatur 95, 1966, S. 27–42.

was Tristans Worten fehlt. So geht es Isolde bereits am Beginn ihrer Rede darum, dazulegen, was der Geliebte tatsächlich für sie ist, nämlich nichts Geringeres als das Leben und nicht nur *lebendes* (Letzteres wird dann als Isolde Weißhand ins Geschehen eintreten!): *son sol doch in dem herzen min/ niht lebens noch niht lebendes sin/wan Tristan min lip und min leben*! Es ist diese Personalisierungstendenz, die sich durch die Tristandichtung zieht und auf die wir schon mehrfach hinweisen konnten Die Analogie zur biblischen Sprache ist nicht zu leugnen: Ich bin der Weg, die Wahrheit und das Leben! Es heißt nicht, ich weise den Weg, ich lehre die Wahrheit oder ich bringe das Leben – sondern: Ich bin! Isolde beansprucht in diesem Zusammenhang auch das *niuwe*-Sein, V 18304, 18332; beides, *leben* und *niuwe*-Sein, verweist zurück auf den Prolog. Isoldens Überlegungen führen wie die des Prologs hin auf den *tot*, V 18327, doch nun ist nicht der vordergründige Tod gemeint, dem Tristan entgehen will. Die Einbeziehung des religiösen Begriffs *andaht* erhöht den Rang der Worte Isoldens.

Es folgt der zweite Teil der großen Antwort Isoldens auf Tristans Abschiedsworte, markiert durch dieselbe Anrede *herre*, V 18288, 18328. Dieser zweite Teil, mit dem man nach dem ersten Teil, der auf *tot* endet, nicht mehr rechnet, verdichtet das bisher Gesagte und führt auf den Kuss hin, auf den das ganze in gesteigerter Entsprechung zu den Worten Tristans angelegt ist. Nebenbei sei daran erinnert, dass diese gestufte Anlage wichtiger Passagen von Gottfried mehrfach eingesetzt wird. In diesem zweiten Teil lässt der Dichter seine Isolde in immer neuen Wendungen das Einssein mit Tristan beschwören: Tristan i s t Isolde, Isolde i s t Tristan, was über die *lip*-Thematik durchgespielt wird, in die Personalisierung des Begriffs leben übergeht und im Kuss, der nun zum *insigel* der Einheit wird, gipfelt, Tristans konventionelle Bitte um einen Abschiedskuss überbietend. Auch dieser Abschnitt endet mit dem Leitwort *tot*, nun im Reim mit *Isot*, V 18357 f, den Schluss des ersten Teils komplettierend, V 18327. Bezeichnend für Gottfrieds Perspektive ist die sacht hypothetische Anlage dieses Abschnitts: *wart Isot ie mit Tristan/ein herze und ein triuwe, so ist ez iemer niuwe.* V 18330 f. Das lässt Raum für Zweifel – man denke voraus an die Weißhandepisode – was den beschwörenden Ton erklären könnte. Enthält der erste Teil ihrer Rede noch vordergründige situationsbezogene Elemente, wie direkte Ermahnung an den Geliebten, so herrscht im zweiten Teil das höhere Abstraktionsbewusstsein, die Grundsätzlichkeit des Einsseins des Paares betreffend. Der erwähnte Hinweis auf das *niuwe wesen*, V 18332, der hier in die hypothetische Aussage eingefügt ist, erscheint im Schlussteil des Prologs als Tatsache. An diesem wichtigen Punkt der Erzählung ist es Isolde, die Hauptgestalt des Romans, die die Thematik des *niuwens* aufgreift und sich somit mit dem Autor und dessen entsprechender Prologaussage auf eine Ebene begibt. Im Gegensatz zu Hartmanns Iweinprolog verschmelzen hier Tristan/Isolde-Vergangenheit und Autorengegenwart und Zukunft miteinander und verbürgen dem Werk eine Substanz, die sich nicht im Fiktionalen erschöpfen dürfte.

Die forcierten Beteuerungen des Einsseins – in Isolde lebt Tristan, in Tristan sei Isolde gegenwärtig – mussten damals in gebildeten Kreisen religiös-biblische Assoziationen wecken. So steht es u.a. im Galaterbrief (2,20): *vivo autem, iam non ego, vixit vero in me Christus*! Dass der Schmerz der Trennung als *marter* bezeichnet wird, sei nebenbei erwähnt.

Die in der Trennung begründeten Äußerungen der Liebenden und die daraus hervorgehenden Reflexionen des Autors füllen Hunderte von Versen, V 18254-18600. Sie sind eine aus dem Geschehen entwickelte teilweise Vorwegnahme dessen, worauf der Prolog angelegt ist. Was dort aus der umfassenden Sicht des Autors gesagt werden kann, wird hier aus der Sicht der Betroffenen entwickelt und bleibt darum notwendigerweise hinter der Verheißung, über die der wissende Autor verfügt, zurück; das gilt vor allem für Tristan. Die Textur der Dichtung und damit auch deren Wesen und Funktion ändert sich mit dieser Dominanz des fast sophistisch anmutenden Überlegens und Argumentierens. Es sind die Themen Tod und Leben, auf die alles hinausläuft. Bedenken wir, der Prolog mündet in den Dreiklang Tod, Leben, Brot! In der Abschiedssituation geht es noch um den Zweiklang Leben und Tod, wobei Isoldens Worte, verglichen mit Tristans Äußerungen, den ungleich größeren Tiefgang aufweisen. Tristan ist noch beherrscht von der gefahrvollen äußeren Situation des Ertapptseins. Die entsprechenden zwei *tot*-Belege in Isoldens großer Antwort, V 18327 und 18357 haben sich davon losgelöst. Ihre Worte steuern auf den Begriff *leben* zu in dem oben erwähnten biblischen Sinn. In der sachten Warnung *nu sehet, daz mich kein lebende wip iemer von iu gescheide* ... V 18300, erhält man einen Vorklang auf die Weißhandepisode. Gegen Ende ihrer Worte verdichtet sich die Leben – und Todesthematik.

Nach dem rasch berichteten Zwischenspiel betreffend Marke, der mit Zeugen erscheint und sich blamiert, ist der Dichter wieder bei den Liebenden und seinem Anliegen. Nach der erfolgten Trennung setzt der Autor die Reflexionen Isoldens fort, wobei der Zweiklang *leben/tot* immer mehr die Aussage bestimmt. Raffinierterweise entwickelt der Autor dies aus der Andeutung der Situation und Reaktion Tristans, wobei sich erneut die Überlegenheit Isoldens zeigen kann. Von Tristan heißt es *daz er eteswie suohte ein leben, daz ime libunge kunde geben*, V 18415. Gerade das wird für ihn zum Problem werden, was der Autor, nun aus der Sicht Tristans, im Thema *tot/*

leben geradezu durchkonjugiert, V 18419-18437. Es ist wichtig zu sehen, wie der Hinweis auf das vordergründige Geschehen, Tristans Flucht, in diese intensiven Reflexionen übergeht, auf die hin sich das Gewicht des Romans verlagert und denen das elitäre Publikum mit wachsender Aufmerksamkeit gefolgt sein wird. In den Abschiedsworten Isoldens hatte der Begriff *leben* grundsätzliche Bedeutung erhalten, V 18347 ff, woran der Dichter nun anknüpft und dieses Thema mit Bezug auf Tristan weiterspinnt. Es ist ein Leitthema, das man bis zum Schlusswort des Romans verfolgen kann: … *daz mir zer werlde sollte geben/vröude und vrolichez leben*! Zunächst lässt sich das durchaus ‚harmlos‘ an, wie erwähnt, sucht Tristan ein *leben*, das ihm *libunge kunde geben*, doch sogleich tritt man in einen anderen Bereich ein. Der Dichter weckt zum Überfluss die Aufmerksamkeit des Publikums mit der Hörerapostrophe *hie merket aventiure*, V 18418. Das Reizwort *aventiure* erhält dabei sein volles Gewicht. Was mit dem Blick auf *leben* einsetzt, mündet nach raffiniertem Durchspielen des Begriffspaars *leben/tot* ein in die Doppelaussage: *sus twang in tot unde tot*, V 18437. Das poetische Verfahren, das dahinführt, kennt man auch aus dem Prolog. (Eine Variante der Vorstellung vom zweifachen Tod kennt man auch aus der Trankszene aus dem Bekenntnis Tristans: *sollte diu wunnecliche Isot/iemer alsus sin min tot/so wollte ich gerne werben/umb ein eweclichez sterben*, V 12500) Nach dieser apodiktischen Feststellung *tot/tot* gewinnt das äußere Geschehen, Tristans ritterliche Taten in Almanje und Schampanie, wieder etwas Raum, doch nur, um abgewertet zu werden. Nachdrücklich weist es der Autor von sich, sich mit Fabeleien über Tristans Waffentaten abzugeben: *die* (Fabeleien) *sol ich werfen an den wint*, V 18464, und in diesem Zusammenhang fällt der zentrale Begriff *warheit:mir ist doch mit der warheit/ein michel arbeit uf geleit.* Das äußere Geschehen versinkt demnach ins Wesenlose, und man ist wieder im eigentlichen Raum des Geschehens, in der Innenwelt der Menschen, hier wiederum in ersten Linie Isoldens. Der Begriff *warheit* in diesem Kontext lässt auch unser Thema Neuerzählen in einem besonderen Licht erscheinen. Dieses vehemente Zurückweisen von Fabeleien, die sich um das spektakuläre äußere Geschehen drehen, womit sich Gottfried implizite vom Gros der Artusdichtung distanziert, kennen wir schon aus seiner Schilderung der Schwertleite Tristans. Auch dort verlagert der Autor, wie weiter oben erwähnt, das Interesse voll Verachtung auf das Innere; um das äußere Geschehen mögen sich die Turnierplatzwärter kümmern, heißt es, V 5057.

Was bietet der Dichter als *warheit* an, auf die es ihm allein ankommt? Isolde verkörpert sie mit ihrem großen Monolog, der nicht weniger als 110 Verse umfasst und auf den des Autors Überlegungen über *leben* und *tot*, V 18467-18490, hinführen und worin die personalisierte *leben/tot*-Thematik auf neuer Ebene weitergeführt wird. Es geht um ein Vergegenwärtigen der Minne, wie es das bis dahin in der Volkssprache nicht gegeben hat. Das Problem *res factae, res fictae* verliert darin an Bedeutung, und es handelt sich um mehr als um die Wahrheit bloßer Fiktion.

Isolde, die dem fortsegelnden Tristan nachblickt, wird zur neuen Dido. Sie kann aber nicht Selbstmord begehen, da sie weiß, dass sie Tristans Leben i s t, V 18499. Von religiösen Skrupel, den Selbstmord betreffend, ist bei Isolde keine Rede. Das ist insofern nicht unwichtig, als bei Heinrich von Veldeke der fatale Selbstmord Didos ausdrücklich auf Einflüsterung des Teufels zurückgeführt wird. Wiederum geht es um diese Seinshaftigkeit, nun aus dem Mund der Hauptbetroffenen. In immer neuen Wendungen meditiert sich Isolde in diese existenzielle Thematik hinein, woraus die Idee des Genesens hervorgeht, V 18578, die ihren Monolog beschließt: ... *durch daz er mir und ime genese*, V 18600. Diese Idee war vorher in Tristans Überlegungen aufgetaucht, als es hieß, er meinte mit *ritterschefte genesen* zu können, V 18441. Tristan, anders als Isolde, bezieht dieses *genesen* vordergründig nur auf sich, nicht auf sie beide, was den Treuebruch bei Isolde Weißhand ermöglicht. Das ist, wie erwähnt, auch das letzte Wort des Fragments, sicherlich aber nicht des Romans. Gottfried wusste bestimmt, worauf er sich mit diesem schwierigen Experiment eingelassen, und die Weißhandgeschichte wäre für ihn nur eine weitere literarische Herausforderung gewesen. Isoldens ausdrücklicher Verzicht auf einseitiges *genesen*, ist vorgebildet in der Petitcreiu-Episode. Es heißt dort, dass Isolde, wie sie merkt, dass die Zauberglöckchen am Halsband des Hündchens ihr den Schmerz un den abwesenden Tristan rauben, diese abreißt, denn *sin wollte doch niht vro sin, diu getriuwe staete senedaerin*, V 16399 f. Von Tristan dagegen heißt es, im Gegensatz zum Prolog am Schluss: *ine mac von ir* (= Isolde) *niht des gegern, dazu mir zer werlde solte geben vröude und vrolichez leben.*

In dem Vorspann zu Isoldens großem und abschließendem Monolog, in dem sie angesichts der *vliegenden segel* von Tristans Schiff die Problematik der Trennung noch einmal durchmeditiert, liefert ihr der Autor die Stichworte: *leben, tot, sterben, herze.* Was Isolde daraus entwickelt, ist eine Meisterleistung an subtiler Argumentierkunst, mittels der sie aus diesen Stichworten, deren Variation und Kombination, das für die Situation Entscheidende herausholt. Dieses liegt in ihrem abschließenden Bekenntnis zum Leben, V 18597 ff. Sie erkennt, dass in Tristan ja auch sie selbst den *segeln unde den winden* ausgeliefert ist, V 18528 ff, was die Ausweglosigkeit der Situation besiegelt und sie zur Einsicht zwingt, dass sie *reht innerthalp des herzen tot* sei, V 18553. Bei der Bedeutung, die das *herze* in diesem Text hat, ein non plus ultra. Doch gerade aus dieser Einsicht heraus findet sie die Kraft zum

Bekenntnis zur Unzerstörbarkeit ihres Einsseins mit Tristan. Mit diesem großen Monolog steht Isolde ihrer Schwester Heloise in nichts nach, was nicht als vager Vergleich verstanden sein soll.

Die anschließende Weißhandepisode, die Tristan in der Gegenposition zeigt, mutet wie ein Kontrastprogramm an, doch es geht um mehr als das. Der Dichter begnügt sich nämlich nicht mit der simplen Schilderung des Fastsündenfalls Tristans, sondern, die Vorlage entschieden hinter sich lassend, bezieht er Isolde in die Gestaltung dieser Krise ein, ja er macht auf raffinierte Weise Isolde – aufgrund ihres Soseins – gleichsam mitverantwortlich für Tristans Dilemma. Indirekt wird aber dadurch das unzerstörbare Fundament des Einsseins der beiden aufgezeigt. Dies geschieht, indem der Dichter in der Weißhandepisode die Macht des Namens Isolde in den Mittelpunkt stellt und zwar nicht nur in ihrer tragischen Ambivalenz, die Tristan vordergründig verwirrt, sondern schließlich, wie wir annehmen dürfen, in ihrer rettenden Funktion. Die französische Vorlage bot dafür nur einen kargen Ansatz. Im Fragment Sneyd, V 197-232, führt Thomas die Verwirrung Tristans auf die Doppelwirkung von *belté* und *nun* zurück, der er bei Isolde Weißhand ausgesetzt ist. Thomas hält sich an das Begriffspaar *belté et nun* und weist nur in einigen Versen darauf hin. Gottfried durchbricht die Gleichgewichtigkeit dieser beiden Begriffe. Er lässt das Thema Schönheit nur eingangs anklingen, V 18965: *do die* (= Isolde Weißhand) *Tristan so schoene sach* ..., trennt dann die beiden Begriffe, ersetzt sie durch das neue Paar *nam* und *Isot* und widmet sich nun ausschließlich der Darstellung der Macht, die vom Namen ausgeht. In bohrenden Erörterungen lässt er sich Tristan immer mehr in das Mysterium dieses Namens hineinsteigern und ihm zusehends verfallen. Allein die Dimensionen dieser Reflexionen, V 18974-19112, müssen, wie so oft in dieser Dichtung, die Aufmerksamkeit auf sich ziehen. In immer neuen Anläufen wird das Leitwort *name*, in Verbindung mit *Isot*, dem Hörer eingehämmert und lässt ihn ahnen, wie Tristan davon zermürbt werden muss. Doch nicht nur um diese psychologische Meisterleistung geht es, obgleich bereits diese Tatsache von literarhistorische Bedeutung ist, auch was die Gattungsproblematik betrifft. In dieser so nachdrücklich herausgestellten Namen-Thematik steckt mehr. Auch hier wird, wie so oft bei Gottfried an entscheidenden Stellen, Heilsgeschichtliches instrumentalisiert, wie man heutzutage zu sagen pflegt. Durch die Nähe der unmittelbar zuvor abgehandelten Sündenfallthematik erhöht sich die Relevanz dieser Reflexionen Tristans und des Autors. Man wird auch aufmerksam, wenn man an entsprechende Äußerungen des Prologs denkt. Dort werden mit rhetorischen Mitteln die Namen des Liebespaars, die sich, wie schon erwähnt, aus den allgemeinen *senedaeren* entwickeln, in unwiderstehlicher Direktheit vorgeführt, V 126 ff: *ich will in wol bemaeren/von edelen senedaeren … Tristan/Isot, Isot/Tristan.* Und gegen Ende des Prologs, unmittelbar auf die große Eucharistieanalogie hinführend, V 213, heißt es von den Liebenden: *ir süezer name der lebt iedoch/und sol ir tot der werlde noch/ze guote lange und iemer leben*!

Die *süeze* dieses Namens der Liebenden, der lebt, V 223, weist unüberhörbar voraus auf die *süeze* des Brotes, in die die Kunde vom Tod dieser Liebenden, V 236, sich verwandelt: in einen Tod, der nicht minder lebt und *uns lebenden leben und niuwe wesen muoz*, V 229; die futurische Bedeutung von *müezen* ist mitzubedenken. Wie in einem Brennspiegel konzentriert sich in dieser Verheißung Gottfrieds provozierende Vorstellung vom Neuerzählen. Was es mit *süeze* auf sich hat, ist von Friedrich Ohly in aller Gründlichkeit dargelegt worden.[33] Dahinter sollte es kein Zurück mehr geben.

In der Weißhandepisode, ungleich breiter ausgeführt, wird ab V 18965 nicht nur unüberhörbar immer wieder der Eigenname Isot eingesetzt, sondern das Phänomen Name als solches wird in einmaliger Weise thematisiert und damit nachdrücklich auf eine höhere Reflexionsstufe gehoben. Vom Sehen der Schönheit der zweiten Isolde wird man übergeleitet zum Hören des Namens, und darauf kommt es an. *Do die Tristan so schoene sach, ez vrischet ime sin ungemach …*, V 18965 … *so warder von dem namen ie so riuwec …* V 18974 f. In seinem Bericht lässt der Erzähler die *Isot*-Belege verdichtet aufeinander folgen, V 18987 ff und kommt zum Schluss *so ime Isot sin herze ie me in dem n a m e n Isot brach so er Isote ie gerner sach*, V 18990 f. Nach dieser Feststellung übergibt der Erzähler das Wort an Tristan selbst, ein nicht zu unterschätzender Kunstgriff! (Ein ähnliches Verfahren konnten wir beim erwähnten großen Monolog Isoldens beobachten.) In 87 Versen setzt sich nun Tristan mit dem Phänomen Namen auseinander. Die Sorgfalt der Darstellung sagt etwas aus über die Wichtigkeit des Gesagten. Zuerst konstatiert Tristan, eingeleitet durch die französische Segensformel *a de benie*, V 18994, dass ihn der Name *Isot* in tiefe Verwirrung gestürzt habe. Vers für Vers fällt demnach auch der Name *Isot*, fünfmal hintereinander, woraus sich die Einsicht ergibt, erneut *gisotet* zu sein, V 19006. Dieser sprachschöpferische Geniestreich mit dem Neologismus – denken wir zurück an das *gewerldet* des Prologs! – muss das kennerische Publikum, man stelle sich die Vortragssituation vor, mit Bewunderung quittiert haben, verbunden wohl mit einem feinen Schmunzeln; seitens des Erzählers ist auch etwas Ironie gegenüber dem Stoff im Spiel. Tristans Einsicht ins *gisotet*-Sein wäre an sich ein passender Abschluss der Episode gewesen, doch, wie so oft bei

---

[33] Siehe oben Anm. 19.

Gottfried, geht es vertiefend weiter. Es ist nun gleichsam kein Halten mehr, gut ein Dutzend Isolde-Namenbelege folgen, einander fast überstürzend, V 19011 ff, und führen hin auf das, worauf es ankommt, auf die Offenbarung der Macht des Namens, womit Tristans Reflexionen enden: *swaz aber min ouge iemer gesiht/daz mit ir namen versigelt ist/dem allem sol ich alle vrist/ liebe und holdez herze tragen/dem lieben namen genade sagen.* Das Verb *versigeln* öffnet einen weiteren Verweisungszusammenhang. Bei Isoldens Eintritt in die Erzählung wird sie *daz ware insigel der minne* genannt, V 7812, und in Isoldens Abschiedsworten heißt es beim Kuss: *dirre kus sol ein insigel sin/daz ich iuwer und ir min*, V 18355.

Die Dominanz des Namen-Themas am Ende des Fragments wirft die Frage auf, ob diese Thematik bei der Einführung Isoldens ins Geschehen eine Rolle spielt? Im Moroltkampf wird zum ersten Mal auf Isolde angespielt, auf die Mutter bezogen, V 6946. In den Überlegungen des todwunden Tristan wiederholt sich das, V 7286 ff, gewinnt aber bedeutsam an Substanz: *wie schoene und wie vollekomen/Isot sin swester waere/wan von ir vlouc ein maere/in allen den bilanden/:diu ir namen erkanden:diu wise Isot, diu schoene Isot/diu liuhtet also der morgenrot.* Nun ist allein Tristan im Spiel und es geht nicht mehr nur um Isoldens medizinische Kompetenz, darüberhinaus wird auch die Namen-Thematik angetippt, wo es genügt hätte zu sagen ‚alle, die sie kannten‘. Das wiederholt sich aus dem Mund Curvenals, der angesichts des toten Pferdes und Drachens klagt, V 9650, *‚owi owi‘ sprach er ‚Isot/owi, daz din lop und din nam/ie hin ze Curnevale kam*! In diesem ‚überflüssigen‘ Einblenden des Namen-Themas wirkt die für Gottfrieds Erzählweise typische Tendenz des Präludierens, womit sachte, aber durchdacht, Künftiges vorbereitet wird. In der Passage 7287 ff fällt auf engem Raum dann gleich dreimal der Namen Isot. Wie stark sich die Macht des Namens dem mittelalterlichen Bewusstsein eingeprägt haben muss, zeigt sich auch an einem so mittelmäßigen Text wie dem ‚Wilhelm von Wenden‘ Ulrichs von Eschenbach. Von dem idealisierten Heiden Wilhelm sagt der Dichter, dass er vom *süezen namen Krist* fasziniert war, was der Autor in den Versen 351-395 dem Hörer geradezu einhämmert. Etwas später wiederholt sich das aus dem Mund Wilhelms selbst, V 956 ff.

Die ungewöhnliche Konzentration auf das Phänomen Name verlangt nach einer Erklärung. Nun wäre es theoretisch möglich, dass der Autor von sich aus auf die Idee gekommen wäre, angeregt durch das Wissen um Namenmagie. Bei einem so gebildeten clericus wie Gottfried, der so gekonnt religiös-biblische Vorstellungen Bilder und Themen einzusetzen verstand, was nur blanke Voreingenommenheit leugnen kann, erscheint es mit undenkbar, dass ihm die erdrückende Fülle alt- und neutestamentlicher und liturgischer

Namen-Belege hätte verborgen bleiben können. Der Name Isolde tritt in seiner Funktion als Name in Analogie zum *nomen Domini*; ein faszinierender Kunstgriff in einem anspruchsvollen literarischen Experiment.

Eine vergleichbare Insistenz hat nämlich das Phänomen Name m.W. nur in Bibel und Liturgie. Das Alte Testament geht damit voraus. So greift Moses angesichts des brennenden Dornbuschs die zu erwartende Frage der Juden nach Gott auf, Ex. 3,11: *quod est nomen eius*, worauf die seinshaltige Antwort erfolgt: *Ego sum qui sum*, was sich dann in den entsprechenden Äußerungen Jesu – *ich bin …* - erfüllen wird. Im 2. Gebot des Dekalogs heißt es, Ex. 20,7: *non assumes nomen domini Dei tui in vanum*. Im Ps. 105,47: *Salvos nos fac, Domine Deus noster, et congrega nos de nationibus, ut confiteamur nomini sancto tuo*; Ps. 144,21: *Et benedicat omnis caro nomini sancto eius in saeculum*; Ps. 8,2: *Domine ... quam admirabile est nomen tuum in universa terra*. Das Neue Testament führt das auf breiter Basis weiter. Auch da nur einige Beispiele: Setzen wir beim Kreuzzeichen und Pater noster an: *in nomine Patris ... et sanctificetur nomen tuum*. Bei der Aussendung der Jünger sagt Jesus, Matth. 28,19 … *docete omnes gentes, baptizantes eos in nomine patris*. In der Apostelgeschichte heißt es nach der Auferweckung eines Toten, Act. 4,12 *non es in alio aliquo salus. Nec enim aliud nomen est sub caelo datum hominibus, in quo oporteat nos salvos fieri*. Im Römerbrief, 10/13 steht: *omnis enim quicumque invocaverit nomen Domini salvus erit*. Dazu kämen zahlreiche Belege aus der Liturgie, die sich dem Ohr eingeprägt haben müssen. Ergänzend sei noch hinzugefügt, dass im Jahre 1530 Papst Klemens VII dem Franziskanerorden gestattete, ein Fest zu Ehren des Erlösernamens zu feiern. 1683 sollte das Fest Mariae Namen folgen.

Mit der Anbindung des Namens Isolde an diese biblische Tradition erhielt der konkrete Name der Frauengestalt ein Übergewicht über den Namen Tristan. Wenn dann in der Weißhandepisode die Macht dieses Namens dazu führt, dass Tristan in Versuchung geraten kann, untreu zu werden und wenn dies psychologisch meisterhaft in Hunderten von Versen durchgespielt wird, so ist das – bei aller Einbeziehung ambivalenter Züge – eine überzeugende Bestätigung der Macht der in der Frauengestalt Isolde präsenten Minne. Die Liste der gewichtigen biblisch-liturgischen Namenbelege wäre beliebig zu verlängern. Halten wir noch als Kuriosum fest, dass der Mystiker Seuse sich den Namen Jesu auf die Brust überm Herzen tätowieren ließ und dass bis in die jüngste Vergangenheit in katholischen Ländern der Namenstag den Vorrang vor dem Geburtstag hatte.

Gottfried, dem Musik viel bedeutete, krönt diese weitgespannte Namen-Thematik damit, dass er seinen Tristan nicht nur darüber reflektieren lässt. Tristan als Dichter und Komponist musikalisiert den Namen Isolde, indem er in seine *schanzune, rundate* und *höfschiu liedelin* immer wieder den Refrain einfügt: *Isot ma drue, Isot mamie/en vus ma mort, en vus ma vie*, V 19210 ff. Musikalisch gestützt, erhält der Name Isolde seine volle Macht. Mit der Bindung des Namens an Tod und Leben ist auch der Bezug zum Schluss des Prologs hergestellt, des weiteren zur Trankszene und der Trennung des Liebespaares.

Nun weiß man schon lange, dass Gottfried bei der Gestaltung der Weißhandepisode auch auf Ovids *remedia amoris* anspielt. So ist Tristans Überlegung, mit *vremedem liebe* sich Linderung zu verschaffen, direkt aus Ovid übernommen, desgleichen das Bild vom Strom, den man in kleine Rinnsale ableiten müsse – bei Gottfried ist es der Rhein, V 19430 ff. Die vorausgehenden, auch quantitativ überwältigenden Reflexionen über die Macht des Namens, wovon Ovid nichts weiß, behalten aber ihr Gewicht, und so werden die *remedia*, die Tristan sich einreden will, nicht das letzte Wort sein. Der maßgebende Kenner der Liebe aus der Antike tritt hinter dem wahren Liebeslehrer Gottfried zurück, wie Helena hinter Isolde, der antike Helikon hinter Gottfrieds wahrem Helikon, wie das antike *hol der minnenden*, das in der Minneklause Tristans und Isoldens erst seine wahre Bestimmung findet und wie des keltische Feentier sich in Gottfrieds ‚wunderbaren Hirsch' verwandelt, dessen Fußspuren einswerden mit denen der Liebenden.

An diesem Punkt ist erneut und nachdringlich zu fragen, ob die Gattungsbezeichnungen unserer Literaturgeschichten dem eben dargelegten Befund entsprechen oder weitgehend bloß leere Hülsen sind. Der Begriff ‚höfisches Epos'; der immer noch verwendet wird, verwischt den grundsätzlichen Unterschied zwischen Roman und Epos, der zwischen Artusromanen und dem Nibelungenlied nun einmal besteht; (Letzteres sollte auch nicht als Heldendichtung abgetan werden.) Der Begriff ‚höfischer Roman' ist zwar vorzuziehen, lässt aber doch gravierende Unterschiede nicht erkennen. Man käme der Wirklichkeit näher, wenn man statt eines globalen Begriffs präzisierende Umschreibungen für einzelne Werke oder Gruppen von Werken suchen würde. Es tut sich nämlich um 1200 ein weites literarisches Experimentierfeld in der Volkssprache auf mit sehr unterschiedlichen Aspirationen, was nicht in ein einfaches begriffliches Korsett gepresst werden sollte. So ist z.B. bei Gottfrieds Tristan die romanhafte Substanz gegeben, doch Gottfrieds Neuerzählen erschöpft sich nicht darin. Es tritt etwas hinzu. Der Autor, im Verein mit seinen Protagonisten – was wesentlich ist – argumentiert und meditiert sich in die vorgegebene Erzählung auf so intensive Weise hinein, dass dies an den Umgang der Mönche und Kleriker mit den biblischen Erzählungen erinnert. Mit bloß dichtungstechnischen Retouchen ist es eben in vielen Fällen nicht getan und man könnte für bestimmte Werke die sicherlich etwas umständliche Umschreibung ‚höfische integrierte Erzählkommentare' vorschlagen, die sich sogar Minnetraktaten annähern konnten als volkssprachliche Entsprechungen zu Abhandlungen wie ‚De amore' des Andreas Capellanus. Im Falle Gottfrieds ist das durchaus zu erwägen, bei Wolfram verschiebt sich das Gewicht zugunsten des Erzählerischen, wobei sich in dessen ‚Willehalm' nochmals neue Möglichkeiten auftun. Bei den weiter unten behandelten großen französischen Prosawerken stellt sich das Gattungsproblem nochmals neu.

Die von Wolfram und Gottfried vertretenen Innovationen könnten unterschiedlicher kaum sein, was von einer imponierenden geistigen Spannweite zeugt, zugleich aber auch zeittypische Gemeinsamkeiten aufweist, deren wichtigste die Ausrichtung auf Minne ist. Beide Autoren hatten nichts Geringeres vor, als die von den Troubadours bis hin zu Walthers Frage *waz ist minne*? angestoßene Minnediskussion neue zu durchdenken. Das großangelegte erzählerische Medium, dessen sie sich bedienen konnten, war von seinem Wesen her dazu befähigt, das Thema Minne aus dem Elfenbeinturm der *fin'amors* und hohen Minne in die erzählerische Wirklichkeit zu übertragen. Die auf sich selbst bezogenen – siehe Reinmar! - Minnereflexionen, so subtil sie sein mochten, wurden nun in den Werken Wolframs und Gottfrieds als verbindliche Heilsbotschaft erfahrbar. Um diese Aufwertung zu erreichen, vereinnahmten sie dafür, um es profan auszudrücken, das, was für sie das Höchste sein musste, die Heilsgeschichte des Neuen Testaments. Doch da gingen dann auch beider Wege grundsätzlich auseinander. Bei Wolfram, der zutiefst geprägt ist von der *wâren minne* und *triuwe*, die in der Menschwerdung Christi Wirklichkeit wurde, ist die irdische Minne eingebettet in den großen Schöpfungs- und Erlösungszusammenhang und auch das *schildes ambet* hat darin seinen Platz: *minne ist allenthalben wân zer helle*! Und Wolfram ist es Ernst damit. Er sieht sich im Dienst des *maere*, das von *grôzen triuwen* handelt, während Gottfried ungleich stärker auf seine eigene Machtvollkommenheit pocht und das Werk als seine *unmüezekeit* – vergleichbar Chrétiens *antancion* – vorstellt. Seine forcierte biblisch-neutestamentliche Ausrichtung des ‚Tristan' versteht sich als künstlerisches Bravourstück im literarischen Gesellschaftsspiel einer sophisticated Hofgesellschaft, die sich von dem Versuch faszinieren ließ, sich mit der ehebrecherischen Liebe auf anspruchsvolle Weise auseinanderzusetzen. Chrétien und Marie de Champagne hatten mit dem Karrenritterroman bereits Maßstäbe gesetzt. Dass da kein Zusammenhang mit Gottfrieds ‚Tristan' bestehen sollte, leuchtet mir nicht ein. Denken wir auch daran, dass – wie weiter oben erwähnt – der Mäzenin Chrétiens die umfangreiche volkssprachliche Verskommentierung ‚Eructavit' des Psalms 44 gewidmet werden konnte, worin *fin'amors* nun nicht die ehebrecherische Liebe überhöht, sondern aus dem Mund des Sängers David die Vermählung von *Deu et sainte eglise* feiert. Dieser Text wendet sich überdies an *edele herzen, jantis cuers*!

Die neue Dichtung reiht sich ein in die vor allem in monastischen Kreisen des 12. Jahrhunderts geführte Minnediskussion, die sich dort am Hohenlied entzündete und mehr literarische Betrachtungen dieses Textes hervorbrachte als das vorausgehende Jahrtausend.[34] In Kommentaren und Predigten, wobei vor allem an Bernhards von Clairvaux Hoheliedpredigten zu denken ist, versuchte man immer aufs Neue, diese biblischen Verse auszuloten. In der Bearbeitung des Psalms 44, die sich, auf eine *chançon* Davids gestützt, in diese Bemühungen einreiht, wird auch die Barriere zwischen monastisch-klerikalen Kreisen und der weltlichen Hofgesellschaft überwunden, was zeigt über welches Niveau die hochmittelalterliche gesellschaftliche Kultur verfügte. In dieser Kommentierung des Psalms 44 durch Adam de Perseigne sind die einzelnen Bibelverse nicht viel mehr als Auslöser für ausgedehnte Darlegungen, worin die Aussagen des Psalmisten aufgehen in der sprachlichen Fülle einer höfischen Festschilderung. So stehen z.B. dem Ps. 44,16 über 150 volkssprachliche Verse, V 1753 ff, gegenüber, in denen sich die Errungenschaften der *fin'amors* und höfische Festlichkeit ausleben können. Nicht zuletzt geht es um die große Freunde, *la grant joie*, V 1781, um die troubadourhafte Selbstvergessenheit – *s'oblier*! – und die *doussor*; Bernard de Ventador schwärmte auch davon. Die Minnediskussion in ihrer weltlichen Form konnte also ins Zentrum theologisch-biblischer Beschäftigung, die Kommentierung, eindringen, indem es dem Autor darum ging, *metre le saume an romanz*, V 37. *Romanz* erweist sich dabei nicht nur als ein dem Latein gleichwertiges Medium, sondern erscheint als ein Entfaltungsraum für selbständiges Ausgestalten; der lateinische Vulgatavers ist im Vergleich damit geradezu dürftig.

Was sich in den *romanz*-Versen Adams vollzieht, geschieht, nun mit umgekehrtem Vorzeichen, z.B. im ‚Tristan' Gottfrieds. Bei Adam wird biblisch-geistliches Geschehen einer aus dem Weltlichen schöpfenden Kommentierung unterzogen und aufgewertet, in Gottfrieds Darstellung der Minnegrotte und der anschließenden Szenen wird extrem Weltliches geistlich ‚kommentiert'. Gottfried schreibt diese ‚Kommentierung' seiner Darbietung des Erzählstoffes ein und verwandelt dadurch einen vordergründigen Handlungsablauf in einen hintergründigen Text. An bestimmten Stellen, wie bei der Schilderung der Minneklause, leistet er durch seine allegorische Deutung Verständnis-

---

[34] Friedrich Ohly, Hohelied-Studien. Grundzüge einer Geschichte der Hoheliedauslegungen des Abendlandes bis um 1200. Wiesbaden 1958, S. 7.

hilfe. Die simple, neu erzählte Tristanfabel, daz *maere*, erschöpft sich somit nicht in ihrem Literalsinn. Das bedeutet eine Nobilitierung volkssprachlicher Literatur und ihrer profanen Erzählstoffe. Wolfram, nicht minder um die Aufwertung seines Erzählstoffes bemüht, führt uns dagegen unmittelbar in die karge Einsiedlerklause Trevrizents, wo der Psalter liegt und in der Belehrung des Ritter-Eremiten das Neue Testament gegenwärtig ist.

Der Aufwertungsschub, der die neuen Erzählstoffe mit Chrétiens *molt bele conjointure* erfasst hatte, setzte sich also im Deutschen fort. Er sollte nicht bei den Stoffen der matière de Bretagne haltmachen, sondern griff im Nibelungenlied auch auf einheimische *maere* über, doch da bewirkte die Aufwertung nicht, wie bei Wolfram und Gottfried, die Orientierung an Bibel oder geistlichem Schriftsinn, sondern am Großgenus Epos. Dass dies geschehen konnte – und wie es geschah – setzt Gattungsbewusstsein voraus. In der mittellateinischen Literatur war dieses Bewusstsein nie erloschen. In der Bibelepik fand es, auch in der Volkssprache, Ausdruck, im lateinischen Epyllion ‚Waltharius' erfasste es, parodierend-humoristisch, auch volkssprachlich liedhafte Überlieferungen und Erzählungen. Kurz vor dem Erscheinen des Nibelungenliedes verfasste Walther von Chatillon, der sich als neuer Vergil fühlte, sein berühmtes Alexanderepos und erwies dem Helden der Antike die Reverenz, die ihm das Altertum verweigert hatte. Der Nibelungenepiker gehört in die Reihe dieser experimentierfreudigen und selbstbewussten Autoren dieser Zeit.

Indem er aus den mündlichen Überlieferungen das große mittelalterliche Epos schuf, erzählte er die Nibelungensagen neu.[35] Schon die in den Handschriften A und C überlieferte Einleitungsstrophe weist in diese Richtung, wenn es da im zweiten Teil heißt: *muget ir nu wunder hôren sagen*. Mit dem *nu* erhebt sich diese Ankündigung über die beiden ersten Zeilen – nach denen statt des Kommas ein Punkt zu setzen ist! – an die Stelle des *uns* tritt das *ir*. Die folgende erste *aventiure* macht vollends klar, dass es sich um Neues handelt und worin dieses besteht. Denn was diese *aventiure* ankündigt, hat mit *alten maeren* nur bedingt zu tun, es ist als Epos hochmittelalterliche ‚Wirklichkeit' – man denke an die Hofämter -, die in die Vergangenheit verlagert wird. Löst man sich von der gemeinhin vertretenen Auffassung, dass es sich um eine *apo koinu*-Konstruktion handle, springt die antithetische Struktur ins Auge. Die *alten maeren*, uns allen geläufig, die von *heleden* und *arebeit* wissen, werden angereichert *mit fröuden, hôchgezîten, weinen, klagen, küener recken strîten*. Das hängt an dem kleinen Wörtchen *nu*, das die

[35] Das Nibelungenlied nach der Ausgabe von Karl Bartsch, hg. von Helmut de Boor, 14. Auflage, Wiesbaden 1957.

Änderung signalisiert. Es ist vor allem in der religiösen Literatur beheimatet; man denke an den Prolog des Annoliedes: *nu ist ez zit*, oder an Vers 6 von Hartmanns Gregoriusprolog: *nû weiz ich daz wol vür wâr* … Ein Zufallsbeleg aus dem französischen Ovid moralisé mag illustrieren, dass es sich bei dieser Opposition einst/bisher – jetzt um eine typische Denkform handelt, im französischen Text: *jadis/or*![36] Der Dichter des Nibelungenliedes kann sich nicht auf eine schriftliche Quelle berufen, sondern hat es mit Überlieferungen zu tun, die in Literatenkreisen vielfach nicht sehr geschätzt waren – siehe z.B. Kaiserchronik und Chrétiens Erecprolog. Die erste *aventiure* lässt nun diese alten Sagen in neuem Licht und in neuen Zusammenhängen erscheinen. Die *wunder*, die er ankündigt, müssen nicht von der sattsam bekannten überlieferten Art sein. Auch Wolfram verspricht im ‚Parzival‘ wie im ‚Willehalm‘ *wunder* bzw. *wunderlîchez*. (Gottfried geht bezeichnenderweise in seiner Ankündigung nicht auf Derartiges ein.) In dieser Einleitung, der Prologfunktion zukommt, macht der Dichter klar, dass er nichts weniger vorhat, als aus den alten Erzählungen ein großes hochmittelalterliches Epos zu schaffen – um es vorwegzunehmen, d a s große Minne- und Vasallenepos von Kriemhilt und Hagen. Den in den Literaturgeschichten üblichen Terminus ‚Heldendichtung‘ halte ich für irreführend, weil er zuviel Altgermanisches insinuiert. Mit der Schaffung eines Epos dürfte der Dichter einem Bedürfnis seiner Zeit entsprochen haben, wie der Erfolg des Werkes zeigt, das offenbar im kulturellen Haushalt eine Lücke gefüllt hat, die weder der antike Roman noch der sogenannte Artusroman zu füllen vermochten. Bei der in der letzten Zeit in Mode gekommenen Aufwertung der ‚Klage‘ als der eigentlichen Nibelungendichtung geht die Tatsache unter, dass im Nibelungenlied das volkssprachliche profane Großepos in die literarische Szene eintrat und die traditionelle Relation *materia/artificium* etwas durcheinanderbrachte und offenbar eine lebhafte Diskussion ausgelöst hat, was man weder bei Wolfram oder Gottfried beobachten kann; deren Werke wurden einfach bewundert. Dass Rudolf von Ems in seinem Literaturexkurs kein Wort über das Nibelungenepos verliert, sagt andererseits vielleicht etwas aus über die Schwierigkeit, die man in Literatenkreisen mit diesem Werk hatte.

Was kündigt die erste *aventiure* an?[37] Nichts über Drachenkampf und Goldhort – Hauptattraktionen der Nibelungensagen, wie man den nordi-

---

36 Zitiert bei Friedrich Ohly, Ausgewählte und neue Schriften zur Literaturgeschichte und zur Bedeutungsforschung, Stuttgart 1965, S. 505.

37 Alois Wolf, Bechelaren contra Gnîtaheide. Zur Nibelungenrezeption in nordischen Liedern und im österreichischen Epos, in: Analecta Septentrionalia, Berlin 2009, S. 328–363.

schen Quellen entnehmen kann. Stattdessen wird eine große Hofszene aufgebaut, was – naheliegend – an die Exposition der Artusromane denken lässt. Doch König Artus hält Hof in einem halb irrealen Karidoel, umgeben von seinen Rittern, die ihren höfischen Vergnügungen nachgehen. Der Nibelungenepiker stellt demgegenüber die schöne Prinzessin Kriemhilt ins Zentrum. Man befindet sich in einem realen Burgund, im nahen Worms, in dessen Umkreis mächtige Vasallen sitzen, in Metz, Alzey, Tronege. Dieselbe räumliche Wirklichkeitsnähe bietet der Dichter dann auch in der urepisch großartigen Szene vom Streit der Königin, der sich vor dem Münster zu Worms abspielt. Es geht auch nicht um einzelne Ritter, die auf Bewährung im Zweikampf ausziehen, wie Kalogreant es definiert oder darum, Ungeheuer zu vernichten. Im Nibelungenlied geht es um *degene, recken*, was nicht als distanzierende Archaisierung missverstanden werden soll, sondern präzisierendes Sichabsetzen von artushafter Ritterentrücktheit signalisiert.

In der ersten *aventiure* werden auch gattungsbildende Signale gesetzt. Mit der Heinzleschen Helena-Formel, der Ankündigung der fatalen Folgen der Frauenschönheit, an erster Stelle, wird antike Epik evoziert, desgleichen mit der Anspielung auf den mittelalterlichen Eneasroman im Zitat aus dem Minnedisput zwischen Lavinia und der Mutter Amata. Der furchtbare Zwist der beiden Königinnen, zu dem es in der 14. aventiure kommt, erinnert an den verheerenden Streit zweiter antiker Herrscher in Lukans ‚bellum civile'.[38] Die ungewöhnlich deutlich markierte Zweiteilung des Werkes mit Neueinsatz in der 20. aventiure lässt an die ‚Aeneis' denken.[39] Diese großepischen Signale, die die Nibelungenforschung hartnäckig ignoriert, wecken weitere Assoziationen. Str. 15 und 19 der ersten und maßgebenden aventiure weisen nachdrücklich auf vernichtende große Kämpfe hin. Das Epos ist dann auch tatsächlich auf die große Schlacht angelegt und hat darin letztlich seine epische raison d'être, wie andere großepische Texte auch, so der Kampf um Troja, über den laut Einleitungsvers von Heinrichs von Veldeke Eneasroman das Publikum Bescheid wusste, oder der große Kampf im Rolandslied, wo der beste Krieger als letzter triumphierend stirbt, dazu die Wilhelmsepik. Germanische Wurzeln gibt es nicht; weder der Finsburgkampf – Beowulf und Fragment – ist mit diesen literarischen Modellen vergleichbar, noch gar das Atlilied.

[38] Fritz Peter Knapp, Tragoedia und Planctus. Der Eintritt des Nibelungenliedes in die Welt der *litterati*, in: Nibelungenlied und Klage. Passauer Nibelungengespräche 1985, hg. von F.P. Knapp, Heidelberg 1987, S. 152, 171.

[39] Erich Burck, Vergils Aeneis, in: Ders.: Das römische Epos, Darmstadt 1979, S. 51–120.

Dieses großangelegte Neuerzählen vollzog sich nicht im leeren Raum. Der Nibelungendichter reihte sich ein in die West-Ost-Ausrichtung der deutschen Literatur und griff auf Vorbilder und Anregungen zurück. Die deutsche Literatur um diese Zeit ist schließlich ein stark vom Französischen geprägtes Experimentierfeld; die Sprachbarriere war durchlässig. Das sich betont ‚wissenschaftlich‘ gebende Argument, man müsse klar beweisen können, wo und wie sich Übernahmen aus der französischen Literatur vollzogen haben, hat bei der prekären Quellenlage wenig zu besagen. Die Modalitäten der Übernahme der Troubadourpoesie durch die Minnesänger – die oft weitab von der Sprachgrenze lebten – sind uns ebenfalls verborgen, doch würde es kaum jemand einfallen, von Polygenese zu sprechen. Wie ich verschiedentlich zu zeigen versucht habe, dürften Chansons de geste eine bevorzugte Inspirationsquelle beim Neuerzählen der Nibelungensagen gewesen sein.[40] Ich halte aus meinen Arbeiten hier nur das fest, was von grundsätzlicher Relevanz sein dürfte. Im Gegensatz zum Artusroman – von den germanischen Sagen zu schweigen – vollzieht sich in Chansons de geste wie im Nibelungenepos das Geschehen in einer geradezu bedrängend nahen räumlichen Wirklichkeit. Da geht es um Aix, Paris, Laon, Orange etc. Das Nibelungenepos verstärkt diese Tendenz erheblich, was als Interpretationshilfe zu beachten ist. Während nämlich in den Chansons de geste die Lokalisierungshinweise im Text verstreut auftreten und jeweils dem Geschehen folgen, legt der Nibelungenepiker, wie erwähnt, bereits in der Exposition das Geschehen programmatisch auf einen bestimmten Raum fest: auf Worms, Alzey, Metz, Tronege, und, wie H. Thomas betont hat, zieht sich die rühmende Fügung *bî dem Rîne* leitmotivisch durch das Epos.[41] In mittelalterlichen Ohren muss das doch auf Resonanz gestoßen sein! Der österreichische Donauraum steht dem nicht nach an Präzision. Dazu kommt, dass diese Örtlichkeiten nicht bloß irgendwelche geographischen Fixpunkte darstellen, sondern durch die mit ihnen verbundenen Menschen und deren Schicksal an Substanz gewinnen, was in besonderer Weise für Bechelaren und Rüdiger gilt. Bedeutet das schon eine grundlegende Neuorientierung der alten Sagen – statt Archaisierung geht es um deren Hereinnahme in die mittelalterliche Wirklichkeit –, so wird das verstärkt durch eine weitere, nun gesellschaftliche Vermittelalterlichung dieser Sagen, die in deren konsequenten Überformung durch

---

[40] Alois Wolf, Literarische Verflechtungen und literarische Ansprüche des Nibelungenliedes, in: Die Nibelungen. Sage-Epos-Mythos, hg. von J. Heinzle u.a., Wiesbaden 2003, S. 135–161.

[41] Heinz Thomas, Die Staufer im Nibelungenlied, in: Zeitschrift für deutsche Philologie 109, 1990, S. 321–354.

die Vasallenthematik und –problematik liegt. Die erste *aventiure* legt auch in dieser Hinsicht das kommende Geschehen fest. So ist die Rede von den *herren* und deren *recken*, die aufgezählt werden, Str. 8 ff, und *undertan* sind, die ‚modernen' Hofämter nicht vergessen. Diese Krieger, *herren* wie *degen/ recken*, die in diesem realen Raum agieren statt in einer *forêt avantureuse*, werden die Problematik vorbildlichen Vasallentums durchstehen, bei Hagen bis hin zur Bereitschaft zum heimtückischen Mord im ersten Teil, bei Rüdiger, im zweiten Teil, bis hin zum drohenden Verlust des Seelenheils. Als Vertreter vorbildlicher Vasallität wird schließlich Hagen sogar ausgerechnet von König Etzel, dem er furchtbares Leid zugefügt hat, als der *allerbeste degen* gerühmt und sein Tod gerächt.

Der Artusroman entwickelte die Idee vom *meilleur chevalier*, was in völlig andere, von der rauhen Wirklichkeit abgehobene Zusammenhänge führt. Das in die hochmittelalterlich wirkliche Feudalwelt verlagerte nibelungische Kriegertum wird im Epos zum Entfaltungsraum vorbildlicher Vasallität, abgehoben – auch terminologisch – vom ichbezogenen *chevalier*-Typ des Artusromans. Dem in seiner Vereinzelung agierenden Artusritter stehen in den Vasallen – *man* – des Nibelungenepos Krieger gegenüber, die auch in Kriegerfreundschaft miteinander verbunden sind. Damit dringt ein humanes Element in das Töten ein und hellt das furchtbare Geschehen auf. Die altnordischen Nibelungenquellen wissen davon nichts – Gunnarr und Högni sind dort Brüder. Die karolingische Walthariusdichtung weist einen Ansatz dazu auf; die Anspielung Etzels, im Nibelungenlied Str. 1755, führt aber nicht weiter. Jener mittelalterliche Text, in dem die Kriegerfreundschaft zu einem wichtigen Thema wird, ist bekanntlich das Rolandslied. Um Roland, Olivier und Turpin bildet sich eine Oase der Menschlichkeit, wenn z.B. der todwunde Turpin mit dem Helm noch Wasser holen will. Kriegerfreundschaft ist ein urepisches Element; der Artusroman kennt es in diesem Sinn nicht.

Der Nibelungendichter hat dieses epische Potential erkannt und genutzt. Zeigt sich diese Freundschaft zu Beginn der Saalschlacht bloß von ihrer waffenklirrenden Seite, so hatte die vorausgehende 29. aventiure – Hagen und Volker sitzend im Hof angesichts der Königin – schon ahnen lassen, dass mehr damit verbunden sein würde. Man muss dabei von dem ausgehen, was der Nibelungenepiker aus der rein feudalrechtlichen Polterszene der Wilhelmsepik, an der er sich orientierte, herausgeholt hat. Schon der Stellenwert der Szene im Ablauf der Schilderung der Ankunft der Burgunder am Hunnenhof unterstreicht den Rang, den der Dichter ihr zuteilt. Die Abfolge des Empfangsrituals wird durchbrochen, Etzel und Dietrich müssen zurücktreten und überlassen den Platz dem Freundespaar Hagen und Volker auf der Bank gegenüber der Stiege. Die nun betont hoheitsvoll dargestellte

Kriemhilt nötigt Hagen das Schuldbekenntnis ab, dazu gesteht er sogar *ich hân iu leides vil getân*, Str. 1791. Die unerschütterliche Kriegerfreundschaft, die den Angriff der Hunnen zunichte macht und auf die die ganze Szene angelegt ist, hat das letzte Wort: ... *swâ sô friunt bî friunde friuntlîchen stât*, Str. 1801. Die Rüdigerszene mit der Schildbitte Hagens und dessen und Volkers Abstinenz vom Kampf wird zur Apotheose dieser sich erweiternden Kriegerfreundschaft und trägt auf einmalige Weise zur Humanisierung des Kampfgeschehens bei, womit man ein weiteres Anliegen des Epikers erfasst. Diese Tendenz lässt sich auch an den Kampfschilderungen ablesen. Die Chansons de geste lassen ihre Kämpfer im Blute waten, dass sogar die Flüsse anschwellen. Gegner werden von oben bis unten gespalten, Hirn wird verspritzt, die Augen werden herausgeschlagen, die Waffen wühlen in den Eingeweiden etc. Die Verfasser konnten sich dabei reiche Anregungen holen aus der lateinischen Schullektüre, z.B. aus Lukans Epos ‚Bellum civile‘. Demgegenüber legte sich der Nibelungenepiker große Zurückhaltung auf. Außer der Aufforderung Hagens, sich den Durst in der brennenden Halle mit dem Blut zu löschen und dem Beseitigen der Leichen, was immerhin unumgänglich war, mutet uns der Dichter keinerlei Grässlichkeiten zu. Es ist mehr allgemein vom Schlagabtausch die Rede, was aber immer wieder unterbrochen wird; überhaupt wird eher mehr geredet als gekämpft. Man denke an die erschütternde Szene, in der Giselher und Kriemhilt einander gegenüberstehen. Von einer rauschhaften Vernichtungsorgie zu reden, ist absurd; die Verwendung der herkömmlichen Metaphern kämpfen wie ein ‚Eber‘ oder ‚Löwe‘ bewirken wahrlich keine ‚Vertierung‘ der Burgunder.[42] Bewunderung für die Kampfkraft – auch der Krieger untereinander, wie im Rolandslied – ist in diesem nicht zimperlichen genus eine Selbstverständlichkeit.

Die erste *aventiure* zeigt, dass es dem Epiker darauf ankam, unterschiedliche Aspekte und Themen in seinem Werk zu vereinen. Geht man von dem aus, was die große Erzähldichtung der Zeit umtreibt, so sieht man, dass es dem Nibelungendichter um zwei Problemkreise geht, um eine besondere Form des Kriegertums und um eine nicht minder besondere Form der Minne. Beides vereint zu einem großen Epos. Das hat mit dem Neuerzählen der alten Sagen zu tun – *muget ir nu* (!) *wunder hoeren sagen*. Der Dichter stellt zwischen Minne und Kriegertum ein Gleichgewicht her, und sein Werk hat insofern nur im ‚Willehalm‘ Wolframs eine Entsprechung. Wenn er mit Kriemhilt beginnt, so setzt er ein Signal. Durch die herausragende Rolle, die er damit der Frauengestalt zuweist, gewinnt sein Werk eine Sonderstellung

[42] Jan-Dirk Müller, Das Nibelungenlied, Berlin 2005 (Klassikerlektüren 5), S. 156 ff.

in der zeitgenössischen Literatur. Nebenbei sei angemerkt, dass um diese Zeit auch die altnordischen Nibelungensagen in diesen Erotisierungsprozess einbezogen werden. Die Gudrun- und Brynhildlieder zeugen davon, vor allem die ungewöhnlich umfangreiche Sigurđarkviđa in skamma. Ein Grund mehr, die literarischen Verflechtungen des Nibelungenliedes ernst zu nehmen. Die Literatur der Zeit bietet ein vielstimmiges Minnekonzert mit Minnesang, Tristanmythe, Didotragödie, Lancelot-Ginoverliebe, dazu kommt der breite Fächer an Minnemöglichkeiten in Wolframs Parzival. Wenn wir von der Sonderstellung Isoldens in Gottfrieds Tristan absehen, ist die Minnethematik eher männlich ausgerichtet. Ein Extrembeispiel dafür ist Chrétiens Lancelot als der Karrenritter, doch auch im ‚Parzival' bleibt Kondwiramurs verglichen mit dem männlichen Protagonisten erzählerisch seltsam blass und ist faktisch erst durch Parzival präsent. Ganz anders Kriemhilt: Zu beginn als resolute Prinzessin im selbstbewussten Disput mit ihrer Mutter, dann als streitbare Feudalherrin vor dem Münster in Worms, als schmerzgebeugte junge Frau angesichts des toten Geliebten. Jahre später als hoheitsvoll verhärmte Witwe im Gespräch mit Rüdiger, hierauf als imponierende Königin der Hunnen, die *under krône* die Stiege herabschreitet, dann während des Kampfes als Schwester Giselhers und schließlich als verzweifelte Rächerin. Nicht zuletzt durch diese lebendige und packende Frauengestalt, die auf gleicher Augenhöhe mit der männlichen Hauptgestalt Hagen agiert – beide im realen Raum lokalisiert – gewinnt das Epos an Wirklichkeitsdichte, was bei der Diskussion um das Fiktionsproblem zu berücksichtigen ist.

Im Zusammenhang mit dem Problem Minne ist auch zu fragen, wie der Dichter mit dem Schema der schwierigen Brautwerbung verfährt, das ein Element der stofflichen Überlieferung ist und überdies in der sogenannten Spielmanndichtung verwendet wird. Der Nibelungendichter setzt es ebenfalls ein, doch eher um sich davon zu distanzieren. Um so der eigentlichen Minne Raum zu verschaffen. Er schiebt dieses Schema ab auf Gunthers Brautwerbung in der 6. aventiure. Es heißt nur vage in Str. 326: *ez was ein küneginne gesezzen über sê*, Str. 329 erfährt man ihren Namen Prünhilde. Die großepische Einführung ihres Namens wird ihr also verweigert und erst Str. 384 fällt der Name ihres Herrschaftssitzes – îsenstein. Ein Nebenschauplatz; auf das Treiben am realen Wormser Hof kommt es an. Die betont klischeehaft vagen Einleitung zeigt an, dass man sich – verglichen mit der burgundischen Prinzessin in Worms – auf einer untergeordneten Erzählebene befindet, nicht so unähnlich den Erzählungen vom Drachenkampf und der Hortgewinnung, was nicht dargestellt, sondern auf Hagens Bericht abgeschoben wird. Auf einem Nebengleis vollzieht sich Gunthers Brautwerbung, was es auch ermöglicht, mit schwankhaftem und sonstigem Beiwerk ‚fertig' zu werden. In einem Epos muss auch dafür Platz sein. Prünhild verschwindet dann auch sang- und klanglos aus der Geschichte. Das ferne Isenstein ist eben nicht Worms. Bei Siegfried und Kriemhilt spielt nur im Hinweis auf die Gefährlichkeit der Brüder Kriemhilts das alte Brautwerbungsschema herein.

Die Neuausrichtung der alten Sagen auf Minne im Kontext präzis lokalisierter hochmittelalterlicher Feudalität stellt eine Innovation dar, die den Vergleich mit Wolfram und Gottfried nicht zu scheuen braucht. Mittel und Ziele waren aber völlig anderer Art, was ein Beweis dafür ist, wie offen und experimentierfreudig die volkssprachliche Literatur um 1200 war. Die Nibelungensagen hätten sich durchaus als einfacher Roman nach Art der sogenannten Spielmannsdichtung literarisieren lassen; die erwähnte Brautwerbungsfabel weist auch in diese Richtung. Der Epiker ging einen anspruchsvolleren Weg, was an Chrétiens Umgang mit den simpleren mündlichen Überlieferungen denken lässt, aus denen er den Artusritterroman entwickelte. Welche Ansätze die Überlieferung dem Nibelungenepiker zu bieten vermochte, wissen wir nicht. Der Thidrekssaga mit ihren niederdeutschen Quellen lässt sich Einiges entnehmen. Das betrifft vor allem das Bild der Kriemhilt, das dort geradezu grässlich ist, und die isolierten und vagen Ansätze zu einer Lokalisierung im niederdeutschen Soest. Dem setzt unser Epiker mit Entschiedenheit seine Version entgegen mit seiner als endgültig postulierten exakten Lokalisierung *bî dem Rîne* und im Donauland.

Mit der offensiven Inanspruchnahme des Donaulandes – Höhepunkt Bechelaren – durch die mächtigen rheinischen Burgunder im zweiten Teil des Epos, verleibte sich der Epiker auch die im Südosten dominierende Amelungensage ein. Aus der Kritik an der Freizeitbeschäftigung Bischofs Gunther von Bamberg um 1060 wissen wir, dass er sich auf seinen Gütern in Kärnten an Erzählungen über die Amelungen und Attila delektierte; hundert Jahre später rühmt Metellus von Tegernsee die Wachau ob der dort kursierenden *carmina* über Dietrich und Rüdiger. Beidemale erfährt man nichts über die Nibelungen. Der Nibelungenepiker mischte diesen sagenhistorischen Befund gewaltig auf. Im Nibelungenlied hat der mächtige Dietrich nicht viel zu sagen, er macht Kriemhilt und Hagen Platz und verlässt weinend die Szene. Das Schicksal Rüdigers dagegen wird engstens mit dem der Burgunder verbunden und bildet dadurch den menschlichen Höhepunkt der Dichtung. Und als der schlechthin beste Krieger wird Hagen gerühmt – aus Etzels Mund. Das geht auf Kosten Kriemhilts, der aber der Dichter – im Gegensatz zur Thidrekssaga – Größe keineswegs abspricht, was ihn nicht daran hindert, die zerstörerische Macht der Minne auf beeindruckende Weise darzustellen. Er vertraute diese Absicht aber nicht dem moralischen Exempel an, sondern der Gattung des Großepos; auch das ein Signal für die Beurteilung der literarischen Szene um 1200. Auf dem Hintergrund der mit der Troubadourpoesie und der Tristanmythe sich unwiderstehlich ausbreitenden Minne-Euphorie in der Literatur der Zeit muss das geradezu bedrohlich gewirkt haben. Um die Jahrhundertmitte jubelte, wie oben erwähnt, Marcabru *Ai, fin'amors, fons de bontat, C'as tot lo mon illuminat*! Die Minnesänger stehen dem nicht nach, für Gottfried wird der Tod des Liebespaares sogar zum *brot der lebenden*, und Wolfram stellt in seinem Titurel fest: *minne hât ûf erde hûs, ze himel ist reine für got ir geleite, Minne ist allenthalben wan ze helle*. Schon in der ersten *aventiure* des Nibelungenliedes kündigt sich das anders an. In der Entfaltung des Geschehens, vor allem in zweiten Teil des Epos, geht der Dichter dann über das der Helena-Formel inhärente Unheilspotential hinaus. Der zunehmenden Problematisierung der Macht der Minne entspricht die Aufwertung des Krieger-Vasallentums. Dafür steht vor allem die Rüdigerszene, in der ja auch Hagens Ritterlichkeit gefeiert wird. Nicht er, der skrupellose Mörder des ersten Teils, der das Minneglück Kriemhilts zerstörte, wird zum *vâlant*, Kriemhilt wird, wie mehrfach betont, zur *vâlandinne*. Damit kommt auch Religiöses ins Spiel. Bei Heinrich von Veldeke, anders als in der französischen Vorlage, wo nur von *amor* die Rede ist, wird Dido aufgrund ihrer maßlosen Minne zur Beute des Teufels, der sie in den verderblichen Selbstmord treibt. Im Nibelungenlied erscheint Kriemhilt selbst als *vâlandinne*. In der verhängnisvollen Verabsolutierung des hohen mittelalterlichen Guts der Minne und in deren schließlicher Pervertierung durch Kriemhilt – womit man sich von der einleitenden Helenaformel entfernt – schlägt mittelalterliche Frauenfeindlichkeit durch. Im Gegensatz dazu die Aufwertung des Kriegers, Vasallen, Freundes, wie sie vor allem die Rüdigerszene bietet, die in der Epik der Weltliteratur Ihresgleichen sucht. Am ehesten vergleichbar wäre noch die Episode in der Ilias, in der wir erfahren, wie der alte schmerzgebeugte Priamus Achilles aufsucht, der in beispielloser Rohheit den Leichnam des von ihm erschlagenen Hektor um die Stadt zu schleifen pflegt. Derselbe Hagen, der in der Saalschlacht zum Trinken des Blutes auffordert, steht Rüdiger gegenüber, unterbricht das Morden und gibt Rüdiger die Gelegenheit zu einer Geste ergreifender Menschlichkeit. Alte Nibelungen*materia* war das ja wohl nicht. Das *artificium*, die künstlerische Anstrengung wie Chrétien es nannte, wird hier gleichbedeutend mit dem Erfinden der *materia*, denn, wenn die ‚Bearbeitung' einer überlieferten *materia* ein derart unvorhersehbar hohes Niveau erreicht, muss man sich fragen, ob es noch angemessen ist, von Bearbeiten zu sprechen, wo doch geniales Erfinden vorliegt.

Gottfried bekennt sich in seinem Tristanprolog emphatisch zu *liep unde leit*, worin er die Garanten für *ere unde lop* sieht. Der Nibelungenepiker bietet dagegen als Erkenntnis aus dem schrecklichen Geschehen: *mit leide was verendet des kuniges hôchgezît – als ie die liebe leide z'allerjungeste gît.* Es kommt auf das unerbittliche *ie* an! Das Epos, das ja als Kriemhiltdichtung angelegt ist, erscheint demnach in seiner Hinordnung auf die Minne auch als Illustration des religiösen Dictums des Mittelalters, wonach die irdische Minne *in principio dulcis esse videtur sed finem habet amarum.* Der Schluss des Epos zeigt das in aller Eindringlichkeit und ist damit ein religiös fundiertes *Caveat*, das die höfischen Minneillusionen in Frage stellt. Im Karrenritterroman, im ‚Tristan' und ‚Parzival' wurde dagegen versucht, die ‚Illusionen' aus dem religiösen Fundus zu stützen, wobei auch auf subtile Weise Bibel und Heilsgeschichte zum Einsatz kommen konnten.

Der konsequenten thematischen Neuausrichtung der Nibelungensagen fügte der Epiker die mehrfach erwähnte überraschend präzise Lokalisierung an Rhein und Donau hinzu, ‚korrigierte' damit andere Versionen dieser Sagen und vereinnahmte überdies die im Südosten dominierenden Amelungensagen. Er vollzog damit eine großangelegte ‚Fälschung' der Sagenüberlieferung. Von einem gewaltigen Aufmarsch rheinischer Burgunder durchs Donauland und deren triumphal furchtbaren Untergang dort, weiß man sonst nichts. ‚Fälschung' im mittelalterlichen Sinn ist meist gleichbedeutend mit Anspruch. Man denke an derartige Praktiken so mancher Klöster, womit mittels ‚gefälschter' Urkunden oder Reliquien eine Vergangenheit konstruiert wurde, mit der bestimmte Rechte verbunden sein konnten. Was uns als simples Betrugsmanöver erscheint, betrachtete man eher als die Herstellung und Legitimierung eines Sollzustandes. Von seinem radikalen Eingriff in die alten Sagen muss sich der Dichter des Nibelungenliedes etwas versprochen haben, nicht zuletzt eine Aufwertung dieser Gegend, wenn diese auf so beeindruckende Geschehnisse in ihrer Geschichte verfügte. Dass dies noch dazu in der Gattung des Epos geschah, erhöhte die Bedeutung dieses ‚Faktums' und war dazu angetan, eventuelle Einwände von vorneherein zum Verstummen zu bringen. Nun hatte der Hohenstaufer Friedrich I., dessen *maxima vis imperii* im Rheinland lag, im Jahre 1156 mit dem *privilegium minus* Österreich zum Herzogtum erhoben und mit außergewöhnlichen Privilegien ausgestattet. Erwähnt sei nebenbei, dass Walther von der Vogelweide voll Stolz - anders ist diese ungewöhnliche Äußerung nicht zu verstehen – von sich behaupten kann, er habe *ze Osterrîche singen und sagen* gelernt!

Die nachdrückliche Hinordnung auf das Epos führt uns zurück zur Gattungsproblematik. Das bewusste Neuerzählen, von dem wir ausgegangen sind, dürfte zu erheblichen Veränderungen im Gattungsgefügte geführt haben. Ein Gattungsgefüge war freilich erst im Entstehen, und es war unvorhersehbar, was dabei herauskommen würde. Innerhalb kürzester Zeit, beginnend mit der Konstituierung der großen Minnekanzone, entstehen neue literarische Formen, die, wie mehrfach angedeutet, die volkssprachliche Literatur des 12. und beginnenden 13. Jahrhunderts als Experimentierfeld erscheinen lassen.

Der von Chrétien geschaffene Artusritterroman wurde im ‚Erec' und ‚Yvain' zu einer Art Ritterspiegel, Wolfram erweiterte und vertiefte in seinem ‚Parzival' seine Vorlage(n) zu einer Gesamtschau menschlich-ritterlichen Daseins im Schöpfungs- und Erlösungszusammenhang, wobei das bloße Erzählen sich hin zum Meditieren öffnet. Gottfried hat bei seinem Neuerzählen im Gegensatz zu Wolfram und dem Dichter des Nibelungenliedes praktisch nicht in den äußeren Geschehensablauf eingegriffen, nicht einmal die schwankhaften Elemente oder gar Isoldens Mordanschlag gegenüber Brangäne scheinen ihn besonders irritiert zu haben, denn der überlieferte Stoff war für ihn nicht viel mehr als das äußere Gerüst, an dem er seine neuen Vorstellungen von der Tristanminne erzählerisch zur Geltung bringen konnte. Auch dort, wo er am tiefsten ins Geschehen eingriff, in seiner Darstellung des Daseins des Liebespaares in der Minneklause, behielt er den äußeren Rahmen bei. Der Erzählstoff ist kaum mehr als Anstoß zum Nachdenken über die Minne. Die Romanform wird zur Hülle für tiefgründige Meditationen, in die das Liebespaar selbst einbezogen wird, wobei die Stimme des Autors und die der Liebenden ineinander übergehen können. Dieses Meditieren überwuchert das romanhafte Geschehen und macht das Werk zu einer einmaligen Verheißung. Man halte den oben erwähnten dürren Traktat ‚de amore' des Andreas Capellanus dagegen, um zu ermessen, wozu die volkssprachliche Dichtung der Zeit in der Lage war.

Der Nibelungenepiker schlug schon mit der Form seiner Dichtung, der strophisch gereimten Langzeile und der pathetischen Formelhaftigkeit seiner Diktion einen anderen Ton an. Für das an das vierhebig reimende höfische Verspaar mit seiner geschmeidigen Wortgebung gewohnte Publikum, dem solche Töne nur aus mündlicher Tradition bekannt waren, muss das in dieser Massivität und Schriftlichkeit ein Novum gewesen sein. Für meditierendes Erzählen war darin kein Platz. Dafür konnte sich der Hörer in aller Unmittelbarkeit vor dem Dom zu Worms wiederfinden oder in Bechelaren auf dem Landsitz Rüdigers. Er befand sich in der Wirklichkeit der Welt des Epos, die der Nibelungendichter seiner Zeit zu erschließen vermochte. Er erweiterte damit das entstehende Gattungsgefüge auf unvorhersehbare Weise und schloss im kulturellen Haushalt des europäischen Mittelalters eine Lücke.

Die Beiträge, die die hier betrachteten neuerzählten Werke zum entstehenden Gattungsgefüge lieferten, stellten zugleich unterschiedliche Ansprüche an das literarische Wirklichkeitsverständnis, die der moderne Begriff

Fiktion einebnet statt die unterschiedlichen Experimentierungsansätze herauszuarbeiten. Das gilt insbesondere für Wolfram und Gottfried, mit deren Orientierung am biblischen Wort der Anspruch verbunden war, ihren Werken eine neue Seinsweise und Funktion zu erschließen. Es zeugt von der überraschenden geistigen Offenheit, dass zur gleichen Zeit der Dichter des Nibelungenliedes in seinem Bemühen, den alten Stoff neu zu sehen, eigene Wege ging und mit Erfolg den Zugang zur Sprache des Epos suchte und fand, deren Wesen in der Schaffung pathetisch stilisierter Wirklichkeitsnähe liegt, die einen großen Geschehenszusammenhang entstehen lässt, in den man sich eingebettet fühlen konnte – *bî dem Rîne* und *ze Bechelaren* – wie der Mensch der Antike eingebettet war in die mediterrane Welt der ‚Ilias‘, Odyssee‘ und der ‚Aeneis‘.

Mit Wolframs ‚Willehalm‘, wenige Jahrzehnte nach ‚Parzival‘, ‚Tristan‘ und Nibelungenlied, eröffneten sich über das Phänomen des Neuerzählens weitere Perspektiven. Im Prolog fehlen zwar Ausdrücke wie *niuwen* oder *niuwe wesen*, das Werk insgesamt steht aber für radikales Neumachen der französischen Vorlage, indem der Autor die Geschichte von seinem Willehalm dem Publikum auf eine Weise aufdrängt, die jeden Einwand von vorneherein ausschließt. Dieser Prolog ist ein religiös-literarischer Kraftakt, der nicht seinesgleichen hat.[43] Der Autor hielt offenbar sein Vorhaben für so bedeutsam, vielleicht sogar für nicht unproblematisch, dass er sich in den 60 Versen des ersten Prologteils geradezu akribisch des Beistands der Trinität versicherte, was zugleich eine erhebliche Aufwertung des Erzählstoffes bewirken musste. Dieser theologisch geprägte erste Teil wurde von Ohly und Lutz erschöpfend behandelt, was im Folgenden vorausgesetzt werden kann.[44] Wir können uns also dem zweiten Teil zuwenden, der unmittelbar mit dem Erzählstoff zu tun hat. Wo Gottfried darauf besteht, sein Werk ausschließlich als seine Leistung dem Publikum nahezubringen und Hartmann sich seiner Buchgelehrsamkeit rühmt, lehnt Wolfram Letzteres entschieden ab, V 2,19, und statt nur auf sich selbst zu pochen, darf der auf die *helfe* des Hl. Geistes hoffen, V 2,33 ff, nicht so sehr im Sinn eines Sprachrohrs des Göttlichen, wohl aber vom göttlichen Geist erfüllt und gestärkt. Auf der Grundlage dieser Einleitung stellt Wolfram auch einen Bezug her zu seinem früheren Werk, dem ‚Parzival‘ und den Kritikern dieses Werks. Dabei

[43] Wolfram von Eschenbach, Willehalm, hg. von Joachim Heinzle, Tübingen 1994 (Altdeutsche Textbibliothek 108).

[44] Eckart Conrad Lutz, Rhetorica divina. Mittelhochdeutsche Prologgebete und die rhetorische Kultur des Mittelalters, Berlin 1984 (Quellen und Forschungen zur Sprach- und Kulturgeschichte der germanischen Völker), S. 311 ff.

ist natürlich an Gottfried zu denken. Bei diesem Rückbezug sollte es nicht nur um Punktuelles gehen, vielmehr wird dadurch Wesentliches in Wolframs Schaffen fassbar. Im Gegensatz zu seinen Vorgängern und Zeitgenossen verwirklicht sich sein dichterisches Schaffen nicht säuberlich getrennt in verschiedenen Gattungen, sondern eingebunden in ein Ganzes dichtet er sich in seinen Werken an sein Grundanliegen heran. Hartmanns Werke stehen unverbunden nebeneinander, was auch für Chrétien gilt. Anders also bei Wolfram, der sich nicht durch irgendwelche Gattungsgrenzen einengen lässt. So bleibt es auch nicht bei einer einzelnen Erwähnung des ‚Parzival', V 4,20. Parzivalpräsenz zeigt sich schon zu Beginn des zweiten Teils des Prologs. Die Hauptgestalt des neuen Werkes erscheint in ihrer kämpferischen Tüchtigkeit wie eine Neuauflage Parzivals: als Leitwort mag *unverzaget* dienen, V 3,16. Und wenn es ausdrücklich heißt, dass dieser Ritter *dîn* (= Gottes) *nie vergaz*, so evoziert das unüberhörbar Parzivals Gottvergessen und seinen Hass auf Gott.

In der vom Landgrafen Hermann bereitgestellten französischen Vorlage dichtet Wolfram sein eigenes früheres Werk, den ‚Parzival', weiter; der ‚Willehalm' zugleich als ein neuer ‚Parzival'. Man denke auch daran, dass Wolfram in seinem Titurelfragment ebenfalls Aspekte aus dem Parzival aufgegriffen und weitergedichtet hat. Der explizite Rückverweis auf das frühere Werk und dessen gemischte Aufnahme durch das Publikum geht nahtlos über in die Ankündigung des neuen Werkes und sichert den Zusammenhang. Wörtliche Anklänge verlieren auch dadurch den Charakter des Zufälligen. Diese Ankündigung stellt auch eine Überbietung des Parzival dar. V 4,25 ff: Mit der Bitte, Gott möge ihm die Jahre gönnen, das Werk voranzubringen, holt er weit aus und nimmt jeder potentiellen Kritik die Spitze. Er setzt dabei ganz hoch an, gleich wie man die Interpunktion setzt. Die von Werner Schröder bevorzugte Lesart dürfte der Intention des Dichters am nächsten kommen: *gan mir got sô vil der tage/sô sage ich minne und ander klage/der mit triuwen pflac wîp und man/sît Jesus in den Jordan/durch toufe wart gestôzen*. In deutscher Sprache gebe es nichts, was sich mit dem vergleichen ließe, was er nun vorlegt. Achten wir auch auf das Wörtchen *nû*! *Des jehent si dort –nû hoert se ouch hie*, 5,14. *Triuwe* und *wîp und man* hat man noch vom ‚Parzival' im Ohr, doch es führt über den Parzival hinaus, wenn es von der folgenden Dichtung heißt: *süezer rede wart nie getân …*, eine *rede*, also, die in gleicherweise heilsvermittelnd wäre, was durch den zweimaligen Hinweis auf die *wârheit* unterstrichen wird, V 5,11,15. Das Schlusszitat aus dem Ende der Apokalypse – *kein underswanc noch unterreit* – verleiht zusätzliche Autorität, wobei auch auf das Rolandslied angespielt wird, V 9084. Wozu dieser Aufwand? Wolfram hat mit diesem Prolog ein neues Kapitel in der mittelalterlichen Literatur aufgeschlagen, indem er sowohl die konventionelle Hagiographie als auch den ‚modernen‘ Ritterroman von Grund auf erneuerte. Der rauhe Haudegen und robuste Ehemann Willehalm wird als solcher und nicht erst wie in der lateinischen *vita* nach dem Rückzug aus dem Weltleben zum Ritterheiligen. Der Pfaffe Konrad hatte, gestützt auf den *schephaere aller dinge*, angekündigt, dass er von einem *tiurlîchen man* handeln wolle, von Karl dem Kaiser, V 1-11. Im Beiwort *tiurlich* schwingt schon die Bedeutung heilig mit; im Altnordischen bezeichnet *dýrlingr* den Heiligen – und der folgende Vers erhärtet das: *vor gote ist er.* Am Schluss des Werkes wird das aus dem Mund der Höflinge bestätigt: *owol dû heiliger Kaiser*, V 9001. Wolfram geht es nicht um den Kaiser, sondern ausdrücklich um einen *ritter*, V 5,27, und er schlägt demgegenüber eine ungleich aggressivere Tonart an, die keine Einwände duldet. In dieser Verlagerung des Schwerpunkts auf den Ritter kann man die deutsche Entsprechung zur Idee vom *meilleur chevalier* sehen, die im Französischen, siehe oben, zur festen Fügung verdichtet wurde, was uns noch beschäftigen wird. Dazu kommt es im Rahmen einer typisch episch weitgespannten verzögerten Namensnennung: V 2,27 ff/3,11 ff/4,13 ff: *einen ritter ... cuns Gwillams de Oragis ... herre sande Willehalm ... dîn heilekeit ...* Diese wirkungsvolle Namensnennung, die in der Offenbarung der Heiligkeit des Genannten begründet ist, wird eingerahmt und damit abgesichert durch die Begriffe *güete, helfe, helfaere. Güete*, die deutsche Entsprechung zur *bonitas*, was nach *kraft*, V 1,4, *potestas* und *wîsheit, sapientia*, V 1,27, die dritte göttliche Person evoziert, wird um Beistand angerufen und wird zum Garanten der *helfe*, V 2,23 und V 3,3. Das bildet die Grundlage für die mit der dritten und abschließenden Namensnennung, V 4,13 verbundene Anrufung Wilhelms des Heiligen, die 17 Verse umfasst. Dabei ändert sich auch die Anrede. Aus der zweimal verwendeten distanzierteren dritten Person wird nun das intime Du, V 4,3 ff, und das Ich des Autors weiß sich am Ende der Anrufung mit diesem Du in Verbindung. Ob man die geistlich bedeutsame Zahl 17 – zehn plus sieben – belasten darf, sei dahingestellt. Was eben dem Hl. Geist zugeschrieben wurde – *güete, helfe* – wird nun von diesem Ritter ausgesagt. Zweimal hintereinander wird er als *helfaere* bezeichnet und ihm ist *helfe* zuzutrauen. Seine *güete* möge nun *diu wort* des Dichters aufnehmen, V 4,12.

Was Wolfram in diesem Abschnitt für seinen Ritter beansprucht, ist von erheblicher Kühnheit. Mit dem, was gemäß der Überlieferung einen Heiligen auszeichnet, kann er nicht aufwarten: keine Wunder, keine Askese oder Weltflucht, kein Märtyrertum. Es sind die irdisch-menschlichen Qualitäten, die an ihm gerühmt werden: *werdekeit, kiusche, diemuot*, die ihn als Ritter zum idealen Mittler machen und ihn selbst vor *hellebanden* bewahren. Einen Ansatz für die martialische Begründung der Heiligkeit Wilhelms findet sich in der 21. Laisse des Aliscanzepos, V 628 ff: *Bien vos puis dire ... K'ainz tel fes d'armes nus homs ne puet soffrir Com fist Guillaumes, qui diex puist benir. Molt se pena tos tans de dieu servir Et de sa loi ensaucier et tenir, Ainc n'ot un jor vers paiens de loisir ... Por ce est bone la chanson a oir Que il est sainz ...*[45] Zwischen dem Wirken auf Erden und dem Status im Jenseits beseht Übereinstimmung: ... *dû vüreste waere hie en erde, als bist ouch dort*! Diesem Ritter war aber auch Sünde nicht fremd; er riskierte den Tod des Leibes wie der Seele, doch fiel er nicht in Gottvergessenheit – wie Parzival. Gottes *erbarmen* verlieh ihm *manheit.* Doch das Letzte und darum Wichtigste ist die Minne: *durch minne eines wîbes/er dicke herzenôt gewan*, V 3,6 f. Minne als das einigende Band von Wolframs Werk bis hin zum Titurel. Pointiert gefasst: Minne ist neben *schildes ambet* der letzte Grund für Heiligkeit. Auch aus frömmigkeitsgeschichtlicher Sicht bedeutet der Verzicht auf die typischen Kriterien für Heiligkeit ein Ausbrechen aus traditionellen Denkbahnen. So selbstverständlich war dieses Bestreben nicht. Sogar bei Hartmann von Aue , der auf seine Ritterbürtigkeit pocht und in seinen Romanen auch Ausdruck verleiht, steht es in seinen beiden religiösen Werken um den weltlichen Ritter nicht zum besten. In der Legende von Gregorius, dem *guoten sündaere*, kann der biedere Abt nur mit Kopfschütteln auf die Ritterphantasieren seines Zöglings reagieren und die Gefahren für das Seelenheil beschwören. Das typische Bravourstück des Ritters, die Befreiung Bedrängter – hier der Landesherrin und Mutter – führt auch prompt in die grässliche Sünde. Vom *herren Heinrich* wird es heißen, *er sanc vil wol von minnen*, die andere Errungenschaft ritterlichen Daseins erfassend. Im Prolog wird dies auf herkömmliche Weise, streng asketisch als *werltlîche wünne* und *süeze*, V 79,87, radikal abgewertet. Die Schwerpunkte ritterlichen Lebens in ihrer zeitgemäßen Ausprägung erweisen sich also in diesen beiden religiösen Werken als grundsätzlich problematisch. Im ‚Armen Heinrich' macht aber auch bei Hartmann und im Rahmen eines religiösen Werkes entgegen der Anlage des Prologs die Humanisierung des religiösen Exemplums erhebliche Fortschritte. Die Handlung verbleibt im Rahmen des Irdisch-Menschlichen, die asketische Strenge lockert sich; so entschärft der Autor sogar, und nicht ohne Humor, das kompromisslos Märtyrerhafte im Verhalten des Mädchens. Zurück zu Wolfram. Sein Denken und Dichten entstammt seinem konsequent biblisch orientierten Weltbild, das im Ernstnehmen des Wissens um die ursprüngliche Gottebenbildlichkeit des Menschen und der Menschwerdung Jesu gründet und kein dualistisches Denken

[45] Aliscanz, Kritischer Text von E. Wienbeck u.a., Nachdruck Genf 1974.

zulässt. In der Überzeugung, dass das Menschliche dem Göttlichen gegenüber wesenhaft offen ist, liegt auch der Grund für die Zusammengehörigkeit der Werke Wolframs, ohne Rücksicht auf die Gattung, die eben aus einer Wurzel entspringen.

Bei der Charakterisierung Willehalms fällt auf, dass Wolfram über die Hervorhebung der erwähnten menschlichen Tugenden bei der weiteren Rühmung des Protagonisten sich auf dessen kämpferische Qualitäten als solche beschränkt und ihn keineswegs als vorbildlichen Streiter gegen die Heiden vorstellt. Was in den Versen 3,16-24 über Willehalm gesagt wird, trifft ebenso auf Parzival zu, der mit Heidenkämpfen nichts zu tun hat. Dieses Ausklammern des Heidenkampfes im Prolog zeigt doch an, dass es Wolfram um eine grundsätzliche Rechtfertigung all dessen geht, was mit dem *schildes ambet* zu tun hat, unabhängig vom Heidenkampf. Bei der Besprechung des ‚Perlesvaus‘ werden wir auf die dort ebenfalls anzutreffende Wertschätzung der ritterlichen Qualitäten aus religiöser Sicht zurückkommen. Bemerkenswerte Übereinstimmungen! Nun weiß man aus den Quellen, dass im Mittelalter auch hohe kirchliche Würdenträger mit der Waffe dreinzuschlagen wussten, doch das ändert nichts am fundamentalen christlich-neutestamentlichen Misstrauen gegenüber Kampf und Krieg, was ja auch in der kritischen Haltung der Kirche gegenüber dem Turnierwesen zum Ausdruck kommt. Der Befund des zweiten Teils des Willehalmprologs spricht eine andere Sprache, und man ist etwas ratlos. Dass diese Präsentation Willehalms durch den großen und theologisch fundierten ersten Teil des Prologs vorbereitet werden konnte, verleiht ihr besonderes Gewicht, wird doch dadurch dieser kämpferische Menschentyp grundsätzlich aufgewertet. Dass diese Lebensform laut Wolfram auch aus religiöser Sicht Bestand hat, wird auch durch die Anlage des 9. Buches des ‚Parzival‘ verdeutlicht. Zu Beginn des Buches hat sich der Autor von niemand Geringerem als Frau *aventiure* selbst berichten lassen, V 433,7 f, wie es um Parzival steht, und wird rühmend über seine Taten informiert: Zu Wasser und zu Land und weitherum habe er im Zweikampf alle Gegner besiegt. Man erfährt auch, dass das Schwert, das er von Amfortas erhalten hat, nach der Reparatur am Lac Karnant ihm zu weiterem Ruhm verhalf. Diese imponierende Aufzählung wird dann nicht, wie man vielleicht erwarten könnte, aus religiöser Sicht abgewertet als eitles Streben nach weltlichem *prîs* – die Begegnung mit dem Grauen Ritter könnte in diese Richtung weisen – vielmehr ist das Gegenteil der Fall, denn dieser Aufzählung aus dem Mund der Frau *aventiure* entspricht am Schluss des 9. Buches die Aussage aus dem Mund des Einsiedlers, dieses prominenten Vertreters des Neuen Testaments: … *wand in der wirt von sünden schiet/unt im doch ritterlîchen riet*, V 501,17 f. Parzival führt also nach der Begegnung mit Trevrizent und nachdem er dessen Lehre angenommen hat und von seinen Sünden losgesprochen wurde, sein bisheriges Treiben weiter, und kann dies auch. So stürzt er sich auch sogleich auf den fremden Ritter, Feirefiz, um sich im Zweikampf mit ihm zu messen, und dieser Parzival wird im Anschluss an diesen Kampf zum Erlöser der Gralwelt berufen, Willehalm wird gar Heiliger und Mittler und die bei Parzival problematisierten Begriffe *helfe* und *helfaere* stellen sich nun als sichere Größen dar in der Person Willehalms. Der *herre sende Willehalm* bekräftigt das, was im ‚Parzival' als die ritterliche Lebensform exemplarisch vorgebildet ist. Der ‚Parzival' wäre gleichsam eine Art Präfiguration dessen, was dann im ‚Willehalm' vergegenwärtigt wird.

Eine unerwartete Parzivalpräsenz, natürlich ohne Ansatz im Französischen, hat sich Wolfram für seine Deutung der seltsamen Gestalt Rennewarts vorbehalten. Da das Willehalmfragment, gerade was das Schicksal Rennewarts betrifft, kaum ein abschließendes Urteil ermöglicht, ist man auf Vermutungen angewiesen, zu denen der Text allerdings geradezu herausfordert. Beherrscht im ersten Teil neben Willehalm und Giburg der jugendliche Märtyrer und Heilige Vivians das Geschehen, so ist es im zweiten Teil der jugendliche Außenseiter Rennewart, der zum Teil zu einem Parzival *redivivus* wird, was nicht ohne Folgen für die Gesamtdeutung des Werkes bleiben kann. Vivians und Rennewart bilden also zwei Schwerpunkte, die von der Zweiteilung des Werkes her – zwei furchtbare Schlachten, eine Niederlage und dann ein Sieg – aufeinander zu beziehen sein dürften. Die auffallende Sorgfalt, die Wolfram auch dem jugendlichen Helden des zweiten Teils angedeihen lässt, weckt die Aufmerksamkeit. Entsteht ein Gegengewicht zu Vivians? Vivians stirbt im Geruch der Heiligkeit den Märtyrertod und ist auch als Überbietung der Märtyrer des Rolandsliedes gedacht. Rennewart, kein Märtyrer, der offenbar die Schlacht überlebt, strahlt im Licht der *varwe* Parzivals. Der Autor verweist dabei ausdrücklich auf die Begegnung Parzivals mit dem Fürsten Karnachkarnaz, V 271,20. Rennewart gewinnt also Anteil an der heilverheißenden Lichthaftigkeit Parzivals, in der dessen Erlöserberufung begründet ist. Hatte ihm Wolfram eine besondere Rolle zugedacht im Verhältnis Christen/Heiden, vielleicht sogar über das hinaus, was der Märtyrer Vivians zu leisten vermochte? Im ersten Teil dominiert noch weigehend das traditionelle Schema vom kompromisslosen Kampf mit den Heiden und dem Märtyrertum als oberstem Ziel. Der jugendlich parzivalhafte Rennewart könnte die neue typisch Wolframsche Haltung in der Auseinandersetzung mit den Heiden – immerhin Geschöpfe Gottes! – verkörpern, wie seltsam auch immer. Das Aliscanzepos, V 8160 f, 8285 f, berichtet bereits von der Vermählung der Tochter des französischen Königs, mit Rennewart. Für Wolfram eine willkommene Anregung, die er in seinem Sinn wohl vertieft hätte. Zur Minne zwischen Giburg und Willehalm, worin auch das eher spielmännische Thema von der Verbindung eines christlichen Kriegers mit einer heidnischen Prinzessin überhöht ist, käme nun die an das Modell der Kinderliebe angenäherte Minne zwischen der Christin Alice und dem heidnischen Rennewart hinzu als Verheißung im Konflikt zwischen Heiden und Christen, das Verhältnis Arabele – Wilhelm umkehrend.

Der erste theologische Teil des Prologs mündet ein in die Feststellung, dass die Trinität hinter der *rehten schrift* steht. Wenn im unmittelbaren Anschluss daran Wolfram denselben Beistand für sich beansprucht, rückt logischerweise sein Werk, die Geschichte vom durchaus sündhaften, freilich *unverzageten* Ritterheiligen in die Nähe der *rehten schrift*, der Evangelien. Ein Anspruch, der sich sich im Schlussteil im Hinblick auf die Wahrheitsthematik präzisiert, die dadurch unangreifbar wird. Für ein derart fundiertes Erzählwerk ist der Begriff Fiktion, schon von seiner Etymologie her, unbrauchbar. Dreimal geht Wolfram im Schlussteil auf die Wahrheitsthematik ein. Zuerst, V 4,9, als Beleg für Heiligkeit dieses sehr irdischen Fürsten: *sît uns diu wâren maere sagent/daz dû vürste waere/hie en erde, als bist ouch dort*! Dann, V 5,10 als superlativische Behauptung von der Einmaligkeit dieser *süezen* – also heilsvermittelnden – *rede: daz süezer rede wart nie getân ... mit wârheit*: und schließlich als apodiktische Feststellung, die jeden Einwand ausschließt: *diz maere ist wâr doch wunderlîch*, V 5,15. Bedenkt man die erwähnte ungewöhnlich starke Parzivalpräsenz im ‚Willehalm‘, so wird man dieser Art der Wahrheit, gleichsam rückwirkend, auch bei der Beurteilung des ‚Parzival‘ berücksichtigen müssen. Über Trevrizent und den Willehalmprolog ist die Präsenz der hl Schrift gegeben und damit eben auch deren Wahrheitsverständnis.

Der Pfaffe Lamprecht hat es sich bei seiner Bearbeitung des Alexanderromans Alberichs noch recht einfach gemacht, indem er sagte: ... *nû sol ich es euh in dûtisken berihten/Nîman inschulde sîn mich:louc er, sô leuge ich*, V 16 ff. Der beflissene Schreiber der Handschrift hat diesen Vorbehalt in seiner Schlussanmerkung ausgeräumt: *sus saget uns meister Albrîch/unt der guote phaffe Lampret/Diz liet ist wâr unde reht*, V 1528 f. Für die Verfasser der frühmittelhochdeutschen Bibeldichtungen stellte sich das Problem Wahrheit nicht, da der Stoff ohnehin biblisch war und die Dichter nur Beistand für die rechte Darstellung zu erbitten brauchten wie etwa der Verfasser des ‚Anegenge‘: *Domine labia mea aperies daz ick dîn lop gsprechen mac.* Im Prolog zum Rolandslied des Pfaffen Konrad geht es explizit um die Wahrheit, aber im anderen Sinn als bei Lamprecht in dessen Bearbeitung der französischen Quelle. Konrad hat es aber ebenfalls mit einem irdisch-kriegerischen Stoff zu tun, und da wirkt in seinem Hinweis *daz ich die luge virmîde*, V 7, die herkömmlich Opposition *res factae/res fictae* offenbar nach.

Der 16 Verse umfassende Prolog Konrads besteht aus zwei gleichlangen Teilen. Genau in der Mitte fällt das Wort *wârheit*, die der Autor, belehrt durch den als Beistand angerufenen Schöpfer, *den cheiser allir chuninge*, verkünden will. Der zweite Teil handelt vom Gegenstand dieser Verkündigung, dem Wirken Karls des *cheisers* (!) und stützt sich dabei auf die Belehrung durch das *buoch*, die französische Quelle. Zweimal also geht es um *lêre*, einmal um das göttliche *wort*, was die grundsätzliche Einstellung und Befähigung des Dichters betrifft, zum anderen Mal um die Buchvorlage und den konkreten Stoff. Letzteres, die *lêre* der *buoch*, setzt die göttlichen *wort* voraus.

Wolfram hat in seinem Willehalmprolog die Struktur von Konrads Prolog übernommen, indem er ihr eine großartige amplificatio angedeihen ließ und damit zu verstehen gab, dass sein ‚Willehalm' auch als überbietendes Neuerzählen von Konrads Rolandslied zu verstehen sei! Sein dreimaliger Hinweis auf das Wahrheitsthema unterstreicht dieses Bemühen. Wenn er dann noch, wie erwähnt, hinzufügt, dass *underswanc noch underreit gevalschte diese rede nie* und damit an den Schluss der Apokalypse anknüpft, so steht sein Werk auf einem sicheren Fundament, das auch für das letzte Wort, *wunderlîch*, gelten muss, mit dem der Wahrheitsanspruch gekoppelt ist. Bei einem derart durchdachten Text wie dem Willehalmprolog hat der Hinweis auf *wunderlîch* Gewicht, das offenbar in einer gewissen Spannung zu *wâr* steht. Will der Dichter bloß sagen, dass bei all der *wârheit*, die vom Thema Heiligkeit geprägt ist, auch das Spektakuläre nicht zu kurz kommen soll? Das Nibelungenlied verspricht ja ebenfalls in der Einleitungsstrophe *wunder*! Soll man sich auf Seltsamkeiten gefasst machen, wie sie in den Artusromanen auf Schritt und Tritt begegnen? Im ‚Willehalm' ist davon nichts zu spüren, wenn man von Rennewarts Taten absieht. Auch der Parzival, abgesehen von der Gralepisode, bietet nicht viel Absonderliches. Und selbst das Nibelungenlied, das *nû wunder* verspricht, weist im entscheidenden zweiten Teil nichts Derartiges auf, sondern zeigt erschütternde menschliche Erfahrungen, und selbst der erste Teil lässt sich die Gelegenheit, einen spektakulären Drachenkampf zu schildern, bewusst entgehen. Das Außergewöhnliche, das mit *wunder, wunderlîch*, gegeben ist, muss also auch eine andere Bedeutung haben, was an die *mirabilia* denken lässt. Ein lehrreiches Beispiel dafür bietet Gottfrieds ‚Tristan' in der Gestaltung des Daseins der Liebenden in der Minneklause, zugleich ein überzeugender Beweis für überbietendes Neuerzählen auf höchstem Niveau. Gottfrieds allegorische Deutung dieser Klause, die jeden primitiven Einwand z.B. den Lebensunterhalt des Paares betreffend, souverän beiseiteschiebt, gipfelt in der Schilderung der Wirkung, die vom Bestaunen des Inneren dieser Klause ausgeht. Sie verleiht uns die platonischen Seelenflügel, die den *muot vlücke* machen, V 16960 f. Dieses Hinaufstarren werde uns als *wunder* bewusst, deren *muot* in den Niederungen – *an dem esteriche swebet* – *und schouwen oben an daz werc/daz an ir tugenden da stat/daz von ir lobe her nider gat/die ob uns in den wolken swebent/und ir schin her nider gebent:die kapfe wir ze wunder an.* Gottfried treibt diese Vergegenwärtigung des Wesens der Minneklause noch weiter, indem er vorgibt, diese Klause im Wald selbst aufgesucht zu haben: *Diz weiz ich wol, wan ich was da*, V 17100. Freilich dieser Versuch sei *ane aventiure* abgelaufen, V 17109. Dieser Hinweis auf ein angeblich reales Geschehen ist so penetrant angelegt, dass man ihn nicht für bare Münze nehmen kann und soll, vielmehr erkennen muss, dass es sich um eine Verlagerung ins Geistige handelt, um den Versuch des Verfassers, in das Mysterium der Minne einzudringen und dessen Wirkung teilhaftig zu werden. Darüberhinaus ist es denkbar, dass Gottfried einen literarischen Seitenhieb auf die Artusromane und deren *wunder* im Sinn hatte. Sein angeblicher realistischer Ausflug hin zur Minnegrotte lässt an den anglonormannischen Kleriker Wace denken, den einflussreichen Übersetzer von Galfreds ‚Historia regum Britanniae‘ *der in seinem ‚Roman de Rou‘*, behauptet, er sei, um die Lügenhaftigkeit der Artusfabeleien zu erweisen, selbst in den Wald Brozeliande gegangen, um den Wunderbrunnen Laudinens aufzusuchen *donc Breton von souvent fablant*, V 6396, habe aber nichts vorgefunden: *fol m'en revinc, fol i allai, fol m'en revinc, folie quis, por fol me tinc.*[46] Bei Gottfried keine *folie*, seine ‚Wirklichkeit‘ ist anderer Art! Gottfrieds derart entschiedene angeblich biographisch reale Intervention markiert in ihrer offenkundigen Unglaubwürdigkeit gerade im Gegensatz zu Wace eine neue Stufe in der von ihm angestrebten Selbstvergewisserung dieser Literatur aus der matière de Bretagne. Bei der poetischen Wirklichkeit, um die es ihm bei seinem *wunder* geht, handelt es sich nicht so sehr um Fiktion wie bei der Episode vom Laudinebrunnen, sondern um Vergeistigung. Gottfrieds Insistieren auf der ‚Tatsächlichkeit‘ seines Versuchs, in die Minneklause einzudringen, besagt, dass die herkömmliche Alternative *res factae/res fictae* für ihn gegenstandslos geworden ist, weil er über ein Drittes verfügt, dessen Substantialität mit dem Begriff Fiktion nicht erfasst ist, wie der Tristanprolog mit seinem Anspruch belegt. Ob das aus moderner Sicht konsequent zu Ende gedacht

[46] Alois Wolf, *Fol i allai – fol m'en revinc*! Der Roman vom Löwenritter zwischen *mançonge* und *maere*, in: *ûf der mâze pfât*. Festschrift für Werner Hoffmann, Göppingen 1991 (Göppinger Arbeiten zur Germanistik 555), S. 205–225.

werden könnte, ist sekundär. Entscheidend ist die Intention Gottfrieds bei seinem Neumachen, das als geistvolles Bravourstück auf die Analogie zur seinshaften Wahrheit zentraler biblischer Texte abzielt, die auch das *wunder* einschließt. Wolframs biblisch fundiertes ritterliches Minnemaere, wie ich das Ergebnis seines *niuwens*, seine drei Werke zusammenfassend, bezeichnen möchte, wäre die mehr als artistische Entsprechung dazu, die sich den herkömmlicher Gattungsbezeichnungen entzieht.

Aus der Sicht des Neumachens und Experimentierens ist es z.B. gar nicht so nötig darüber zu streiten, ob der ‚Willehalm' als Heiligenlegende gelten kann oder nicht. Im herkömmlichen Sinn kaum, doch das macht Wolframs Versuch umso bedeutsamer. Dass diese Werke überhaupt entstehen konnten, zeugt von der außergewöhnlichen Offenheit des damaligen Geisteslebens. Das gilt auch für die Schaffung der männlichen Protagonisten – als Zweikampf-Ritter im Parzival und Titurel, als Krieger und Heiligen im Willehalm und als allerbesten *degen* im Nibelungenlied, als Künstler im Tristan; von der großartigen Vielfalt an Frauengestalten, von Kriemhilt bis Sigune, zu schweigen.

Mit dem Einbruch der matière de Bretagne in die mittelalterliche Kultur, der zeitlich zusammenfiel mit der Entdeckung der neuen Minne und dem unaufhaltsamen Aufstieg von Wort und Wirklichkeit des *chevalier/ritters* – beides exemplarisch verkörpert in Wolfram: *schildes ambet ist mîn art* und *ich kann ein teil mit sange*! – tat sich über die bis dahin verfügbaren literarischen Räume – Bibel, Hagiographie, Antike, Verschriftlichung einheimischer mündlicher Überlieferungen … - ein neuer Bereich auf. Mit der in den Literaturgeschichten üblichen willkürlichen Einengung dieses Vorgangs auf die gattungshafte Festlegung Artusroman ist es nicht getan. Die terminologische Fixierung auf das sogenannte ‚arturische Modell' verstellt mehr als sie erhellt. Wie schon angedeutet, trifft das nicht einmal auf das Werk Chrétiens zu, das eine sehr unterschiedliche Palette von Möglichkeiten aufweist; von den weiteren Auffächerungen abgesehen, *Schildes ambet* und Minne erfahren in einer Vielzahl von Werken ihre nachhaltige Rechtfertigung. Das sollte Folgen haben, wenn man z.B. auf das spätmittelalterliche Burgund blickt, wo diese arturischen literarischen Errungenschaften und Ideale ins gesellschaftliche Leben einer sich abschließenden Klasse übersetzt wurden, was bis zum Realitätsverlust gehen konnte, wie man an der Auseinandersetzung abgehobener Ritter mit bodenfesten Schweizer Bauernheeren erkennen kann, was Huizinga in seinem auf die Chroniken gestützten Werk dargelegt hat.[47] Dass es dazu kommen konnte, sagt etwas aus über die Wirklichkeits-

---

[47] Johan Huizinga, Herbst des Mittelalters, Stuttgart 1969 (Kröners Taschenausgabe 204).

macht dieser Literatur. So wurde bekanntlich in den 90er Jahren des 12. Jahrhunderts von den Mönchen in Glastonbury die Skelette eines Mannes und einer Frau exhumiert, die man als die Gebeine von Artus und seiner Gemahlin identifizierte, was gemeinhin akzeptiert wurde. Ob dahinter auch das Bestreben des englischen Königs stand, walisischen Hoffnungen auf eine Wiederkehr des Königs Artus ein Ende zu bereiten, sei dahingestellt; jedenfalls steht fest, dass man sich des Königs Artus vergewissern wollte. Wenn dann später Artushöfe eingerichtet wurden mit Gralassoziationen, so gehört das ebenfalls hierher, wie der Versuch Ulrichs von Lichtenstein als Artus redivivus leibhaftig gegenwärtig zu sein. Da wird nicht mehr nur neu erzählt, es wird erlebt – wenn auch ‚nur‘ als Gesellschaftsspiel. Man sollte in diesem Zusammenhang auch an die sich entwickelnden geistlichen Spiele und deren Wirklichkeitsbezug denken. Unterstützt wurde diese Tendenz in der Rezeption der Artuswelt auch durch die nachklassische Literatur. Deren Vertreter blickten immer wieder bewundernd zurück auf die großen Meister, was auch berechtigt, von Epigonenbewusstsein zu sprechen, doch fehlte es nicht an unvorhersehbaren Neuansätzen und an Erweiterungen des Experimentierfelds, was auch zu einer unleugbaren Verflachung führen konnte. Bei den im Folgenden zu behandelnden Dichtungen über die *matière* de Bretagne stellt man ein grundlegend geändertes Verhältnis zur *materia* fest. Diese Werke beziehen sich nicht mehr auf e i n e schriftliche Vorlage – bei Wolfram fächert sich das ohnehin schon etwas auf -, sondern schöpfen souverän aus unterschiedlichen Quellen, die auf neue Weise zurechtgelegt werden, so dass man nur noch sehr allgemein von *materia* sprechen kann. Dieser Begriff lockert sich und verliert an Präzision. Es geht dabei mehr um ein Erfinden als um ein bloßes Arbeiten am verbindlich vorgefundenen Stoff. Das schließt auch kritisches Eingehen auf ältere oder konkurrierende Überlieferungen und Versionen ein und gibt Raum für tiefgreifende Neudeutungen. Gemeinsam ist die Tendenz, jeweils eine umfassende Darstellung zu bieten. (Das lässt an das Phänomen der mittelalterlichen *summae* denken und bezieht sich nicht nur auf den Artus/Gralbereich, wie die Thidrekssaga zeigt).

In diesem Zusammenhang ist eine besonders folgenschwere Neuerung dieser nachklassischen Literatur zu nennen, der Übergang vom Vers zur Prosa, wodurch das Monopol der Versdichtung gebrochen wurde. Wiederum gab Frankreich den Anstoß dafür, dass sich die Prosa auf breiter Basis als hochwertiges literarisches Medium etablieren konnte. Das Potential der Versdichtung war aber damit keineswegs erschöpft. In der Tradition, die auf Chrétiens Romanhelden und Ulrichs Lanzelet zurückreicht, entsteht auch in der nachklassischen Zeit eine Reihe von arturischen Versdichtungen. In der ‚Krône' Heinrichs von dem Türlin bündelt sich dieser Überlieferungsstrang zu dem großangelegten Versuch, über 30000 Verse umfassend, eine Gesamtdarstellung der Artuswelt zu bieten in einer Art *summa arturensis*.[48] Aufschlussreich für die erzählerische Entwicklung des Phänomens Artusdichtung ist nun die Tatsache, dass parallel zu diesem großen Versuch in deutschen Versen in französischer Prosa Monsterwerke gegenüberstehen, worin nicht minder anspruchsvoll die gesamte Artuswelt auch in ihrer Geschichtlichkeit in den Blick genommen wird, was Heinrich von dem Türlin, wie gleich zu zeigen ist, bewusst negiert. In der ‚Krône' ist Gawein der Haupthandlungsträger – wie übrigens schon angelegt im ‚Wigalois'. Diese Hervorhebung Gaweins lässt interessanterweise zurückdenken an die Bearbeitung der ‚Historia regum Britanniae' Galfreds durch den anglonormannischen Kleriker Wace, der – über den lateinischen Text der Vorlage hinaus – Gawein zum Vertreter der Annehmlichkeiten höfischen Daseins macht – *gaberies* und *drueries*. Die damit verbundene Ausrichtung auf das Weltliche setzt sich bei Heinrich ebenfalls fort. Das Religiöse tritt in den Hintergrund und bleibt auf das Traditionelle und Konventionelle beschränkt. In den einschlägigen Prosawerken dagegen greift es zutiefst ins Existenzielle ein. Im Gegensatz dazu bietet Heinrichs ‚Krône' der höfischen Gesellschaft nicht nur robuste Unterhaltung, sondern setzt sich dezidiert von der religiös bedingten Untergangsbezogenheit der Artuswelt ab. Aus mediävistischer Sicht, die sich nicht an die Sprachgrenzen gebunden fühlt, zeigt dieser schroffe Gegensatz, welch unterschiedliche Deutungsmöglichkeiten sich die volkssprachliche Literatur zu erdichten in der Lage war. Heinrichs ‚Krône' und die Prosawerke sind auf ihre Weise beeindruckende Zeugen für das beharrliche Neuerzählen, das im 12. Jahrhundert einsetzte. Der matière de Bretagne wurde damit eine zusätzliche Aufwertung zuteil.

Nun weiß man, dass die ‚Krône' eine Episode enthält, in der es heißt, dass in dem Augenblick, in dem Gawein den Palast der Frau Saelde betritt, das dort befindliche Rad der *fortuna* stillsteht, V 15870. Frau Saelde legt im Anschluss daran ausführlich dar, wie heilbringend Gaweins Auftreten sein wird. Seinetwegen will sie bewirken, dass *rîch* und *hûs* seines Onkels, des Königs Artus, *êwic* und *veste* bestehen, V 15902 f, und dass er *êwiclîche sweb nâch sînem willen*. Sie übergibt Gawein einen Ring, der König Artus garantiert,

---

[48] Heinrich von dem Türlin, *Diu Crône*, hg. von G.H.F. Scholl (Bibliothek des literarischen Vereins in Stuttgart 27), Nachdruck Amsterdam 1966. Fritz Peter Knapp, Virtus und fortuna in der Krone, in: Zeitschrift für deutsches Altertum und deutsche Literatur 104, 1977, S. 253–275.

dass sein Hof nicht untergehe, sondern *muoz iemer stên*. Der Stillstand des Rads der *fortuna* und das was Frau Saelde ankündigt, widersprechen derart eklatant der gesamten Artustradition seit Galfred, dass man das nur als Absage an diese Überlieferungen verstehen kann, kaum aus tierischem Ernst heraus, eher augenzwinkernd und ironisch. Diese von Heinrich gewaltig angereicherte Artuswelt präsentiert sich damit de facto als Unterhaltungsliteratur auf anspruchsvollem Niveau, über das hinausführend, was Wace einst als Fabeleien bezeichnete. Man hat es mit einer umfassenden Phantasiekomposition zu tun, die sich ihrer Vordergründigkeit bewusst ist und zu ihr steht. Auf dieses Werk dürfte der moderne Begriff Fiktion am ehesten zutreffen; ihn global auf die hochmittelalterliche Literatur anzuwenden, halte ich für falsch. Man sollte von den einzelnen, in dieser Hinsicht sehr unterschiedlich angelegten Werken ausgehen. Das zeigte sich bei Wolfram, Gottfried u.a., und das gilt auch für die nun zu betrachtenden Dichtungen. Da Heinrich nachweislich ungewöhnlich gut mit der zeitgenössischen französischen Literatur vertraut war, ist kaum anzunehmen, dass seine Deutung des Artusschicksals nur ein bloßer Einfall gewesen sei; vielmehr drängt sich die Annahme auf, dass er auch der herkömmlichen und durch die Prosawerke massiv verstärkten Deutung vom religiös motivierten Untergang des Artusreichs seine der Geschichtlichkeit entrückte Konzeption entgegenstellen wollte.

Heinrichs kühne Umdeutung des Bildes vom Rad der Fortuna, die die mittelalterlichen Vorstellungen auf den Kopf stellt, muss auch deshalb aufhorchen lassen, weil sich im letzten Buch des Prosalancelots, der ‚Mort le roi Artu‘, sich eine auffallende Parallele dazu findet. Die Anspielung auf das Rad im ‚Wigalois‘, auf das man sich zu beziehen pflegt, was seinen guten Sinn hat, da bereits dieser Text auf Gawein ausgerichtet ist, deckt sich aber nicht mit dem, was der Vergleich mit der entsprechenden Stelle der ‚Mort Artu‘ hergibt. Die Artusgeschichte steht dort vor dem Abschluss, kurz vor der schicksalhaften Schlacht bei Salesbieres. Artus übernachtet *en la praerie de Lovedon* und hat eine Traumvision:

Li rois se coucha en sa tente touz seus fors de ses chambrelens. Quant il fur endormiz, il li fu avis que une dame venoit devant lui, la plus bele qu'il eüst onques mes veüe el monde, qui le levoit de terre et l'enportoit en la plus haute montaigne qu'il onques veïst; illuec l'asseoit seur une roe. En cele roe avoit sieges dont li un montoient et li autre avaloient; li rois regardoit en quel leu de la roe il estoit assis et voit ques es sieges estoit li plus hauz. La dame li demandoit: „Artus, ou ies tu? – Dame, fet il, ge sui en une haute roe, mes ge ne sei quele ele est. – C'est, fet ele, la roe de Fortune.“ Lors li demandoit: „Artus, que voiz tu? – Dame, il me semble que ge voie tout le monde. – Voire, fete le, tu le voiz, n'il n'i a granment chose don't tu n'aies esté sires

jusques ci, et de toute la circuitude que tu voiz as tu esté li plus puissanz rois qui i fust. Mes tel sont li orgueil terrien qu'il n'I a nul si haut assiz qu'il ne le coviegne cheoir de la poesté del monde." Et lors le prenoit et le trebuschoit a terre si felenessement que au cheoir estoit avis au roi Artu qu'il estoit touz debrisiez et qu'il perdoit tout le pooir del cors et des menbres.
Einsi vit li rois Artus les mescheances qui li estoient a avenir.[49]

Dieser Passage setzt Heinrich seine Version entgegen, die er überdies mit einer raffinierten Pointe versieht. Was im französischen Prosatext als Traumvision des Königs dargestellt wird, erscheint bei Heinrich als ‚reales' Erlebnis Gaweins! Heinrichs radikale Umdeutung der herrschenden Einstellung gegenüber der Artuswelt ist ein literaturhistorisches Ereignis und ein Beweis für die sprachübergreifende Auseinandersetzung mit wichtigen literarischen Erscheinungen, woraus hervorgeht, welch bedeutende Rolle diese im damaligen kulturellen Leben gespielt haben müssen. Wie gesagt, ist Heinrichs originelle Umdeutung der Fortunavision nur als Reaktion auf die französische Version zu verstehen und nicht als skurriler Einfall. Sie offenbart große Unterschiede zwischen der Artusrezeption im Französischen und im Deutschen vor allem in der nachklassischen Zeit. Waces Bearbeitung der ‚Historia regum Britanniae' hatte im Französischen das Bild des historischen Artus dem Bewusstsein ungleich stärker eingeprägt. Waces Text wurde nicht übersetzt. Es lag somit im Französischen näher, auch in der volkssprachlichen Artusdichtung die geschichtsphilosophische Deutung zu berücksichtigen, wonach alles Irdische unausweichlich auf den Untergang zugeht. Heinrich, etwas forsch formuliert, machte da nicht mit. Er wollte sich und seiner höfischen Gesellschaft den Spaß an der Artuswelt nicht vermiesen lassen. Sein Landsmann Ulrich von Lichtenstein stand ihm da nicht nach.

Die Aufwertung Gaweins, die sich auch in anderen Texten beobachten lässt, setzt sich in der ‚Krône' fort und lässt ihn zur zentralen Gestalt aufsteigen, wenn Frau Saelde sagt, es sei seinetwegen, dass sie der Herrschaft des Königs Artus ewige Dauer verleihen will. Heinrich mutet damit dem Leser eine bewusst übersteigerte weltliche Variante des Motivs vom Erlöser-Ritter zu, handelt es sich doch nicht um Parzival, Lancelot oder gar Galaad, sondern ausgerechnet um den mondänen Gawein, der in ‚Queste' und in ‚Mort Artu' auch schlecht wegkommt. Ich sehe darin eine herausfordernde Antwort auf die betont religiöse Orientierung der französischen Dichtungen. Heinrichs Deutung der traditionellen Metapher Fortuna lässt nur den Schluss zu, dass wir es mit einem souveränen Spiel eines belesenen Autors mit Erwartungen und Traditionen zu tun haben.

---

[49] La Mort le Rois Artu, éd. par Jean Frappier, Paris 1964, S. 226 f.

Diese Freiheit lässt auch das Verhältnis zum Vorgegebenen, zur *materia*, worauf noch öfter hinzuweisen sein wird, in neuem Licht erscheinen. En bloc von der Fiktion und ihrer ‚Wahrheit‘, ausgehend von Chrétiens *conjointure*, zu sprechen, setzt sich der Gefahr der Vereinfachung aus. Man wird von erheblichen Unterschieden ausgehen müssen, von Abstufungen und Differenzierungen. Heinrichs ‚Krone‘ z.B. und die zu betrachtenden französischen Prosaromane befinden sich auch in dieser Hinsicht nicht auf derselben Ebene. Es kommt eben auf das einzelne Werk an. Bei den stark religiös geprägten französischen Romanen tut man gut, ‚Wahrheit‘ nicht nur im *artificium* zu suchen, sondern auch in der *materia*, die sich nicht im Vorgegebenen erschöpfen muss, ungeachtet der Schwierigkeiten, die der moderne Leser damit haben mag.

Wenn für Prosalancelot und Perlesvaus, wie sich zeigen wird, das Neuerzählen in hohem Maß auch ein Vergewissern von Wahrheit ist, was im besonderen für die ‚neue‘ *materia* in Anspruch genommen wird, so bedient Heinrich in seiner ‚Krone‘ sein Publikum dagegen mit einer auch für mittelalterliche Verhältnisse bis zur provokativen Absurdität gesteigerten Artusabenteuerwelt, in der die Frage Wahrheit/Fiktion fast wesenlos wird. Es geht in der ‚crône‘ immer wieder auch um das Fest. Der sich zusehends abschließenden ritterlichen Gesellschaft bot sich damit genügend Stoff für eine Sicht auf das höfische Dasein als großangelegter phantastischer Inszenierung; wieder fällt einem Ulrich von Lichtenstein ein. Dass die in der ‚crône‘ dargestellte Artusgesellschaft z.B. auch über sich selbst lachen und Artus ironisiert werden kann, ist u.a. nicht die geringste Errungenschaft dieser Dichtung, die als großangelegtes Unterhaltungsspektakel es auch darauf anlegt, die Unangemessenheit der Versuche höherer Sinngebung – *senefiance* – vorzuführen. Die Mühe, die sich der Dichter dabei machte mit den über 30000 Versen, zeugt aber zugleich von der Faszination, die von diesen Erzählstoffen ausgegangen sein muss. Die großen Sinngebungsversuche sind damit nicht entwertet, ihre Anwendbarkeit auf diese speziellen Stoffe wird in diesem Werk jedoch relativiert. Diese Abkehr von der Inanspruchnahme der Artuswelt für extrem religiöse Belange hat man schon lange erkannt und kann darin einen Beitrag zu dem kulturellen Phänomen einer sich abzeichnenden Säkularisierung sehen. Es ist ja bemerkenswert, dass Heinrichs Versuch angesichts des Prestiges, dessen sich Wolfram mit seinem ‚Parzival‘ erfreute, im Deutschen überhaupt möglich war. Daraus zu schließen, dass im Deutschen säkulares Denken besonders ausgeprägt gewesen sei, wäre aber absurd, genau so wie die Vorstellung vom laizistischen ‚Dauerfranzosen‘.

Sowohl Heinrichs ‚crône‘ als die großen französischen Prosawerke, Prosalancelot und Perlesvaus, stellen ein Neuerzählen dar, das sich als abschließend versteht. Dass im Französischen dies auf intensivere Weise geschah als im Deutschen, hängt wie erwähnt, auch damit zusammen, dass eben im Deutschen die Artuswelt lückenhafter und selektiver rezipiert wurde, während sie im Französischen in voller historisierenden Massivität präsent war; eine ungleich größere Herausforderung für Autoren und Publikum. So verwundert es nicht, dass es innerhalb der französischen literarischen Kultur gravierende Unterschiede in der ‚Aufarbeitung' der machtvollen Artusüberlieferungen gab.

Die bisher betrachteten Texte – abgesehen vom Nibelungenlied – handeln von einzelnen Rittern in einem klarumgrenzten engen Stoffbereich. Die Texte, denen wir uns abschließen zuwenden, bieten eine Gesamtschau der Artus-Gralüberlieferung. Mit dem neuen Medium der Prosa schuf sich die französische Literatur eine Plattform auch für Neuerzählen dessen, was die Vorgängergeneration in Versform ihrerseits bereits neu erzählt hatte. Ein besonders markantes Beispiel dafür bietet der umfangreiche Roman ‚Perlesvaus', der zeitlich wohl kurz vor der ‚Queste del saint graal' entstanden sein dürfte, die sich auf ihn zurückbezogen hat.[50] Der ‚Perlesvaus', in Verbindung mit dem großen Werk des Prosalancelot, ist ein gewichtiger Zeuge einer breit anschwellenden literarischen Tendenz. Wegen seiner ausgeprägten Bezugnahme auf vorausgehende Fassungen eines bestimmten Stoffes ist er aufschlussreich für die Beurteilung der Lebendigkeit der damaligen literarischen Szene. Überspitzt formuliert ‚korrigiert' der Perlesvaus den Gralroman Chrétiens und seiner Nachfolger und beansprucht damit, die authentische Fassung zu bieten. Die 'Queste' wird darauf aufbauen. Dieser programmatischen Ausrichtung des Werkes auf die *estoire de Graal* entspricht am Schluss die definitive Aussage *ici faut li saintisme conte du Graal.* Ob darin ein Seitenhieb auf Chrétiens Prolog um Percevalroman vorliegt, sei dahingestellt. Immerhin heißt es dort nicht ohne Stolz und Anspruch: *… a rimoier le meillor conte/Qui soit contez a cort royal/Ce est li Conte del Graal*, V 64 f. Halten wir fest, dass es am Schluss des Nibelungenepos nicht minder dezidiert heißt *daz ist der Nibelunge nôt.* Man fasst damit andere Werkschlüsse als man sie aus dem ‚Erek', ‚Iwein' u.a. kennt. Schon der Schluss der Chanson de Roland dürfte als Bekräftigung der Authentizität des Erzählten zu verstehen sein: *Ci falt la geste …* Bei dem Reichtum an Personen, Situationen und Abenteuern ist der Roman konsequent auf den Haupthelden Perceval/Perlesvaus angelegt, was seinen Sinn dadurch erhält, dass diese Gestalt als der *chevalier* schlechthin konzipiert ist, womit sich

[50] Le Haut livre de Graal. Perlesvaus, ed. by W.A. Nitze und T.A. Jenkins, Chicago university press 1932. La Queste del saint Graal, éd. par Albert Pauphilet, Paris 1967.

eine großangelegte Aufwertung alles Rittermäßigen, wie irdisch es auch sein mag, verbindet. Mit dieser Konzentration auf den *chevalier* und dessen Aktivitäten muss der Autor offenbar den Nerv eines maßgebenden Teils der höfischen Gesellschaft getroffen haben.

Der Rückbezug auf Chrétien zeigt sich in zahlreichen, teils wörtlichen Übernahmen. So wird bei den Verweisen auf die versäumte Gralfrage wörtlich auf die bei Chrétien fast zur Formel erstarrte Fügung angespielt, wenn es heißt, der Betreffende habe nicht gefragt *del graal cui l'en en servoit*, V 3245. Von Percevals Mutter wird immer wieder von der *veuve dame* gesprochen und ihr Sohn als *biax filz* bezeichnet. Besonders wichtig ist die Bezugnahme auf die Eingangsepisode von Chrétiens Roman, also auf einen wichtigen Punkt im Geschehen. Es heißt da, dass der Jüngling im Wald herumstreift *e lancier de ses javeloz as cers e as bisches* und *porta ses javeloz comme Galois*, Z 464, 492. In diesem Zusammenhang kommt es auch zu einer erzähltechnisch besonders raffinierten Anspielung auf Chrétien, die erhebliche Anforderungen an die Belesenheit des Publikums stellte. Die eben erwähnten Zitate finden sich nämlich in einem Gespräch zwischen König Artus und der *damoiselle*, der er das Haupt des von ihm besiegten Ritters übergibt. Da kommt die Rede auf einen Ritter, den die *damoiselle* treffen will, der Pellesvax heiße und der von Vater und Mutter sehr geliebt werde, was von Chrétien abweicht. Doch dann zitiert sie aus einem Gespräch zwischen diesem Vater und dem Sohn und da wird auf die Begegnung zwischen dem Jüngling und den Rittern, auf die er bei seinem Ausflug trifft, angespielt. Aus dem Mund der *damoiselle* erfährt man, dass der Jüngling seinen Vater fragt, was es mit dem *chevalier* auf sich habe, und der Antwort: *Biax filz, il ont hauberz de fer vestiz por leur cors garantir, e hiaumes laciez, e escuz e glaives e espees caintes por ex deffendre*, Z 484. Die bei Chrétien angelegte vorläufige Namenlosigkeit des Helden wird im Perlesvaus beibehalten. Erst im Verlauf des Geschehens erfährt man aus dem Mund der *veuve dame*, dass dieser *Chevalier en droit bautesme Pellesvax* heiße, Z 1071 f. Seltsamerweise ist damit das Problem nicht erledigt; mehrfach wird darauf bezug genommen und immer ist es Gawein, der dabei involviert ist. So erfährt Gawein beim Einsiedler, dass dieser chevalier *Par-lui-fet* heiße, denn *il s'est fez par lui meisme*, Z 1672. Bei Chrétien ist es ja auch tatsächlich der Jüngling selbst, der bei seiner Cousine aus sich heraus seinen Namen findet: *Et cil qui son non ne savoit/Devine et dist que il avoit/Perchevax le Galois a non* ... V 3573 ff. Im ‚Perlesvaus' rückt die Schwester die Namensfrage zurecht, wenn sie gegenüber Gawein feststellt: *mes freres n'a non Par-lui-fais, ainz a a non Perlesvax*, Z 2405.

Mit derartigen Anspielungen bezieht der Autor auch Position, was seinem Werk einen besonderen Stellenwert verschafft. Das gilt schon mit aller Schärfe für die Aussagen am Beginn des Romans, die den Rahmen üblicher Prologe sprengen und aus denen eine Exposition herausgesponnen wird, die die literarisch gestaltete konventionelle Artuswelt auf den Kopf stellt. Schon im ersten Satz setzt der Autor ein massives religiöses Signal, in dem er auf *li estoires du saintisme vessel que on apele Graal* verweist, worin das Blut des Gekreuzigten aufgefangen wurde. Er folgt damit nicht der chrétienschen Überlieferung, sondern schwenkt gleich auf die von Robert de Boron vertretene Tradition ein, die zusätzliche Autorität dadurch gewinnt, dass die Stimme eines Engels den *Josepes* veranlasst habe, diese Geschichte *en remembrance* zu bringen. Der Autor verlagert aber die Aufmerksamkeit sogleich vom Graal auf die Ritter, die sich in den Dienst der *loi Jhesu Crist* stellten und Mühsal auf sich nahmen. Weder Chrétien noch Wolfram wissen davon etwas. Im folgenden zweiten Einsatz wird das auf gut zwei Seiten amplifiziert, wobei die *estoire du vessel, Graal, zum hauz livre du Graal* avanciert, das unter das Siegel der Dreifaltigkeit gestellt wird. Dabei hält sich der Autor sogar eine theologische Subtilität zugute, wenn er erläutert: *sez trois personnes sont une sustance, e cele sustance si est Dex.* Doch dann wird man ausführlich über die *chevaliers* unterrichtet. Der Autor vollzieht also eine gravierende Akzentverlagerung, die den *chevalier* ins Zentrum rückt. Der prestigiöse Name Graal wird de facto zum Vorwand für das, was der Autor als das Eigentliche ansieht und vermitteln will. Im ersten kurzen Abschnitt war nur von *chevalier* und *preudomes* die Rede, nun heißt es: *por les preudomes e por les buens chevaliers*, Z 12. Man achte auf das Adjektiv *buens*, das in Verbindung mit *chevaliers* sich als Zentralwort des Romans erweisen wird. Wie ernst es dem Autor damit ist, sieht man daran, dass noch im selben Satz präzisiert wird, dass der Mittelpunkt des Werkes, das sich an *preudomes* und *buens chevaliers* wendet, ein ganz bestimmter *buens chevaliers* ist, kein Heiliger oder Märtyrer. Allerdings ist die religiöse Absicherung dieses Ritters gewährleistet: *Josephes nos raconte cest saint estoire por le lignage d'un buen chevalier qui fu aprés le crucefiement Nostre Seigneur.* Das ist natürlich mehr als eine neutrale Zeitangabe über Vergangenes. Dazu erfährt man noch, dass er *fu buens chevaliers sanz faille* … keusch und kühn ohne jeden Makel. Und dann folgt ein Zusatz, mit dem man nicht rechnet, der aber hinsichtlich der Thematik des Neuerzählens zentral ist: er *n'estoit pas bauz de parler, e ne sanbloit pas a sa chiere qu'il fust si corageus*, Z 17 f. Es geht also um die nichtgestellte Gralfrage, um die Folgen dieses Versäumnisses und deren Beseitigung. Neu ist dabei die psychologische Begründung des Nichtfragens aus Mangel an der nötigen Forschheit. Die Folgen des Versäumnisses sind dagegen zunächst die aus der mythischen Überlieferung bekannten. Die Wiederherstellung der alten Ordnung *en joie* wird ausschließlich der *valor de sa buenne chevalerie* des Ritters zugeschrieben. Im Text wird dann, wie erwähnt, mehrfach und gezielt auf die versäumte Frage hingewiesen, doch die Situation, in der der *meilleur chevalier* angesichts der Gralszenerie es versäumt, diese Frage zu stellen, wird nicht dargestellt. Stattdessen wird betont, dass es bei ihm um die wahre *chevalerie* gehe und dass er von untadeliger Keuschheit sei. Was in Verbindung mit der Hauptgestalt nicht vorgeführt wird, davon profitiert dagegen Gawein in reichem Maße. Er trifft beim *Roi Pescheor* ein, Z 2370, übergibt ihm das Schwert, mit dem Johannes der Täufer enthauptet wurde und stellt sich mit Namen vor. In krassem Gegensatz zu chrétienschen Tradition klärt ihn der *Roi* über die fatalen Folgen auf, die die versäumte Frage verursacht hat und wie glücklich er wäre, wenn Gawein dem abhelfen würde, indem er die Frage stellte, Z 2411. Gawein verspricht, alles zu tun, um keinen Tadel zu verdienen. Es folgt die aufwändige Schilderung des opulenten Festmahls, dessen Mittelpunkt die Erscheinung des hl. Grals und der blutenden Lanze bildet, mit allem, was dazugehört, Z 2424 ff. Gawein ist so fasziniert – hier wirkt das *esbahi* der chrétienschen Überlieferung nach – dass er alles um sich vergisst und trotz mehrfacher Aufforderung (!) den Mund nicht auftut, Z 2439, 2452. Schließlich schläft er, total ermüdet, ein. Am Morgen muss er erfahren, dass ihm der Zugang zur Kapelle verwehrt ist *par molt pou de parole*, Z 2474. Dann vernimmt er eine Stimme, die ihm zum Verlassen der Burg auffordert, Z 2483. Die Zugbrücke wird gesenkt und dann hochgezogen; ein deutlicher Rückverweis auf Chrétien, V 3387, der den Unterschied umso deutlicher hervortreten lässt. Dass die Frage nicht ‚naiv' gestellt werden muss, sondern im Gegenteil, dass man dazu aufgefordert werden kann bzw. muss, entfernt die Gralepisode von ihren mythisch-märchenhaften Wurzeln, die nur noch in den Folgen des Versäumnisses spürbar sind, z.B. auch im Verlust und Wiedergewinn der Haarpracht der *damoiselle.* Von negativen Folgen des Nichtfragens für Gawein ist aber so wenig die Rede wie für Perlesvaus. Man denke an die Beschuldigungen durch die Cousine und die Verwünschungen durch Cundrie bei Chrétien und Wolfram! Was der ‚Perlesvaus' hier bietet, ist zwar keine völlig schlüssige Abkehr vom Magisch-Mythischen zugunsten der alleinigen Heiligkeit des Grals; das wäre auch schwer zu leisten gewesen, doch der Versuch allein ist schon bemerkenswert.

Man erfährt nun, Z 4470 ff, dass die versäumte Frage *grant damage en terre* verursacht habe. An einer früheren Stelle liest sich das etwas ausführlicher: Am Artushof tauchen drei *damoiselles* auf, und der König wird u.a. gefragt, ob er denn wisse, *por coi li Rois Peschieeres est cheuz an langeur*?

Z 637. Dann erfährt Artus die Ursache: ... weil der Ritter *ne volst demander cui on en servoit, totes les terres en furent commeues de guerre; chevaliers n'encontra onques puis autre en forest ne en lande, o il n'eust contenz d'armes sanz resnable achoison.* Dass das grundlose Aufeinanderlosstürmen der Ritter ebenfalls den fatalen Folgen der versäumten Frage zugerechnet wird, bedeutete nichts weniger als die radikale Abkehr von dem, was seit Kalogreants *aventiure*-Definition mit ermüdender Eintönigkeit die Artusromane füllt und in Parzivals Kampf mit Feirefiz einen Höhepunkt erreicht. Das gewinnt an Bedeutung, da schon an früherer Stelle in einem Gespräch des Königs Artus mit einem Einsiedler darauf eingegangen wird. Als letzte Folge der unterlassenen Frage erwähnt der *sainz hermites*, dass nun *ne chevaliers n'encontre autre en forest q'il ne qeure sus e ocie s'il puet*, Z 354 f. Hier wird direkt das Töten angeprangert. Die entschiedene Ausrichtung des Werkes auf die totale religiöse Rechtfertigung des ritterlichen Daseins veranlasst den Autor aber keineswegs, das Turnierwesen – diese etwas zivilere Variante dessen, wovon Kalogreant schwärmte – mit seinen oft unheilvollen Folgen in Frage zu stellen. Das gilt dann nicht minder auch für die ‚Mort Artu'. Töten ist nur erlaubt – da allerdings ohne Hemmungen – wenn es um *chevalerie por Diex* geht und um die Ausrottung der Ungläubigen. Unmittelbar zuvor sagt der Einsiedler, dass Artus dazu beitragen möge zu *essaucier la Loi qui est renovelee par la mort du saint Prophet.* (An anderer Stelle wird energisch das Alte Testament abgewertet.) Etwa 100 Seiten später kommt der Autor bei seiner Schilderung des sich anbahnenden Kampfes zwischen dem eben genesenen Perlesvax und Lancelot in wörtlicher Anspielung darauf zurück. Perlesvax hört im Wald – immer geht es um den Wald! – ein Pferd wiehern. Er wünscht sich, es möge sich um das Pferd eines Ritters handeln *car j'ai grant talent de lui corre seure. Or doinse Dex qu'il ne m'ocie, ne je lui.* Das Losstürmen und Aufeinander Einschlagen wird beibehalten, das Töten soll ausgeschlossen sein. Perlesvax wiederholt das in seiner Aufforderung zum Kampf an den ihm noch unbekannten Gegner: *Sire chevalier, couvre vos ... car je vos desfi sanz ocirre*, Z 2967. Im Grunde eine Quadratur des Kreises! Diese Szene weist dann bereits einen interessanten Ansatz zu einem Dialog auf; Dialoge sind ohnehin eine Stärke dieses Autors. Der Angegriffene fragt nämlich zurück: *Beau frere, que vos ai je mesfet*, Z 2973. Dahinter steht de oben erwähnte Frage nach *resnable achoison*, die der kalogreantschen Definition den Boden entzieht. (Selbst Wolfram stellt in seiner Schilderung des Zweikampfs zwischen Parzival und Feirefiz die grundsätzliche Frage nach einer vernünftigen Begründung des Kampfes nicht; er kommt noch *sanz resnable achoison* für den Kampf aus.) Das deutet bereits voraus auf eine Szene im wohl etwas späteren Prosatristan, die diese Form ritterlichen Aufeinanderprallens in ihrer Absurdität entlarvt und auf die Eugène Vinaver aufmerksam gemacht hat[51]: Dinadan, ein Freund Tristans, trifft auf einen Ritter, der sich sofort in Position bringt und zum Zweikampf auffordert. Dinadan reagiert mit Lächeln, antwortet mit einem höflichen Gruß und fragt, ob ihm denn nichts Besseres einfalle zur Begrüßung als *jouster vous convient*? Das sei weder höflich noch könne er wissen, ob ihm überhaupt zum Kämpfen zumute sei, worauf der Angreifer Zweifel äußert, ob er es mit einem *chevalier errant* zu tun habe. Letzteres bejaht Dinadan, der aber hinzufügt, dass ihn das nicht zum Zweikampf verpflichte und übrigens könne er wirklich darauf verzichten.

Der Rückbezug auf Chrétiens ‚Conte del graal‘, auf die unterlassene Frage und die damit verbundene Problematik des typisch arturischen Zweikampfes weisen den Leser darauf hin, dass der Autor sein Werk in einen größeren literarischen Zusammenhang gestellt hat und auch als Stellungnahme zu entsprechenden Traditionen verstanden wissen will.

Der erste Satz des ‚Perlesvaus‘, worin *li estoires du saintisme vessel qu'on apele Graal* im Mittelpunkt steht, ist auch als deutlicher Rückbezug auf das schmale Werk Roberts von Boron zu sehen, das am Beginn des 13. Jahrhunderts entstanden sein wird. Der Autor des ‚Perlesvaus‘ gab sich offenbar mit dieser einsinnigen Fassung der Gralgeschichte nicht zufrieden. Ihm ging es bei seinem Neuerzählen darum, die Geschichte des hl. Gefäßes in die bereits auf breiter Basis literarisierte Artuswelt zu integrieren und andererseits diese Artuswelt mit ihren Rittern und deren jeweiligen Geschichte auf diesem Hintergrund neu zu organisieren. Allein schon der Umfang des Werkes spricht für sich. Dass in der ‚Queste‘ dann ein weiterer großangelegter Versuch vorgelegt wird, Gral und Artusritterwelt neu zu deuten, spricht für das große Interesse an diesem Thema im damaligen Literaturbetrieb. Von einem schroffen Gegensatz zwischen *chevalerie céleste* und *chevalerie terrienne* will der Autor des ‚Perlesvaus‘ offenbar nichts wissen; Erstere hat bei ihm Letztere ganz und gar, auch mit ihren weltlichen Seiten, in Beschlag genommen. Der Autor konnte davon ausgehen, dass das interessierte Publikum sowohl die ‚klassischen‘ Artusromane kannte als auch die von Robert de Boron vertretene biblisch fundierte Gralgeschichte mit Joseph von Arimathäa. Schon die weitausholende Anlage seines Werkes muss das Publikum aufgefordert haben, sich auf etwas einzustellen, worin beide Bereiche dieser Überlieferungen in neuem Licht erscheinen würden.

Es beginnt mit der *estoire du graal*, aus der die Genealogie des *buen chevalier* herausgesponnen und sogleich – die Neugierde weckend – auf die

51 Eugène Vinaver, A la recherche d'une poétique médiévale, Paris 1970, S. 165 f.

unterlassene Frage und die daraus entstandenen Folgen hingewiesen wird. Dann ist man schon bei König Artus; auf höchst ungewöhnliche Weise. Doch zuvor noch ein Blick auf die Einbettung der anschließenden Erzählung. Man muss sich klarmachen, mit welchem Nachdruck der Autor die drei Themenbereiche Gral, *buen chevalier* und Artus zu einer Einheit zusammengeschweißt hat, wohl in der Absicht, die *authorized version* dieses großen Erzählkomplexes zu liefern, die nun auf das feste Fundament der Wahrheit gestellt wird. So ist es die *voix d'un angle*, die Josephes zur Abfassung der Gralgeschichte auffordert. Es geht dabei um die *veritez par escrit*, Z 4, was den hohen Rang der Schriftlichkeit bestätigt. Wenig später beruft sich der Autor auf die *autoritez de l'escriture*, Z 57. An anderen Stellen beschwört er die *latina veritas*; *si li latin ne nos ment*, Z 6273. Mit Rückbezug auf Josephes, welcher *nos dist par l'escriture ... de coi cist estoires fu traitiez de latin an romanz*, Z 8865 f. Das Werk endet mit der Erhärtung des Wahrheitsanspruchs, wobei erneut die Autorität Josephs bemüht wird und es dann heißt: *Li latin de cui cist estoires fu tretiez an romanz fu pris en l'Isle d'Avalon en une sainte meson de religion qui siét au chief des Mares Aventurex, la o li rois Artus e la roine gisent, par le tesmoignage des preudommes religieus qui la dedanz sont, qui tote l'estoire en ont, vraie des le commencement desq'en la fin*, Z 10186 ff. Das ist eine massive Distanzierung von konventionellen Wahrheitsbeteuerungen, die sich im einen oder anderen Artusroman finden. Indem der Autor mit seinem umfassenden Werk die Artus-Gralwelt auf die religiös abgesicherte Wahrheitsgrundlage stellt, verleiht er diesem großen Erzählstoff eine neue Würde, die ihm den Makel der Fabelei nimmt.

Eine umfassende Interpretation des ‚Perlesvaus' kann im Rahmen dieses Beitrags nicht versucht werden, doch seien einige Linien durchgezogen und es sei auf einige Einzelerscheinungen aufmerksam gemacht. Wir setzen an der Darstellung der Rolle des Königs Artus ein. Dass diese *sainte estoire*, deren Historizität so gründlich abgesichert ist, ausgerechnet mit dieser Gestalt einsetzt, was an Galfreds ‚Historia regum Britanniae' zurückdenken lässt, stellt bereits ein Zeichen dar, das auf eine Neubewertung dieser Gestalt und der Artustraditionen schließen lässt. Den Schlussteil der ungewöhnlich umfangreichen Einleitung bildet nämlich ein Abschnitt über Artus, was den Eintritt in die Handlung vorbereitet. Im Gegensatz zum Artusbild der Artusromane erscheint Artus darin nicht als statische Größe. Es heißt vielmehr, dass kein *rois terriens*, Z 59, so viel zur Ausbreitung des Christentums beigetragen habe wie er. Die *loi Jesu Crist* steht dabei, was sich dann leitmotivisch verfestigt, in schroffem Gegensatz zum Alten Testament, das abgewertet erscheint. Mit diesem Hinweis auf das Wirken des Königs Artus ist der Anschluss gegeben zu den vorausgehenden Aussagen, in denen das Ritterdasein für die Ausbreitung der *nouvelle loi* in Anspruch genommen wird, womit ausdrücklich auch der Waffengebrauch gerechtfertigt ist; ein wesentliches Anliegen des Autors. Solange Artus in dieser Weise tätig war, heißt es, und sich *princes et tuit li baron* sich ihn zum Vorbild nahmen, ereigneten sich *a sa cort buennes aventures*, gab es die *Table Reonde, qui estoit garnie des meilleurs chevaliers du monde*, Z 63 ff. Der vom Verfasser des ‚Perlesvaus' so heftig verteidigte Begriff *aventiure* war nicht mehr unbestritten. So löst sich Wirnt von Gravenberg davon los, wenn er in seinem Roman ‚Wigalois', der auf französische Quellen zurückgeht, den kampfbereiten Lion seinem Gegner sagen lässt: ... *daz soltu dînem herren sagen/swaz er prîses hie will bejagen/den muoz er koufen tiure/hie enist niht âventiure/die sol er suochen anderswâ.*[52] Diese religiös irrelevanten Dinge wie Abenteuer, Tafelrunde, glänzende Hofhaltung werden im ‚Perlesvaus' in Bausch und Bogen für die neue Deutung der Artus-Gralwelt in Beschlag genommen. Nach 10 Jahren vorbildlicher Herrschaft erfasste den König *une volantez delaianz*, Z 69, er verliert die Tugend der *largesces*, die prächtige Hofhaltung wird aufgegeben, wobei der Autor penibel die typischen Termine Noel, Pasques, Pentecoste erwähnt. Die Ritter der Tafelrunde verlassen den Hof, und es ereignen sich *nule aventure*, die Königin Guenievre versinkt in Trauer. Dass hier auch die Königin einbezogen wird, sei nicht unbeachtet. An späterer Stelle wird der Verfall des Artushofs auch mit der unterlassenen Gralfrage in Verbindung gebracht, Z 640 ff.

Nun kann die Handlung einsetzen. Dies wird markiert durch die fast schon stereotype Feststellung – eine Konzession an die Liebhaber arturischer Romane – dass *li rois Artus ert a Cardueil un jor de l'Ascension*, Z 78, die typische Artusexposition also, die aber nun auf den Kopf gestellt wird. Es heißt, dass Artus sich vom Essen erhebt. Normalerweise pflegt er erst zu speisen, wenn sich *aventiure* ereignet hat. Nun hat man aber eben erfahren, dass es das am Hof nicht mehr gibt. Artus geht durch den offenbar leeren Saal und trifft auf die Königin, die am Fenster sitzt und weint. Darauf ist man nicht gefasst. Es folgt ein intensives Gespräch des Paares. Halten wir zwei Dinge fest. Da ist einmal die ungewöhnliche Position am Fenster. Im weiteren Verlauf der Erzählung wird man immer wieder darauf stoßen. Und dann der Dialog. Der Autor versteht es, die neuen Möglichkeiten der Prosa zu nutzen und die Dialoge zu tragenden Elementen des Romans zu machen, die auch die Intensivierung des Psychologischen voranbringen. Geschickt

[52] Wirnt von Gravenberc, Wigalois, der Ritter mit dem Rade, hg. von J.M.N. Kapteyn, Bonn 1926, V 10182.

führt der Autor auf die entscheidende Aussage der Königin hin. Angesichts der weinenden Frau sagt der König: ‚Frau, was ist denn, warum weint ihr? Herr, sagt sie, ich habe allen Grund zum Weinen und ihr solltet euch ebenfalls nicht der Freude hingeben. Frau, das liegt mir ohnehin fern.‘ Worauf sie antwortet, ‚das ist auch recht so.‘ Und jetzt kommt sie zur Sache und erhält damit eine wichtige Rolle im Geschehen, wovon die ‚klassischen‘ Artusromane kaum etwas wissen. An einem Tag wie diesen, sagt sie, pflegte der Hof voll zu sein mit den besten Rittern – nichts mehr davon; auch von *aventure* keine Spur und *si e grant poor que Dex ne vos ait mis en obli*, Z 87. Zutiefst Weltliches wird also von der Königin in direkte Beziehung zu Gott gesetzt und nicht abgewertet. Artus gibt alles zu und gelobt Besserung. Und nun folgt wiederum ein Rollentausch, der das Vertraute verfremdet. Normalerweise erscheint jemand von außen am Hof, weist auf *aventure* hin, worauf die Ritter aufbrechen. Nun kommt der Anstoß nicht von außen, sondern aus dem Inneren des Artushofes, der Königin, die den König auffordert *la chapele Saint Augustin qui est en la Blanche Forest, que on ne puet trover se par aventure non* aufzusuchen, Z 91 f. Nun sind es auch nicht die Artusritter, die auf *aventure* aus sind, sondern der König selbst. Was bedeuten diese gravierenden Eingriffe ins traditionelle Bild von Artus, Königin und Hof – noch dazu an so exponierter Stelle wie dem Beginn eines großen Werkes? Doch nichts Geringeres als dass dieses Bild ‚korrigiert‘ und von Grund auf neu konzipiert wird. Schon aus dem bisher Gesagten geht hervor, dass dieses Neue u.a. darin besteht, dass die an sich religiös irrelevanten Werte und Errungenschaften der Ritterwelt, wie Festlichkeit, großartige Hofhaltung, Kämpfe, *aventiure* – *fin'amors* wird noch hinzukommen – ohne Abstriche in die extrem starke religiöse Grundausrichtung des Werkes integriert und vor religiöser Abwertung bewahrt werden sollen So wird Artus in seinen Anfängen als vorbildlicher Vorkämpfer der *nouvelle loi* dargestellt, er wird also aus seiner sprichwörtlichen Passivität herausgeholt, und überdies stellt der Roman über die betonte Historizität des Ganzen – *veritez de l'escriture* – indirekt die Beziehung zum geschichtlichen Artus Galfreds her, nicht ohne auch dessen Werk zu ‚korrigieren‘. Ein umfassendes Programm, woraus man schließen kann, dass interessierte Kreise in diesem Stoffbereich ein Potential sahen, dass für Sinnstiftung nutzbar zu machen sei.

Zurück zum Einsatz der Artushandlung. Auf das Gespräch folgt eine merkwürdige Episode. Der König erhebt sich, erblickt einen Knappen, den er für geeignet hält, ihn auf seinem Ausritt zu begleiten. Man erfährt, dass der Knappe sich schlafen legt und träumt. Daraus entwickelt sich eine selbständige Episode, wodurch der Eintritt in die Handlung Anteil an der Visionsliteratur erhält, was den Ausritt des Königs in ein seltsames Licht rückt. Es heißt, dass es dem Knappen *oit avis en sonjant*, Z 124, dass er in Eile König Artus nachritt, in einen großen Wald (!) gelangt, in eine Kapelle eintritt und dort vier *chandelabres d'or* erblickt. Er nimmt einen davon mit und reitet fort. Hierauf begegnet ihm ein hässlicher Mann mit einem zweischneidigen Dolch in der Hand, der ihn auffordert den Kandelaber herauszugeben, was der Knappe ablehnt, worauf ihm der Mann den Dolch bis an den Knauf in die Seite stößt. Der Knappe *qui gisoit en la sale a Carduell, qi ce ot songié, s'esveilla e cria a haut voiz:Sainte Marie ... aidiez car ge sui morz*, Z 159. Der Knappe beichtet, Artus zieht den Dolch aus der Wunde und der Knappe stirbt. Artus übergibt den Kandelaber der kurz zuvor erbauten Kirche Saint-Pol in London. Ein Traumgeschehen geht in Wirklichkeit über – auch das ist Mittelalter; ein drastisches Indiz dafür, auf Überraschungen gefasst zu sein. Die Visionsliteratur weiß Ähnliches zu berichten, so z.B. die Visio des Hl. Fursäus. Hier geht es um eine Brandwunde, die sich der Visionär beim Gang durch die Hölle zuzieht und die sich nach Erwachen als sehr real herausstellt. Artus muss nun, wie es sich für einen Artusritter gehört, alleine ausreiten. Was er dabei erlebt, wird die Wiederherstellung der Artusherrlichkeit ermöglichen, die die Grundlage für den neuen Artus-Gralroman, wie der Autor ihn konzipiert, bilden soll. Dieser Ausritt vereinigt dementsprechend auch exemplarische Religiosität und typisch ritterliche Bewährung.

Schon beim Anlegen der Rüstung und beim Besteigen des Rosses und Wegreiten gewinnt Artus an Statur. So fragt die Königin, wiederum aus der Fensterposition heraus, die anwesenden Ritter: *que vos samble du roi? ne samble il bien preudom?* Z 198, was die Ritter bestätigen, indem sie bedauern, dass Artus von seiner anfänglichen *courtoisies* und *largesces* abgewichen sei. Aus Raumgründen sei nur rekapituliert, was Artus auf seinem Ausritt widerfährt. Er tritt in *une forest aventureuse* ein, Z 202, womit man sich im Zentrum der traditionellen Artuslandschaft befindet. Dort stößt er prompt auf eine Einsiedelei mit Friedhof und offenem Sarg, in dem der Eremit mit gekreuzten Armen im Sterben liegt. Artus möchte verweilen, eine rauhe Stimme vertreibt ihn aber; in diesem Raum soll nämlich ein *jugement* stattfinden. Er vernimmt dann die Stimme von Engeln und Teufeln, die sich um die Seele des Verstorbenen streiten. Die Engelsstimme verstummt dann, was den König sehr betrübt, doch da erschallt die herrlich trostreiche Stimme einer Frau, die die Ansprüche der Dämonen zurückweist. Es ist *la doce Mere Dieu*, die die Seele des Verstorbenen, der den Großteil seines Lebens als Mörder und Räuber verbracht hat, aufnimmt. Mit der Einbeziehung der Gottesmutter, was sich übrigens leitmotivisch durch den ganzen Text verfolgen lässt, tritt ein wesentlich neues religiöses Element in den Gral-Artusstoff ein. Der Autor erweist sich damit auf der Höhe der Zeit, wenn man an Caesarius von Heisterbach – ‚Dialogus miraculorum' – denkt. Der Autor rundet die Episode ab, indem er hinzufügt, dass Josephes, der *de ceste estoire fet remembrance, nos dit que cist preudom ot non Calixtes*, Z 251. Artus ist beglückt, die Stimme *de la doce Mere Dieu* zu vernehmen und froh darüber, dass der Verstorbene gerettet ist. Die Nacht verbringt er in voller Rüstung und findet am Morgen statt des Sargs ein schönes Grabmal vor, das von einem Kreuz gekrönt ist, dazu *sanbloit que la chapele fust encenssee*, Z 260. Die religiöse Fundierung des Ausritts des Königs setzt sich fort. Artus trifft auf eine der vielen herumstreunenden Damen und erhält Auskunft über die *chapele de Saint Augustin*, Z 272. Er begibt sich dorthin. Die Messe hat noch nicht begonnen; er kann zwar seltsamerweise nicht ins Innere der Kapelle vordringen, wird aber Zeuge dessen, was dort vor sich geht. Es handelt sich um eine Marienerscheinung. Der Saint Hermites hat soeben mit dem *confiteor* begonnen, da sieht Artus zu dessen Rechten *le plus bel enfant*, Z 291, und zur Linken eine Dame von unvergleichlicher Schönheit. Es liest sich das wie die Bildbeschreibung einer spätmittelalterlichen betont innigen Darstellung Mariens mit ihrem Kind, doch das, was wie ein Bild aussieht, gewinnt Leben und greift in die Gestaltung der hl. Messe ein. Dazu stellt der Autor die Gottesmutter auf eine theologisch sehr präzise Weise dar. Maria, die ihr Kind *molt docement* liebkost, sagt nämlich zu ihm: *Sires, fet ele, vos estes mes pere, mes filz, e mes sire*, Z 298. Der Raum füllt sich dann mit gleißendem Licht, und während das Evangelium gelesen wird, übergibt Maria das Kind dem Zelebranten, der *si halte offrande* entgegennimmt und das Kind auf den Altar stellt. Nach der Präfation verwandelt sich für den knieenden Artus das Bild *e li sambla que li sainz hermites tenist entre ses mains i home sanglant o costé, e sanglant es paumes e es piez e coroné d'epines*, Z 315 ff. Die Verlebendigung, die sich da vollzieht, erfasst auch König Artus, der zu Tränen des Mitleids gerührt wird. Das *ite missa est* wird der Stimme eines Engels anvertraut und somit der Himmel selbst in dieses Gesamterlebnis einbezogen. *La flanbe qui descendue estoit parmi la verriere* (!) entschwindet mit der ganzen Erscheinung. Eine vergleichbar intensive Textpassage – auch kunstgeschichtlich wertvoll – worin die unterschiedlichsten Ebenen – bildliche Darstellung, visuelle Erscheinung, Jenseitiges, Heilsgeschichtliches – eingebettet in die real sich vollziehende Liturgie mit Einschluss des Betrachters vergegenwärtigt werden, ist mir nicht bekannt, und dies im Rahmen eines Artusromans. Man muss da schon zu den Mystikern und Visionären greifen. Dieses selbstverständliche Ineinandergreifen unterschiedlicher Wirklichkeitsebenen ist symptomatisch für eine uns einseitig rational geprägte Wesen nicht mehr verfügbare Fähigkeit mittelalterlichen Denkens. Diese Eigenschaft ist auch auf die mittelalterliche Literatur und deren Wirklichkeitsverhältnis und Wahrheitsverständnis zu übertragen.

Nach der Messe kommt es zu einem Gespräch zwischen dem Einsiedler und König Artus. Der Einsiedler weiß um Artus und dessen Vater. Er erklärt, dass Artus der Zutritt ins Innere der Kapelle während der Messe wegen seiner *pechié* versperrt war. Man erfährt, dass diese Sünde in der Vernachlässigung der typischen und im Grunde mondänen arturischen Werte und Errungenschaften liegt. Artus sei schließlich *li plus riches rois du mont e li plus poissanz e li plus aventurex, sie devroi a vos toz li mondes prendre essanple de bien fere e de largesse e d'oneur: es vos estes li essanples de vilenie fere a toz les riches homes qui or sont*, Z 334 ff. Gott habe ihm aber die Chance gegeben, sein Leben *amender en bien*. Der Einsiedler warnt Artus vor den Folgen weiteren Nichtstuns und ermahnt ihn zur Umkehr. Von besonderem Interesse ist sein Insistieren auf *aventure*. Er konnte damit unmöglich bloß die bizarren und ungeheuerlichen Geschehnisse, von denen die Romane zu handeln pflegten, meinen. Wollte der Autor auf die Möglichkeiten aufmerksam machen, die von der Etymologie her – *advenire, adventus* – dem Begriff eigen sind und somit diesen fast schon zum Modebegriff verkommenen Terminus neue Ausblicke auch ins Transzendente eröffnen? Zur erfolgreichen Umkehr, so der Einsiedler, gehöre auch *essaucier la loi qui est renovelee par la mort du Saint Prophete*. Es folgt ein Hinweis auf die unterlassene Gralsfrage und auf die schlimmen Folgen, die das nach sich zog, ohne dass hier – im Gegensatz zu Z 643 – ein Zusammenhang hergestellt würde mit dem Verfall der Artuswelt. Interessant auch die Feststellung, dass die Begebenheit mit der unterlassenen Frage erst *novelement avenuz* sei, Z 350, ein Hinweis, der uns noch beschäftigen wird. Artus verspricht Besserung und der Einsiedler empfiehlt ihn Gott. Damit wäre der Weg frei für typische *aventure*, also auch für den Zweikampf im Sinn der Definition des Kalogreant, was aber vom Einsiedler als üble Folge der unterlassenen Gralsfrage verurteilt worden war, Z 354. Artus bricht auch aus diesem Schema aus, indem er den schrecklichen Ritter, der auf einem schwarzen Pferd auf ihn einstürmt, zur Rede stellt, statt auf ihn loszugehen. Artus will also von einem bloßen Kampf *senz resnable achoison* nichts wissen und fragt: *Sire chevalier de coi me haez vos?* Z 370. Der Gegner muss Rechenschaft geben und gibt als Grund seiner Feindseligkeit den gestohlenen *Chandelabre d'or* an. Eine völlig unerwartete Anknüpfung an die nächtliche Vision des Knappen, die ihrerseits bereits fundamental andersartige Aspekte mittelalterlichen Denkens veranschaulicht, was nun, in Verbindung mit dem Abenteuer des Königs Artus potenziert erscheint; ein Indiz dafür, dass man sich in einer Vorstellungswelt bewegt, in der gleichsam alles mit allem zusammenhängt und demnach miteinander verbunden werden kann. Dementsprechend weiß auch der feindliche Ritter genau über Artus Bescheid, wenn er, wie vorher der Einsiedler, auf das Fehlverhalten des Königs hinweist: *vos estes li roi Artus qui ja fu buens, or estes mauvés*, Z 374. Der Gegner kann dann Artus eine Wunde zufügen, doch seine brennende Lanze, die erst im Blut des Gegners zu erlöschen pflegt, verlöscht bei Artus, was ein positives Signal ist. Artus tötet dann auch den Feind, schlägt ihm das Haupt ab und kehrt zur *damoisele* zurück, die ihn bittet, ihm das Haupt des Erschlagenen zu bringen. Mit dessen Blut heilt sie die Wunde des Königs und dann gibt sie ihm Auskünfte über Pellesvax, den *mieldres chevaliers du monde*, Z 474. Wie man sieht, hat es sich der Autor angelegen sein lassen, den Abenteuerausritt des Königs Artus entsprechend ‚aufzuladen'.

Artus kehrt nach Kardueil zurück, ein neuer Abschnitt im Leben des Königs und darüberhinaus kann beginnen. Der Autor hat sich damit eine Ausgangsposition geschaffen, die sein Werk scharf von anderen Artusromanen abhebt. So wird Artus, der von seiner *aventiure* heimgekehrt ist, auf glanzvolle Weise neu eingekleidet, gleichsam eine neue Inthronisation, auf die nun die aus den Romanen bekannte Einleitungsszene folgt. In seinem Bericht über sein Abenteuer im Wald und seine Begegnung mit der *damoiselle* erzählt er, dass das Fräulein ihn ob seines Namens geschmäht habe, was wiederum zu einem hübschen Dialog zwischen Artus und Königin führt, Z 557 ff. Artus ergänzt seine Mitteilungen durch den Hinweis, dass im Wald eine *vois* ihn *molt conforté* habe, indem sie ihm ankündigte, *que Dex me mandoit que je tenisse cort prochienement, e ge verroie la plus bele aventure avenir que ge onques veisse*, Z 560 ff. Der nächste Hoftag findet also auf Anordnung Gottes statt und wird die schönste *aventure* bringen. Auch der Termin für den auf diese Weise vorbereiteten Hoftag ist neu, es ist der Tag von Johannes dem Täufer. Die Geladenen wundern sich auch, dass der Hoftag nicht zum üblichen Termin stattfindet: sie wissen nicht, dass mit der Abenteuerfahrt des Königs sich eine Terminverschiebung ergeben hat, die einen Neubeginn ermöglichte. Diese Terminverschiebung auf das Fest Johannes des Täufers findet im Text ihre Begründung. Es geht da um das Schwert, mit dem Johannes der Täufer enthauptet wurde und das in enge Beziehung zum heiligen Gral gesetzt wird. Gawein wird dieses Schwert gewinnen, siehe oben, und es dem Fischerkönig übergeben, Z 2007 f, 2372 f, 1718. Der Termin, in den üblichen Artusromanen eine leere Formel, füllt sich hier mit biblisch-historischem Inhalt! Der Festsaal wird auf Hochglanz gebracht, die Sonne strahlt durch die *verrieres de totes parz*, Z 593, und süßer Duft erfüllt den Raum; das ist wohl nicht nur höfische Dekoration!

Auf der Grundlage dieses erneuerten Artushofes kann sich der Erzählkomplex vom heiligen Gral entfalten. Mit dieser strukturellen Botschaft wendet sich der Autor an das Publikum aus der Artus-Gralgemeinde. Es taucht nun auch kein Provokateur am Hofe auf, sondern es erscheinen drei seltsame Damen. Deren Vornehmste bringt Kunde vom Gral. Die weiter oben schon erwähnte Verbindung des Niedergangs des Artushofes mit der unterlassenen Gralfrage, die von dieser Dame hergestellt wird, verstärkt den Zusammenhang der beiden Bereiche. In ihren Worten wird Artus zum *mireoirs au siecle de bien fere o de mal*, Z 645. Die Damen hinterlassen neben einem Jagdhund einen besonderen Schild, der an einer Säule aufgehängt werden soll. Dieser Schild stammt von Joseph (von Arimathäa), dem *buen soudoier qui Dieu descendi de la croix*, Z 623. Ein bestimmter Ritter wird mit diesem Schild *conqerra le Graal*, Z 627.

Die Damen verlassen Artus und treffen auf einen Ritter, mit dem sich ein Gespräch ergibt. Es ist Gawein, der seit Wace als der typische Artusritter im Mittelpunkt steht. Die Dame ist begeistert, dass sie Gawein vor sich hat: *Dex soit aorez, si buen chevalier com vos estes*, Z 713. Mit dem Auftreten Gaweins wird die arturische Grundlage des Folgenden erhärtet. Die Handlung wechselt nun über zu den Artusrittern, was ob der Vielzahl der Handlungsstränge - Erzählprinzip des *entrelacement*! – hier nicht nachgezeichnet werden kann. Wir betrachten kursorisch, was es weiterhin mit Artus auf sich hat. Nach der aufwändigen Artusexposition ist nicht zu erwarten, dass die Rolle des Königs sich auf einige wenige konventionelle Auftritte beschränken würde, und es kommt auch zu überraschenden Eingriffen in die Überlieferung. Da der Autor des ‚Perlesvaus', wie erwähnt, sich mehrfach wörtlich auf Chrétiens ‚Perceval' bezieht, ist mit einer gewissen Percevalpräsenz in seinem Werk zu rechnen. So erscheint bei Chrétien der walisische Waldbursche am Artushof. König Artus rührt sich nicht und schweigt, V 924. Der Bursche hält es für ausgeschlossen, dass dieser König jemanden zum Ritter machen könnte und wendet abrupt sein Pferd, das bei dieser Bewegung dem König die Kopfbedeckung abreißt, was Chrétien maliziös mit *sanz nul fable*, V 935, kommentiert. Ein schlafmützziger, passiver Souverän also. Sollte da kein Zusammenhang bestehen mit dem zu neuer Aktivität aufbrechenden Artus des ‚Perlesvaus'? Abgesehen von der Exposition wird es auch im weiteren Verlauf der Handlung zu bedeutenden Auftritten des Königs kommen. Das gilt gleichermaßen für die Königin, was sich schon in der Exposition angekündigt hat, und worin sich u.a. der ‚Perlesvaus' von den meisten Artusromanen unterscheidet. So schwenkt z.B. Z 4001 f die Handlung von Perceval wieder über zu Artus. Artus sitzt mit der Königin zu Tisch. Es erscheint eine *damoiselle*, die sich über ihr Unglück beklagt und Artus um ein *don* bittet. Das lässt an das typisch arturische *don contraignant* denken, eine Art Perversion der sprichwörtlichen Generosität des Königs, wovon der Eingang zu Chrétiens Karrenritterroman ein abschreckendes Beispiel bietet: Artus wird da seine Gemahlin herausgeben. In solche Schwierigkeiten bringt der Autor des ‚Perlesvaus' seinen König nicht. Das Fräulein bittet, dass ihr Artus die Unterstützung jenes Ritters verschaffe, für den der Schild an der Säule bestimmt sei, was Artus natürlich versprechen kann. Woher das Fräulein um den Schild weiß, braucht nicht begründet zu werden; in dieser Vorstellungswelt gibt es eben Zusammenhänge, die nicht hinterfragt werden. Dieser Ritter sei *bon chevalier.* Im selben Atemzug erfährt man, dass das Fräulein ihren Bruder sucht, der, es handelt sich um Perlesvax, wie sich herausstellen wird, mit diesem Ritter identisch ist. Nebenbei bemerkt, spielen Identitätsprobleme eine große Rolle, was genauer untersucht werden müsste. Der Hund begrüßt entgegen seinem üblichen Verhalten das Fräulein mit großer Freude. Nun nimmt sich die Königin ihrer an und erfährt, dass ihr Bruder *un des meilleur chevaliers* sei. Ihre Mutter befinde sich aber in einer sehr prekären Lage und habe sie ausgesandt, nach ihrem Bruder zu suchen; sein Name sei Perceval, Z 4051-4069. Immer wieder fällt dabei der wichtige Begriff *meilleur chevalier.* In der folgenden Nacht taucht dann dieser *chevalier* am Hofe auf, um gleich wieder zu verschwinden.

Der Autor führt auf ungewöhnliche, ja einmalige Weise auf diese kurze Episode hin, was ihr eine Bedeutung verleiht, deren tieferer Sinn nicht leicht fassbar ist. Wie zu Beginn des Romans, dort die Wende im Verhalten des Königs einleitend, geht es auch hier um eine Fensterschau und auch hier geschieht Ungewöhnliches, die Ankunft des *meilleur chevalier.* Es heißt, dass Artus erwacht und nicht mehr einschlafen kann, Z 4077 ff: *Il se leva et vesti une grant jupe grise. Il issi fors de la chanbre et vint as fenestres de la sale apuier, qui ouvroient devers la mer. Il vit les estoiles cleres ou ciel et flanboians, et l'air cler et pur et la nuit coie et serie. Il vit la mer pesibles et sanz tormente, si li plot molt li regarders et li apuiers as fenestre.* Es erscheint auf dem Meer *come clarté d'une chandoile* und er erkennt ein Schiff, das sich nähert. Bei diesem Blick hinaus übers Meer denkt man an den *raptus*, der dem hl. Augustinus und seiner Mutter in Ostia zuteil wurde, und beim Aufblick zum nächtlichen Himmel und den Sternen möchte man an eine Vorwegnahme von Eichendorffs ‚es schienen so golden die Sterne, am Fenster ich einsam stand …' denken; beim Romantiker herrscht dann das Akustisch-Musikalische vor, beim mittelalterlichen Autor ist es das Schauen. Beim Motiv von einem seltsamen Schiff ist nicht nur an die keltische Mythologie zu denken, sondern auch an religiöse Schiffsymbolik. Immer wieder taucht es in diesen Texten auf. Hier geht es um die Ankunft des *bon chevalier*, der sich an den Hof begibt, vom Hündchen freudig begrüßt wird, den für ihn bestimmten Schild an sich nimmt, wie vorhergesagt, und sogleich wieder entschwindet. Dem König kündigt er an, dass er wiederkommen werde.

In Parenthese ein kurzer Exkurs:

Wenn in diesem Text ein König Artus gezeigt werden kann, dem der Anblick des Sternenhimmels und der friedlichen See – im Mittelalter herrscht eher das Bild vom *tobenden wilden se* vor! – tiefe Befriedigung verschaffen kann, so zeugt dies von einer Sensibilisierung des Menschen, wie man das aus den vorausgehenden Dichtungen aus dem Umfeld der matière de Bretagne nicht kennt. Dort geht der Autor nur mittels topischer Aussagen auf Landschaftliches ein, etwa in Gottfrieds Schilderung der Umgebung der Minneklause oder in den Angaben zum Auszug des Waldburschen Perceval/Parzival. Die Blutstropfenszene im Parzival nimmt die Natur nicht als solche zur Kenntnis, sie ‚vergewaltigt' sie eher, wie man überspitzt formulieren könnte, wenn die an sich neutralen Naturelemente Blut und Schnee zu Spiegelungen des Menschlichen werden. In der ‚Mort Artu', um vorzugreifen, präzisiert sich dann der Blick auf die Außenwelt in einer Weise, die man fast als Vorahnung auf neuzeitliche Heimatgefühle verstehen könnte; dazu ist es nicht mehr der Autor, der etwas beschreibt, sondern der Protagonist Lancelot, der äußert, was ihn innerlich zutiefst bewegt; gut eineinhalb Seiten verwendet der Autor darauf! Es wird erzählt, dass Artus die Königin wieder aufgenommen hat, dass aber Lancelot sich ins Land jenseits des Meeres zurückziehen muss. Lancelot besteigt das Schiff und blickt zurück *regarda la terre et le pais*, S. 162 ff, bricht in Tränen aus und sagt zu sich selbst: *Hé, douce terre, pleine de toutes beneurtez … nus ne pourroit estre en si dolce pais com cist est qui ne fust bieneurez que nus autres.* Er starrt zurück *tant comme il pot veor le pais, il le regarda, et quant il en ot perdue la veue* ging er zu Bett und versank in tiefste Trauer. Typisch für mittelalterliches Empfinden ist die Bindung an das Schauen – *regarder, veor, la vue* – das ja auch die Religiosität zutiefst prägte. Man achte auch auf das kostbare Beiwort *douce*, das man vor allem aus den Chansons de geste kennt, wo es gerade zu penetrant auf das Land, *la France*, bezogen ist! (Es klingt nach, wenn die Franzosen von *La France* als dem *doux pays de mon enfance* sprechen, was sich im *sweet home* der Amerikaner wiederfindet.) Wie heimatliche Empfindungen dieser Art im 13. Jahrhundert literarisch erlebbar werden, lässt sich auch an altnordischen Zeugnissen belegen. So berichtet Snorri Sturluson († 1241) in seiner großangelegten Saga von Olaf dem Heiligen, wie dieser aus dem Exil zurückkehrt (Kap. 201) und wie ihm da bewusst wird, was sein Land für ihn bedeutet. Entgegen seiner üblichen Leutseligkeit ist er still und in sich gekehrt. Auf entsprechende Fragen antwortet er, ihm sei beim Marsch von Schweden übers Gebirge ein Ausblick hin über Norwegen zuteil geworden, schlagartig sei ihm bewusst geworden, wie glücklich er in diesem Land gewesen sei. Und der isländische Nationalheld Gunnarr frá Hlíđarendi, der zu drei Jahren Exil verurteilt ist, reitet schon hinab zum Schiff, um Island zu verlassen. Da stolpert das Pferd, er fällt aus dem Sattel und da wird ihm ebenfalls ein Blick zurück zuteil, auf den Berghang, die Äcker und Wiesen, die ihm noch nie so schön erschienen seien. Er bricht nun sogar die Vereinbarung, geht nicht ins Exil und verliert schließlich sein Leben (Njálssage Kap. 75).

Wir überschlagen Manches und wenden uns dem zweiten Teil und dem Schluss des Romans zu. Der Autor überrascht den Leser erneut mit seiner Neufassung der Artusgestalt, die er in der Exposition angekündigt hat und die mit der Tradition bricht, sowohl mit der, die Galfred und Wace vertreten, als der der Artusromane. Der Aktionsraum dieses Artus ist nun nicht begrenzt auf ritterliche *aventure*, abgehoben von der Wirklichkeit, sondern gewinnt zusehends Anteil an der mittelalterlichen Realität von Kriegen und Feudalfehden, was man aus den Chansons de geste kennt und was sich mit dem in der Exposition schon angelegten Thema von der Ausbreitung der *nouvelle loi* und der Vernichtung des Irrglaubens verbindet. Mit dieser Öffnung können auch andere Erzählmuster – z.B. aus der sogenannten Heldendichtung – ansatzweise zur Geltung kommen, wie etwa das Motiv vom bösen Ratgeber und die Thematik von Herr und Lehensmann.

Mit dieser Bereicherung verbunden ist der Verzicht auf die Schilderung des historisch geprägten Untergangs des Königs Artus, wie sie seit Galfred und Wace das Wissen um das Artusreich bestimmte. So erfährt man nichts über den Angriff aus Rom, über einen zunächst siegreichen Feldzug des Königs Artus, nichts vom Verrat des Modret und der Schlacht auf Salisbury plain und der Entrückung des Königs auf die Insel Avalon. Derart gravierende Eingriffe in eine festgefügte Überlieferung bezeugen, wie ‚originell‘ ein mittelalterlicher Autor sein konnte. Wir setzen an späterer Stelle des Textes ein. Man erfährt, dass es zu erfolgreichen Angriffen auf arturisches Territorium kommt. So fällt ein gewisser Madaglan in Arbanie ein, woraus sich Lancelot gerade zurückgezogen hat, verwüstet das Land und tötet die Gläubigen, die sich nicht dem Götzendienst zuwenden wollen. Artus schickt seinen Vertrauten Briens des Illes aus zur Abwehr. Dieser hasst aber insgeheim Artus und richtet deshalb auch nichts aus. Die Leute dort setzen vielmehr ihre Hoffnung auf Lancelot. Brien, besiegt, versucht nun Lancelot beim König anzuschwärzen mit der Kunde, er würde von der Bevölkerung dieser Gebiete zum König gemacht werden, Z 8274 f. Artus geht zunächst nicht darauf ein, der Autor fügt aber hinzu, dass der König leichtgläubig ist. Dann heißt es, dass sich das Verhältnis des Königs zu seinen prominenten *chevaliers* trübt, vor allem deshalb weil Artus dem bösen Ratgeber Briens mehr vertraut als ihnen; die meisten verlassen nun den Hof *por querre aventures*, Z 8497. Man ist also wieder dort angelangt, wo die Artushandlung zu Beginn des Werkes einsetzte. Doch nun sind die Folgen besonders negativ. Der Feind bedrängt Artus immer stärker und dieser vermisst die Anwesenheit Lancelots sehr. Schließlich erscheint Lancelot zur Freude des Königs, greift erfolgreich in die Kämpfe ein, rottet den Irrglauben aus und *fist faire crucefiz e ymages a la senblance Nostre Saignor e sa douce mere por cax del roiaume meuz conforter en la loi*, Z 8544. Der böse Ratgeber überzeugt aber nun Artus, dass Lancelot sich zum König der befreiten Länder ausrufen lasse, um sich dann des Reiches zu bemächtigen. Artus zitiert Lancelot an den Hof, wo er nach heroischer Gegenwehr überwältig und ins Gefängnis geworfen wird. An diesem Punkt des Geschehens wird nun das aus den Chansons de geste stammende Thema der Vasallität akut, das in der Artusdichtung ja keine Rolle spielt, wie man schon der bloßen Existenz der Tafelrunde entnehmen kann. Nun geht es um das Verhältnis Herr und Vasall, wenn Artus sagt *car adés doit avoir li sires poissance desor son chevalier, e estre cremuz e doutes de lui* … Z 8607. Von Lancelot heißt es, dass er *se mervella molt por coi li rois li faisoit ce, ne donc cele haine estoit venue si novelement*, Z 8653. Im Text folgt nun ein langer Abschnitt, der Perceval gewidmet ist. Im Anschluss daran knüpft die Handlung, gemäß dem Prinzip des entrelacement, wieder an das Geschehen am Artushof an. Gawein trifft einen *chevalier*, der ihm berichtet, was Artus auf Betreiben Briens hin angeordnet hat, Z 9420. Der *chevalier* rühmt die Taten Lancelots, besonders dessen Verdienst um die Auslöschung des Irrglaubens. Artus droht nun große Gefahr durch König Claudas, den man auch aus dem Prosalancelot kennt. Artus ist *molt esmaiez*, Z 9451, weil weder Gawein noch Iwein noch die übrigen *bonx chevaliers* am Hofe sind. Und wie am Beginn des Romans die Situation am Fenster die Wende im Verhalten des Königs einleitete, so nun auch gegen Ende des Werks. Artus, *molt pensis e estoit apoiez a une fenestres*, Z 9455, denkt an die verstorbene Gattin, die bei der ersten Fensterszene die entscheidende Stimme war, und an seine *bons chevaliers*. Es kommt auch zu einem dieser wirklichen Dialoge, diesmal mit Lucan dem bouteillers. Es geht um Lancelot, von dem allein Hilfe zu erwarten wäre. Aus der traurigen Bilanz, die Artus zieht, geht hervor, dass er, der Herr, ohne seine *meilleurs chevalier*, seine Vasallen, machtlos ist. Auf den *chevalier* war ja schon die Einleitung angelegt. In der entschiedenen Aufwertung dieser Gruppe wird man also ein Hauptanliegen des Autors sehen dürfen – das ist nicht Fiktion! Lucan schenkt Artus, dem Herrn, nichts, rügt sein Vertrauen gegenüber dem bösen Ratgeber und sein Verhalten gegenüber Lancelot. Artus sieht sein Unrecht ein. Lucan weist Artus auf die Gefahr hin, dass er sein Land durch *traison* verlieren könne, Z 9486. Das Stichwort *traison* evoziert die maßgebende Überlieferung vom Untergang des ‚historischen' Artusreiches durch den Verrat Modrets, des Neffen bzw. Sohns des Königs. Davon will aber der Autor des ‚Perlesvaus' also nichts wissen. Der Autor sieht die Artusgeschichte eben neu. Artus lässt Lancelot an den Hof bringen. Es entspinnt sich wieder einer dieser lebensnahen Dialoge, worin es nun um die zentralen Begriffe und Werte der realen Feudalgesellschaft geht, um Herr und Vasall, um Felonie und Verrat, das vorgegebene Geschehen um Modret wird aus dem familiären Bereich gelöst und ins Feudalrechtliche übertragen. Ein durch die Haft ausgemergelter Lancelot erscheint also vor Artus *mes il avoit la contenance e le regart autretel com il soloit. Nul ne l'esgardast qu'il neli semblast estre bon chevalier*, Z 9488 f. Artus bereut sein Verhalten – *ge sui repentanz* – und Lancelot erweist sich als vorbildlicher Vasall: *vos estes mes sires, e se vos me fetes mal, li blasmes en iert vostres. Mes, se Diex plest, por rien que vos m'aiez fet, m'aide ne vos faudra, ainz metré mon cors partout en aventure por vostre amor maintenir, autresi com g'e fet maintes foiz*, Z 5001 ff. Als kurzes Nachspiel fügt der Autor noch ein Gespräch zwischen Artus und dem Verleumder Brien an. Dieser verkündet, dass er Lancelot, der ihm bei der Verhaftung eine Wunde zugefügt hat, hasse und dass er den Hof verlassen wolle. Artus möchte ihn seltsamerweise noch halten, doch Brien begibt sich zu seinem Verbündeten Claudas. Damit ist im ‚Perlesvaus' der Artuserzählstrang, der so versprechend begann, ganz unspektakulär an seinem Ende angekommen. Zweimal erfährt man noch, dass sich jemand an den Artushof begibt; das ist alles. Wie immer man das deutet, es liegt eine Korrektur und Neufassung der Artusgestalt vor. Die Szene wird eben von den *chevaliers* beherrscht, und das ist Programm. Dabei geht es in erster Linie um die drei *chevalier*, Gawein, Lancelot, Perlesvaus, wobei es zu bemerkenswerten Differenzierungen kommt. Bei aller Bedeutung, die natürlich Perlesvaus zukommt – vor allem wegen seiner Beziehung zum Gral, was hier nicht weiter ausgeführt wurde, brachte das keineswegs erzählerische Höhepunkte hervor. Ihm gilt natürlich der Schluss des Werkes. Perlesvaus lässt Artus grüßen, sowie Gawein und Lancelot und teilt ihnen voll Dankbarkeit mit, dass er sie nun nicht mehr sehen werde, Z 10092 ff. Vom Gewährsmann Josephes erfährt man, dass er sich auf das *chastel* zurückzog, wo seine Mutter und Schwester leben und *que il onques ne s'en mut por nule aventure querre, ainz avoit si son corage atorné au Sauveeur du mont e a sa douce mere*, Z 10125 ff. Sie führen ein heiligmäßiges Leben. Nach dem Tod von Mutter und Schwester vernimmt er eines Tages *une voiz*, Z 10135, die ihn auffordert, die Reliquien, die es da gibt, an die Einsiedler im Wald zu verteilen. Dazu erfährt er, dass der heilige Graal nicht mehr erscheinen werde; er werde aber bald erfahren, wo er sich befindet. Die Einsiedler bauen nun *eglises e mesons de religion*. Den Abschluss bildet erneut eine Fensterszene, Z 10147 ff, als Entsprechung zur Fensterszene, in der die Königin und Artus sich zu Beginn des Romans befinden und vor allem zu der nächtlichen Fensterschau des Königs. Wie einst Artus blickt nun Perlesvaus hinaus aufs Meer. Es erscheint ein Schiff mit weißem Segel und rotem Kreuz darauf. Auf dem Schiff befinden sich Männer in liturgischen Gewändern. An Bord sind auch kostbare Gefäße. Die Männer legen die Leichname zweier *chevalier* in einen Sarg, dazu den *Roi Pescheur* und die Mutter. Den Leichnamen entströmte ein unvergleichlich süßer Duft. Perlesvaus besteigt das Schiff. Das Schiff legt ab und *unes voiz ... les commanderent a Dieu e sa doce mere*, Z 10160. Das Boot der keltischen Mythologie wird religiös vereinnahmt.

Die zentrale Gestalt der Graldichtung ist Perceval. Von Wolfram wird das mit besonderer Sorgfalt herausgearbeitet, was schon für seine Vorlage zutrifft. Da der Autor des ‚Perlesvaus‘ sich nachweislich mit wörtlichen Zitaten auf Chrétien zurückbezieht, ist zu fragen, wie es sich damit in seinem Werk verhält. Der breite Raum, den er Gawein zuweist, hat seine Entsprechung im ‚Conte del Graal‘, doch da ist der Dritte im Bunde, Lancelot, der in Chrétiens Gralroman überhaupt nicht vorkommt, im ‚Perlesvaus‘ aber eine Bedeutung erlangt, die den offiziellen Protagonisten in den Schatten zu stellen droht, was die erzählerische Substanz betrifft. Eine Neuerung von großer Tragweite, denn Lancelot ist nicht irgendein Ritter. Bei der Überschaubarkeit der damalige literarischen Produktion ist es unwahrscheinlich, das dem Autor des ‚Perlesvaus‘ der Karrenritterroman Chrétiens unbekannt gewesen sein könnte. Die Einbeziehung Lancelots in die Gralgeschichte, die auch im Prosalancelot mit ‚Queste‘ und ‚Mort Artu‘ vorliegt, ist überdies ein Phänomen von beachtlicher Breitenwirkung. Der ‚Perlesvaus‘ leistete dazu einen speziellen Beitrag. Verglichen mit Lancelot wirkt in diesem Werk die Figur des Perlesvaus ziemlich flach, weil weitgehend problemlos; so löst z.B. die unterlassene Frage keine Krise aus. Gawein gewinnt schon schärfere Konturen, doch es ist Lancelot, bei dem das Humanum in überraschender Eindringlichkeit fassbar wird. Bei einem so umfangreichen Werk mit extrem religiöser Ausrichtung, worin Ehebruch kein Kavaliersdelikt sein konnte, lässt das aufhorchen. Bezieht man den Prosalancelot mit ein, so muss man erkennen, dass man es offenbar mit einem zentralen Problem der literarisch interessierten höfischen Gesellschaft zu tun hat. Gehen wir von Chrétiens Karrenritterroman aus, um die Spannweite dieses Problems anzudeuten. Wie man dem ‚Lanzelet' Ulrichs von Zazighoven entnehmen kann, wird es eine anspruchslose Überlieferung über den *wîpsaeligen* Lanzelet gegeben haben. Chrétien, auf Inspiration seiner Mäzenin hin, bringt diesen Stoff auf literarische Höhen, indem er gerade die ‚Vielweiberei' Lanzelets in ihr Gegenteil verkehrt und ihm den Geist der *fin'amors* einhaucht. Wie weiter oben angemerkt, sehe ich darin ein literarisches Experiment, in dem leicht spielerisch und nicht ohne sachte Ironie diese *fin'amors* in ihren extremen Konsequenzen vorgeführt wird. Das Religiöse, von dem reichlich Gebrauch gemacht wird, ist Mittel zum Zweck der Stilisierung und stellt kein Problem dar, das den Ritter Lancelot innerlich beschäftigen würde. Im ‚Perlesvaus' ist das nun anders, was nicht ohne Folgen ist für Wesen und Funktion dieser Dichtung und deren Sitz im Leben. Aus den Höhen des literarischen Spiels um *fin'amors* wird die Liebe wieder auf den Boden der Wirklichkeit zurückgeholt im Wissen um die Sündhaftigkeit. Das vollzieht sich aber nicht in Form plumpmoralischer Anklage, vielmehr wird mit erstaunlicher Intensität und Anteilnahme der betroffene Mensch in den Blick genommen. Im Roman Chrétiens besorgt der Autor die religiöse Ausstaffierung des Minnegeschehens – Reliquienkult, Nachtlager als Altar; aus dem Mund Lancelots erfährt man wenig dazu. Im ‚Perlesvaus' kommt der minnende *chevalier* Lancelot selbst zu Wort und lässt uns teilhaben an seinem existenziellen Problem. Das Beichtgespräch Lancelots beim Einsiedler, dem der Autor zwei Seiten widmet, ist ein Dokument, das in der Unmittelbarkeit seiner Religiosität und Menschlichkeit sich mit entsprechenden Äußerungen Abälards und Heloisens vergleichen lässt. Es heißt, dass Lancelot sich dem Ort nähert, an dem der Gral erscheinen soll, und dass er beichten will. Bevor wir näher auf diese Episode eingehen, die ein geistes- und frömmigkeitsgeschichtliches Zeugnis ersten Ranges darstellt, bietet es sich an, die Textgrundlage zu erweitern und so wenden wir uns abschließend der ‚Queste' und der ‚Mort Artu' zu, die weitere Aspekte des Neuerzählens erkennen lassen und behalten dabei vor allem Lancelot im Auge. Das Eindringen dieser unheiligen Gestalt in die *saintisme estoire du Graal* und der Rang, der ihr darin zuteil wird, sind ein merkwürdiges Phänomen in der Entwicklung der Artus-Gralgeschichte. Ich spreche bewusst vom Eindringen und nicht so sehr vom Einbeziehen, um damit auszudrücken, dass dieser problematischen Gestalt eine Dynamik innewohnte, der sich die maßgebende Literatur nicht entziehen wollte. In der Darstellung des ‚historischen' Artus bei Galfred und Wace steht das Ehebruchthema in enger Verbindung mit dem Untergang des Königs und folgt dem heldenepischen Muster des Familiendramas. Modret, Neffe des Königs, erhält die typische Rolle des Verräters. Die Verlagerung von diesem Verrätertyp auf den idealisierten Artusritter Lancelot stellt nichts Geringeres dar als die Schaffung einer neuen dichterischen *materia.*

Meines Wissens geht die Forschung mit guten Gründen davon aus, dass die ‚Queste‘ jüngeren Datums ist als der ‚Perlesvaus‘. Da stellt sich die Frage, ob dem Verfasser der ‚Queste‘ die Existenz eines so umfangreichen Werkes wie ‚Perlesvaus‘ verborgen geblieben sein konnte, was m.E. unwahrscheinlich ist beim damaligen Literaturbetrieb. Die ‚Queste‘ wäre dann ebenfalls als bewusster Neueinsatz zu verstehen. Der ‚Perlesvaus‘ beruft sich zwar, schon im ersten Satz, auf die Geschichte vom heiligen Gefäß, das man Gral nennt, im Text geht es aber in erster Linie um die *chevaliers.* Der Verfasser der ‚Queste‘ konnte sich veranlasst gesehen haben, dem Thema Gral das ihm gebührende Gewicht zu verleihen. Die Exposition setzt dafür ein deutliches Signal, das in eine andere Richtung weist als die Einleitung zum ‚Perlesvaus‘. Die ‚Queste‘ setzt mit der typischen Artussituation ein: Pfingsten in Kamaalot, versammelte Tafelrunde, Vorbereitung zum Mahl. (Es fällt auf, dass in manchen ‚nachklassischen‘ Artusdichtungen die Eingangssituation besonders elaboriert wird. Wir konnten das am ‚Perlesvaus‘ beobachten, und Heinrich von dem Türlin in seiner ‚Krone‘ bietet ein besonders aufwändiges Beispiel dafür – also auch sprachübergreifend.) Die ‚Queste‘ weist eine mehrfach gestufte Eingangssituation auf mit geballtem Einsatz von *aventiure.* Die eigentliche Handlung, in diesem Fall die *queste,* beginnt erst viele Seiten später. Eine besondere Überraschung stellt die Tatsache dar – man möchte sogar von einem Knalleffekt sprechen -, dass bereits in der an sich herkömmlichen Artusexposition der Gral erscheint und somit das Gralthema ostentativ in den Mittelpunkt gerückt wird. Doch der Reihe nach.

Der Einbruch von Außergewöhnlichem – die Forschung hat dafür das Bild des von außen kommenden Provokateurs – am Artushof pflegt die Handlung in Gang zu setzen. In der ‚Queste‘ besteht diese Handlung in der *queste del saint graal,* zu der die Ritter der Tafelrunde aufbrechen werden, und dementsprechend bietet der Autor mehr auf als eine traditionelle ‚Provokation‘; er lässt dagegen eine *merveilleuse aventure* auf die andere folgen. Zuerst erscheint eine *damoisele,* die Lancelot auffordert, mit ihr *jusqu'en sele forest* zu reiten. Dort soll er in einem im Tal gelegenen Kloster – die Situation im Tal spricht für Zisterzienser – einen Jüngling, es handelt sich um Galaad, Lancelots Sohn, zum Ritter schlagen. Nach Lancelots Rückkehr am folgenden Tag zeigt sich am *siege perilleux* der Tafelrunde eine Inschrift, wonach nun, 490 Jahre nach Christi Tod, dieser Sitz seinen Inhaber erhalten werde. Als nächstes taucht im Fluss ein roter Marmorblock auf, in dem ein Schwert steckt. Eine Inschrift besagt, dass der *mieldres chevaliers* das Schwert herausziehen werde. Es folgt eine große Szene. Die Fenster des Saales schließen sich wie von Geisterhänden, ein Mann in weißen Gewändern erscheint – hier schlägt erneut Zisterziensisches durch – und führt Galaad, den *chevaliers desirré* herein, geleitet ihn zu dem Sitz, den er auch einnimmt. Galaad zieht dann auch das Schwert aus dem Felsblock. Es taucht dann eine weitere *damoisele* auf und verkündet, dass Lancelot nun nicht mehr der *meilleur chevalier* sei. Artus lässt hierauf ein Turnier abhalten, in dem sich Galaad als Sieger erweist. Das lebensbedrohende Turnierwesen, von der Kirche offiziell verurteilt, zieht in diesen zutiefst religiösen Texten nicht die leiseste Kritik auf sich, was für das Selbstvertrauen und die Akzeptanz der Ritterkaste in der höfischen Gesellschaft spricht. Erst jetzt werden die Tische gedeckt, nach dem Turnier – eine Unmöglichkeit, was beweist, wie souverän der Autor bei seiner Gestaltung der Eingangssituation verfährt. Nun vernimmt man einen gewaltigen Donnerschlag, helles Licht breitet sich aus im Saal und es erscheint *li Sainz Graal* – allerdings *covers*; ein wichtiger Hinweis, denn bei der *queste* wird es darum gehen, den Gral *apertement* zu sehen – es geht um die *visio*! Der Graal speist die im Saal Versammelten und verschwindet. Die Ritter, allen voran Gawein, beschließen, zur *queste* auszubrechen. Zum Überfluss betritt nach dem Mahl nochmals ein Mann den Saal, ein *preudom vielz, vestuz de robe de religion*, und erklärt, dass die Gralsucher weder Gattin noch Freundin mitnehmen dürften. Die brechen auf, die Exposition ist zu Ende.

Allein die Tatsache dieses Aufgebots an *aventure* ist eine ungewöhnliche Überbietung der üblichen Schilderung der Eingangssituation, die in der Darstellung der Exposition des ‚Perlesvaus‘ eine Entsprechung hat, freilich in eine andere Richtung weist; ich möchte einen Zusammenhang nicht ausschließen. Worum geht es? Lancelot steht im Vordergrund, von der Erlösergestalt Galaad abgesehen, gefolgt von Gawein; Artus ist im Hintergrund und Perceval erscheint in der Einleitung nur nebenbei. Eine signifikante Abkehr von Chrétien wie vom ‚Perlesvaus‘. Die Königin greift etwas ins Geschehen ein – was an den ‚Perlesvaus‘ denken lässt. Im Ganzen entsteht aber eine neue Situation. Von besonderem Interesse ist der schon seit langem beobachtete zisterziensische Akzent, was dem Artus-Gralstoff eine neue Qualität verleiht. Waren es tatsächlich Zisterziensermönche, die sich dieses Stoffes annahmen oder wollte ein weltlicher Literat seinem Werk einen besonderen geistlichen Anstrich geben um es aufzuwerten? Wie dem auch sei, man traute diesem Erzählstoff die Fähigkeit zu solcher Vergeistlichung zu. Dass sich da – aus moderner Sicht – erhebliche Probleme ergeben würden, störte offenbar niemanden.

Einen radikalen Eingriff in die Überlieferung bedeutete die Einführung der Gestalt des Galaad, von der weder Chrétien noch ‚Perlesvaus‘ wissen. Das verleiht dem Werk von Anfang an einen neuen Stellenwert, was auch für die Wahrheitsthematik gilt. Wenn der Alte in der *robe blanche* den Friedensgruß – *pes soit o vos* – spricht, auf die *lignage le Roi David* verweist und auf Joseph von Arimathäa und den *chevalier Desirré – et veniet desideratus cunctis gentibus*, Hagg. 2/8 – vorstellt, so ist das kaum als Fiktion werten. In diesem Kontext fällt aber auch die erzählerische Bevorzugung Lancelots besonders auf, der auch im ‚Perlesvaus‘ eine Sonderstellung hat, was sich in der ‚Mort Artu‘ fortsetzt. Eine wichtige Verschiebung im Personenbestand.

Die typologieanaloge Beziehung zwischen Lancelot und Galaad, Vorläufer und Erfüller bezeichnend, verstärkt die biblische Aufladung des Stoffes, wozu noch die Idee von der *chevalerie céleste* kommt, ein Begriff, der im ‚Perlesvaus‘ noch fehlt. Der Autor macht dann den Versuch, einen Zusammenhang zwischen dem Profanen und dem Biblischen herzustellen. Wie Robert de Boron über die Vorstellung vom Gral als Gefäß dieses ursprünglich religiös irrelevante mythische Element mit dem Blut Christi verband, so entwickelte die ‚Queste‘ die Idee von den drei Tischen, dem Abendmahlstisch, der *table* des hl. Gral und der *table reonde* des Königs Artus. Zu der über den Namen Galaad schon gegebenen Anbindung ans Alte Testament treten gewichtige Christus-Analogien. So wird Galaad, in Verbindung mit einer seltsamen Friedhofszene, von einem *Preudom* einer *abeie* über seine Rolle in der Welt aufgeklärt: *Et cele similitude que li Peres envoia en terre son fil por delivrer son pueple est ore renovelee ... Por quoi len doit vostre venue comparer pres a la venue Jesucrist.* (S. 38) Mit diesem Galaad, dem vollkommenen Ritter schlechthin, dem *vraie chevalier* wie es heißt, wird der gesamte *ordre de chevalerie* neu konzipiert. Es geht nun um das wahre Rittertum. Am Anfang stand die Definition des *ordre de chevalerie*, die Gornemanz in Chrétiens Gralroman dem Jüngling Perceval vortrug. V 1635 ff. Schon dieser Passage kann man Signalwirkung zusprechen mit Blick auf das Selbstverständnis der sich verfestigenden Ritterkaste. Der ‚Perlesvaus‘ ist dann von Anfang an unüberhörbar auf den *buen chevalier*, den *meilleur chevalier*, angelegt; das Wort *chevalier* wird dort dem Leser mit penetranter Eindringlichkeit eingebläut. Die ‚Queste‘ steht dem in keiner Weise nach und ist meiner Meinung nach als großangelegte Überbietung bisheriger Graldichtung, insbesondere des ‚Perlesvaus‘, angelegt. Ich kann mir nicht vorstellen dass das eine Werk sich nicht auf das andere beziehen könnte. Mit der christusanalogen Gestalt des *chevalier* Galaad konnten die *buens chevalier* des ‚Perlesvaus‘ nicht mithalten. Bei dieser Leitfigur ist es nur logisch, dass es in der ‚Queste‘ nicht bei der irdischen *chevalerie* bleiben konnte und dass es zur Überhöhung durch die *chevalerie céleste* kam, von der der ‚Perlesvaus' nichts weiß, denn diesem geht es um die Aufwertung des irdischen Rittertums, fraglos eingebettet ins Religiös-Heilsgeschichtliche. Repräsentativ steht dafür im ‚Perlesvaus', wie erwähnt, die ungewöhnlich positive Beurteilung des Artushofes gerade in seiner Mondänität, deren Garant König Artus ist, von dem gezeigt wird, dass er fähig ist, seine frühere Größe zurückzugewinnen und die Reputation des Hofes wiederherzustellen. Die ‚Queste' zeigt ein anderes Bild vom Artushof und vom König. Blicken wir zurück auf die Exposition. Wie die *damoisele* Lancelot abholen will, schaltet sich sofort die Königin ein, nicht etwa Artus, und möchte Näheres erfahren. Diese ungewöhnliche Aktivität lässt an den Eingang des ‚Perlesvaus' denken. Die Königin lässt Lancelot ziehen, gibt aber zu verstehen, dass das ihrer Zustimmung bedarf: ... *car se il demain ne deust revenir, il n'i alast hui par ma volenté*, S 1, 25. Es fällt auf, dass Lancelot den Jüngling Galaad zum Ritter schlagen soll; sonst Aufgabe des Königs Artus. Dann leistet sich Artus einen Lapsus im Protokoll, indem er anordnet, dass die *napes* für das Mahl ausgelegt werden sollten, worauf der widerspenstige Keu ihn aufmerksam machen muss, dass gemäß der *costume* zuerst *aventiure* geschehen müsse. Artus sieht das ein und entschuldigt sich; über der Freude über die Rückkehr Lancelots und dessen Cousins habe er die *costume* vergessen. Eine sympathische Vermenschlichung, aber das sollte nicht passieren.

Die Artusromane zeigen von Anfang an unterschiedliche Bilder des Königs. Im ‚Erek' beschließt Artus den Ausritt zur Jagd auf den weißen Hirsch und setzt sich durch. Im ‚Iwein' zeigt die Exposition einen Artus, der schläft, in Chrétiens ‚Perceval' ist er zutiefst in Gedanken versunken, im ‚Perlesvaus' bringt ihn die Königin zu neuer Aktivität. In der ‚Queste' ist er grundsätzlich nicht Herr der Lage. Nachdem er Galaad ins Schlafgemach geleitet hat, gibt er sich ohnmächtigem Grübeln hin und versinkt in Melancholie. Im Entschluss der Ritter, zur *queste* aufzubrechen, sieht er die fundamentale Bedrohung seines Hofes. Artuswelt und Gralwelt klaffen also auseinander. Die im ‚Perlesvaus' so vehement vertretene Vereinbarkeit von Artusrittertum und der religiösen Aufgabe der Förderung der *nouvelle loi*, löst die ‚Queste' also wieder auf. Es bewegte sich also in dieser Zeit viel auf literarischem Gebiet. Der Autor der ‚Queste' stellt König Artus – noch dazu in der Eingangssituation als gebrochenen Menschen dar, der über den Auszug der Ritter zur *queste* und den damit als unabweisbar empfundenen Verfall der Tafelrunde nicht hinwegkommt. Zuerst wendet er sich an Gawein und beklagt, dass dessen und Lancelots Entschluss, den Hof zu verlassen, ihn tief getroffen habe. Der Hof werde sein Ansehen nie mehr wiedergewinnen. Den übrigen Rittern nimmt er das weniger übel. Dann bricht er in

Tränen aus und erhebt seine Klage zu Gott, S. 22,6 ff: *Ha! Diex, je ne me cuidai ja mes desevrer de ceste cumpaignie que fortune m'avoit envoiee*! Damit führt der Autor eine für das Schicksal der Artuswelt und des Königs zentrale Größe ein. Gott und *fortuna* werden in einem Atemzug genannt. Dahinter steht die mittelalterliche Vorstellung, dass *fortuna* gleichsam der verlängerte Arm von Gottes Vorsehung sei, wobei aber immer noch ein Rest antiken Schicksalsdenkens mitschwingen dürfte. Der Begriff *fortune* weist dann voraus auf die ‚Mort Artu‘ und vermittelt einen düsteren Ausblick auf die Geschichtsverfallenheit auch der Artuswelt. Der ‚Perlesvaus‘ meidet, so weit ich sehe, diesen Begriff – nicht ohne Grund, da die Untergangsbezogenheit dort kein Thema ist. Wir kommen darauf zurück.

Artus wendet sich dann Lancelot zu. Am liebsten würde er die *queste* stoppen. Kurz zuvor hörte man aus dem Mund des Alten im weißen Gewand: *seste queste n'est mie queste de terriennes choses*. Artus hat also dafür kein Verständnis. Im Gegensatz zum ‚Perlesvaus‘ fehlt hier der Versuch, beide Welten in eins zu sehen. Lancelot lehnt das Ansinnen des Königs ab; diese Ritter wollen schließlich keine *parjures* werden. Artus muss sich in sein Schicksal fügen.

Neben Artus kommt auch die Königin zu Wort. Zunächst nimmt sie Galaad beiseite und spricht lange mit ihm über Lancelot. Sie ist sich dessen sicher, dass Lancelot sein Vater ist, möchte es aber aus seinem Mund bestätigt wissen. Sie zeichnet ein strahlendes Bild von Lancelot, der, wie man weiß, Geliebter ist, worauf der Autor aber nicht eingeht. Indem sie ihn *li chevalier li plus desirrez* nennt, greift sie auf dieselbe biblische Fügung zurück, die der *preudom a une robe blanche* auf Galaad bezogen hatte. Wie die Königin dann erkennen muss, dass der Aufbruch der Ritter unabwendbar ist, verfällt auch sie in tiefe Trauer, S. 24,1 ff. Lancelot, aufbruchsbereit, tritt bei ihr ein. Sie stößt einen Klageruf aus, wobei sie sich derselben Worte bedient, wie sie Artus gegenüber Gawein verwendet hatte: *Ha, Lancelot, traie m'avez et mise a mort*, S. 24. Aber auch sie muss ihn ziehen lassen. Sie empfiehlt ihn dem Gekreuzigten.

Zwischen Artuswelt und Galaad, der für die wahre *queste* steht, tut sich eine Kluft auf. Mit Galaad verbunden ist auch der totale Siegeszug der *senefiance*, der sich das Erzählerische unterwirft. Der Text wird auf extreme Weise transparent und offenbart die wesenhafte Unzulänglichkeit der irdischen Ritterschaft. Darunter hat besonders Gawein zu leiden, seit Wace ist er der Vertreter des Mondän-Irdischen am Artusrittertum schlechthin, der gerade auch im ‚Perlesvaus‘ sich der Gunst des Verfassers erfreut. Die ‚Queste‘ weicht davon in einer Weise ab, die man nur ostentativ nennen kann im Bezug auf den ‚Perlesvaus‘. Dazu ein Beleg aus der ‚Queste‘. Gawein will von einem *preudom* erfahren, warum *nos ne trovons tant d'aventures coment nos soloins*, S. 160,31 ff. Der *preudom* klärt schonungslos auf: *Je vos diré, fet li preudom, coment il est. Les aventures qui ore avienent sont les senefiances et les demonstrances dou Saint Graal ne le signe dou Saint Graal n'aparront ja a pecheor ne a home envelopé de pechié. Dont il ne vos aparront ja; car vos estes trop desloial pecheor. Si ne devez mie cuidier que ces aventures qui ore avienent soient d'omes tuer ne de chevaliers ociree; ainz sont des choses esperituex*. Und direkt auf Gawein bezogen: … *mout a lonc tens que tu fus chevaliers, ne onques puis ne servis ton Creator se petit non. Tu es vielz arbres, si qu'il n'a mes en toi ne fueille ne fruit*. Wiederum wird deutlich, dass bei diesem Neuerzählen der Artus-Gralgeschichten es Ansätze gab, die gravierend voneinander abwichen. Was ist da *materia*?

Wie unterschiedlich die Auffassungen in wesentlichen Punkten sein konnten und welche Möglichkeiten dabei genutzt wurden bzw. ungenutzt bleiben konnten, sei am Beispiel von Lancelots oben erwähntem Beichtgespräch illustriert. Der ‚Perlesvaus' berichtet, dass Lancelot unterwegs zum *haut ostel … ou li Graax s'apert*, Z 3648, beschließt, bei dem Einsiedler, auf den er trifft, zu beichten. Was dann folgt, ist ein ergreifendes religiös-humanes Dokument:

„Il descendi et se confessa au prodome et jehi toz ses pechiez, et li dist que d[e] toz estoit repentanz fors que d'un. Li hermites li demanda qel pechié ce estoit dont il ne se voloit repentir. "Sire, fait Lanceloz, ce me senble ester li plus dous pechiez et li plus beaus que je onques feïsse. – Beau sire, fait li hermites, li pechié sunt douz a faire, mais li guerredons est molt amers, ne nul pechiez n'est beax ne cortois, mais li [uns] pechiez est plus orible de l'autre. – Sire, fait Lanceloz, icel pechié vos jehira[i] je hors de la boche dont je ne puis estre repentanz el cuer. Je aim bien ma dame, qui roïne est, plus que nulle rien qui vive, et si l'a. .i. des meillors rois del mont a feme. La volenté me senble si bone et si haute que je ne la puis lessier, et si m'est enracinee el cuer qu'ele ne s'em puet partir. La gregnor valor qui est en moi si me vient par la volenté. – Ha! pechierres mortex, fet li hermits, c'avez vos dit? Nule valor ne puet venir de tel luxore qui ne li soit vendue molt chiere. Vos estes traïtres a vostre segnor terrien et omecides au Sauveor. Vos avez des .vii. pechiez criminex l'un des gregnors enchargié; li deduiz en est molt faux, si le conperrez molt chier se vos n'en estes repentanz hastivement. – Sire, fet Lanceloz, onques mes ne le voil gehir a nul home terrien. – Tant vaut pis, fet li hermits. Vos le deüssiez avoir gehi pieça et tantost lessié, car tant com vos le maintenez serez vos enemis au Sauveor. – Ha! sire, fet Lanceloz, il a tant de beauté en lui et valor et sens et cortoisie que nus que ele vousist amer ne le devroit lessier. – Que plus a en lui beauté et que plus

vaut, fet li hermits, tant fet ele plus a blasmer et vos autresi, car chose ou il a poi de valor n'est ce pas si granz damages conme de celui qui doit assez valoir, et ceste est roïne benoete et sacree, si fu voe[e] en son commencement a Deu. Or s'est done au deable por vostre amor et vos por lui. Sire chiers amis, lessiez veste folie que vos avez emprise, si soiez repentanz de cel pechié, et je proierai au Sauveor por vos chascun jor, que si veraiement com il perdona sa mort a celui qui le feri de la lance ou costé, vos perdonst icel pechié que vos avez maintenu, se vos estes repentanz et verais confés; si en prendré la penitence sor moi. – Sire, fet Lanceloz, granz merciz de Deu. Je ne sui mie entalentez de guerpir le, ne je ne vos voil dire chose a coi li cuers ne s'acort. Je voil bien fere la penitance si grant com ele est establie a tel pechié, car je voil server ma dame la roïne tant com li plera que je soie ses bien voillanz. Je l'aim tant que je voil que ja ne me viegne volenté de guerpir s'amor, et Dex est si douz et si plains de deboneretė, si conme li prodome tesmoignent, qu'il avra merci de nos, que je ne fis onques traïson vers li ne ele vers moi. – Ha! beax douz amis, fet li hermits, nule rien ne vos vaurroit ce que je diroie, et Damedeu li doinst tel volenté et a vos autresi que vos puissiez fere le plesir au Sauveor et les ames sauver; mes itant vos di je bien, se vos gesiez en l'ostel au riche Roi Pescheor, que del Graal ne verriez vos mie, por le mortel pechié qui vos gist ou cuer. – Damedeu et sa douce mere, fet Lanceloz, [me consaut] par son plesir et a sa volenté. – Si face il, fet li hermits, car je le vouldroie."

Die Gedankenführung ist in sich steigernder Abfolge auf eine Schlussaussage angelegt. All seine Sünden könne er bereuen, sagt Lancelot, außer einer. Man ist gespannt, und es folgt auch die überraschende Aufklärung. Diese Sünde, bekennt er, *semble estre li plus dous pechiez et li plus beau que je onques feisse*, Z 3652. In seiner Antwort charakterisiert der Einsiedler zunächst die Sünden schlechthin, und greift den Kernbegriff in Lancelots Aussage auf, die *dulcedo*, indem er auf die typisch mittelalterliche Formel von der anfänglichen *dulcedo* der Sünde aber deren *amaritudo* am Ende zurückgreift. Die Argumentation wird zusehends dichter und präziser. Lancelot besteht auf seiner Behauptung, führt ein neues Element in seine Argumentation ein, das *herze/cuers* und unterscheidet bei seinem Sündenbekenntnis zwischen dem bloßen Lippenbekenntnis – *boche* – und dem Bereuen *el cuer*. Mit *cuers* ist ein weiteres Stichwort gegeben, das sich in seiner Eigengesetzlichkeit entfalten wird. Diese Sünde, sagt er, von der er nicht lassen könne, liegt in seiner Liebe zu seiner Herrin, der Königin, der Gemahlin des besten Königs der Welt. Es geht also nicht um einen gewöhnlichen Verstoß gegen das 6. Gebot; da würde er, so darf man schließen, dem Einsiedler durchaus zustimmen. Sein Ehebruch ist aber etwas Besonderes, das von den Werten lebt, die Troubadourdichtung, Minnesang und Tristanmythe entwickelt hatten. Lancelot sündigt also nicht einfach so vor sich hin, er vermag es, sein Verhalten gedanklich-sittlich zu begründen: *La volonté me semble si bone et si haute que je ne la puis lessier, et si m'est enracinee el cuer qu'ele ne s'em puet partir. La gregnor valor qui est en moi si me vient par la volonté.* Von diesem Streben – so ist *volonté* hier wohl zu übersetzen – könne er nicht lassen, da es in seinem Herzen verwurzelt sei. Diesem Streben verdanke er *la gregnor valor.* (An späterer Stelle wird Lancelot das erhärten: *Sire, fet Lancelot, la reine desir je molt a voer, por aprendre sens et cortoisie et valor*, Z 3865.) Nun wird der Beichtvater präziser und prangert dieses Verhalten als *luxuria* an, als ein Verbrechen gegenüber dem Erlöser und fordert zur Reue auf. Lancelot antwortet parallel dazu mit einer Steigerung in der Darlegung dessen, was diese Minne bietet: *tant de beauté ... et sens et valor et cortoisie.* Der Einsiedler kann das nicht gelten lassen. Wenn es sich um etwas von geringerem Wert handeln würde, wäre dieses Verhalten nicht so schlimm, da aber die Königin involviert ist, steht mehr auf dem Spiel, denn sie sei eine Person *benoete et sacree* und *voee en son commencement a Deux*, nun aber sei sie durch die Liebe dem Teufel ausgeliefert und Lancelot desgleichen. Lancelot müsse von seiner *folie* ablassen und bereuen. Der Einsiedler will täglich für ihn zum Gekreuzigten beten, dass er verzeihe. Er würde sogar *la penitance* auf sich nehmen. Man nähert sich dem Ende und Höhepunkt der Argumentation, in die sich die Beichte verwandelt hat. Lancelot dankt unter Berufung auf Gott und bekennt, dass er von seiner *volonté* nicht ablassen wolle. Er könne nichts beichten, dem sein Herz nicht zustimme *a coi li cuers ne s'accort.* Gott aber, der *si douz est si plains de debonnerete* sei, werde sich seiner und der Königin erbarmen, denn in ihrem Verhältnis zueinander gebe es keine *traison.* Lancelot legt also eine Art Ethik dieses besonderen Ehebruchs vor. In der Hoffnung auf die Güte Gottes *et sa douce mere* (!) beschließt Lancelot seine ‚Beichte'; der Einsiedler schließt sich dem an!

Wenn aus dem Sündenbekenntnis aus der Situation der Beichte heraus in gekonnter Argumentation die Rechtfertigung des höfischen Ehebruchs wird, auf hohem ethischen und psychologischen Niveau, so ist das nicht nur als isoliertes literarisches Kabinettstück zu betrachten. Es fügt sich vielmehr nahtlos ein in die von Anfang an mit Nachdruck vertretene Aufwertung des Höfisch-Ritterlichen, wie es in der Artus-Gralwelt literarisch gebündelt war und belegt die Kohärenz der Gesamtkonzeption des ‚Perlesvaus'. Die moraltheologische Bedenklichkeit dieses Rechtfertigungsversuchs erhöht dessen Bedeutung aus geistes- und religionsgeschichtlicher Sicht. Diese Konzeption ist ein beeindruckendes Zeugnis für die geistige Regsamkeit, die in dieser Literatur spürbar wird. Dass auf diesem hohen Niveau sich auch noch die typisch arturische Abenteuerwelt mit ihren Absurditäten ausleben konnte, macht eben das Mittelalterliche dieser Dichtungen aus. Dass in diesem Beichtgespräch ein überraschend hohes Maß an überzeugender Menschlichkeit literarisch verfügbar wird, ist ein nicht geringer Ruhmestitel dieses Textes. Man vergleiche damit Parzivals Beichte beim Einsiedler Trevrizent – immerhin Wolfram! – *ich bin man der sünde hât.* Das ist etwas dürftig, worauf Parzival ganz Ohr ist für den Zuspruch.

Dass dieser kühne Versuch möglich war, gewinnt an Aussagekraft, wenn man die folgende Beichtszene aus der ‚Queste‘ damit vergleicht. Lancelot gelangt auf seiner Gralquest zu einer Kapelle und verfällt in eine Art Halbschlaf, blickt dann durch eine Schranke und vernimmt eine Stimme, die ihn unter Aufwendung biblischer Metaphorik unbarmherzig verurteilt. Es sei *plus durs que pierre, plus amers que fuz, plus nuz et plus despris que figuiers*, S. 61. An späterer Stelle wird Gawein auf dieselbe Weise verurteilt; bei Gawein endgültig, nicht so bei Lancelot. Er ist zutiefst getroffen und bricht in Selbstanklagen aus: *Ha Diex, or i pert mes pechiéz et ma mauvese vie ... ne fu il hore que je ne fusse coverz de teniebres de pechié mortel, car tout adés ai habité en luxure*, S. 61 f. Er erkennt seine Sündhaftigkeit, deren Zentrum die *luxuria* ist. Nach dem Messebesuch kommt es zu einem Gespräch mit dem Zelebranten, das hier mehrere Seiten füllt und ausführliche religiöse Unterweisung bietet. Immer wieder wird dabei die Notwendigkeit einer *vraie confessions de bouche et de repentance de cuer* betont. Wortwörtlich erinnert das an die erwähnte Szene ‚im Perlesvaus‘, dort allerdings aus dem Mund Lancelots und – bei allem Respekt – nicht akzeptiert! In der ‚Queste‘ dagegen läuft alles katechismuskonform ab. Lancelot erkennt in seiner Liebe zur Königin die Gefahr für sein Seelenheil. Was er dazu vorbringt, ist das genaue Gegenteil dessen, was er im ‚Perlesvaus‘ dazu zu sagen hat, S. 66 f. Von der *dulcedo* dieser Sünde ist keine Rede und ebensowenig von den hohen inneren Werten, die der liebende *chevalier* Lancelot seiner verehrten Dame zu verdanken habe. In der ‚Queste‘ erschöpft sich das ausschließlich im Materiellen: *Sire, fest Lancelot, il est einsi que je sui morz de pechié d'une moie dame que je ai amee toute ma vie, et ce est la reine Guenievre, la fame le roi Artus. Ce est cele qui a plenté m'a doné l'or et l'argent et les riches dons que je ai aucune foiz donez as povres chevaliers. Ce est cele qui m'a mis ou grant boban et en la grant hautece ou je sui. Ce est cele por qui amor j'ai faites les granz proeces don't toz li mondes parole. Ce est cele qui m'a fet venir de povreté en richece et de mesaise a toutes les terriannes beneurtez* ... Diese Passage ist so auffallend zielsicher stilisiert, dass sich der Eindruck aufdrängt, hier werde präzise auf die gegenteilige Ansicht angespielt, wie sie im ‘Perlesvaus’ vorliegt, dessen Lancelot nun als der vorgestellt werden soll, der auf die rechte Bahn gebracht wurde. Die vierfache einhämmernde Feststellung *ce est cele, qui* … zerstört alle Illusionen von der Werthaftigkeit der irdischen Hohen Minne – und das aus dem Mund Lancelots selbst! Der *preudom* fordert nun Lancelot auf, endgültig von der *pechié mortel*, der Liebe zur Artuskönigin, abzulassen, und Lancelot gelobt das *come loiaux chevaliers*, S. 67. In der Betonung, die die ‚Queste' hier auf den Titel *chevaliers* legt, könnte ein weiterer Seitenhieb gegen den ‚Perlesvaus' liegen; dieser ist ja von Anfang an konsequent auf den *chevalier* angelegt mit Einschluss aller Welthaltigkeit. Im weiteren Verlauf der ‚Queste' wird immer wieder katechismusartig auf Beichte, Reue als Hauptthemen verwiesen. Davon werden auch bestimmte Ritter der Artusrunde erfasst. Hektor wird z.B. als Vertreter der Todsünde *orgueil* vorgestellt, S. 159, Lancelot dagegen im selben Kontext in seiner Demut gezeigt nach dem Beispiel Jesu, der nicht auf stolzem Streitross in Jerusalem einzog. Boort, Lancelots Cousin kann als *bons arbres* bezeichnet werden, der *bon fruit* trägt, S. 164. Wie sehr dem Verfasser daran liegt, Lancelot von der Sünde der *luxuria* loszubringen, erkennt man auch daran, dass er gegen Ende des Beichtgesprächs erneut darauf zurückkommt, wenn Lancelot am Schluss verspricht: *je le* (= luxuria) *les, en tel maniere que ja mes ne pecherai en li* (= Königin) *ne en autre*, S. 71. Der Autor bezeichnet die Liebe zur Königin als *fole amor*.

Blicken wir noch auf den Befund, den der Schluss des Werks bietet, wobei besonders auf Lancelot zu achten ist. Auf seiner *queste* schläft er einmal bei Einbruch der Nacht ein, *ses cuers pensoit plus a Nostre Seignor que as terriennes choses*, S. 246. Von den übrigen Artusrittern wird Derartiges nicht behauptet. Im weiteren Verlauf nähert er sich einem verschlossenes Gemach, aus dem süßer Gesang ertönt, der *li atentroit li cuers* und bittet Jesus um *aucun demonstrement de ce que je vois querant*, S. 254. Er erblickt nun eine geöffnete Tür zu dem Gemach, aus der ungeheures Licht hervorstrahlt, das ihn mit Freude erfüllt. Im Inneren des Gemachs sieht er *le saint Vessel* und einen Priester, der *corpus Domini* in die Höhe hebt; darüber erscheinen drei Männer, deren jüngster dem Priester in die Hände gegeben wird, S. 255. Lancelot meint, der müsste unter der Last zusammenbrechen und will zu Hilfe eilen, ein gewaltiger heißer Windstoß hemmt seinen Schritt, er verliert das Bewusstsein, wird hinausgeschafft und liegen gelassen. 24 Tage liegt er so und wird schon für tot gehalten. Als er dann erwacht, bedauert er dies, denn in seinem Trancezustand habe er *apertement les granz merveilles Jesu Christi* geschaut, S. 258. Nur seine Sündhaftigkeit habe ihn daran gehindert, noch mehr zu schauen. Dass Lancelot von der Vollkommenheit noch entfernt ist, zeigt sich auch darin, dass ihm die Anschauung – *apertement*

– nur im Zustand der Bewusstlosigkeit gewährt wird. Hierauf erfährt er, dass er sich auf *chastel* Corbeny befindet. Er will wieder sein härenes Büßerhemd anziehen, wird aber davon abgehalten *car vostre queste est achevee*, S. 259. Fünf Tage später erscheint *li Sainz Graax* und speist die Menschen in Fülle. Es *avint une aventure qu'il tindrent al grant merveille, car il virent apertement que li huis clostrent sanz ce que nus i mist main.* Aus diesen zahlreichen *apertement* hört man das Paulinische *videre* heraus. Auf einem Friedhof stößt Lancelot auf das Grab seines Freundes Baudemagus, der von Gawein getötet worden war. Lancelot kehrt dann an den Artushof zurück.

Der restliche Teil der ‚Queste' handelt von den Dreien, Galaad, Perceval und Boort. Eines Morgens erleben sie einen Gottesdienst, den ein *bel om vestu en semblance de evesques* hält und wie Jesus von Engeln umgeben ist. Bei der Wandlung ruft er Galaad herbei, der *dedanz le saint vessel* blickt, S. 277. Galaad dankt Gott, denn nun habe er *tot apertement* gesehen *ce que langue ne porroit descrire ne cuer penser*, S. 278. Er empfängt die hl. Kommunion. Der Zelebrant offenbart sich als Josephes, Sohn Josefs von Arimathäa, dem er ähnlich sei gerade auch in seiner Keuschheit! Galaad gibt Boort Grüße auf an Lancelot und stirbt. Engel tragen seine Seele zu Gott. Perceval und Boort leben als Einsiedler. Nach Percevals Tod kehrt Boort an den Artushof zurück. Artus lässt nun alle Abenteuer aufschreiben, Boorts Erlebnisse werden von Walter Map in Salisbury festgehalten. Sein Herr, König Heinrich *fist l'estoire translater de latin en francois* (nicht an *romanz*). Man mag zur streng dogmatischen Haltung der ‚Queste' stehen wie man will, neben dem ‚Perlesvaus' ist auch dieser Text ein wichtiges Zeugnis für die geistige Spannweite, die diese Werke in ihrer Auseinandersetzung mit dem literarischen Erbe auszeichnet.

Gegenüber ‚Perlesvaus' und ‚Queste' und mit Rückblick auf Chrétien wird in der ‚Mort Artu' die Artuswelt zu einem vielgestaltigen Schauplatz, der den handelnden Menschen neue Entfaltungsmöglichkeiten bietet. Was da entsteht, weist so gravierende Abweichungen von den erwähnten Texten auf, dass es schwer verstellbar ist, der Verfasser sei sich der Besonderheit seines Tuns nicht bewusst gewesen. Die ‚Mort Artu' knüpft unmittelbar dort an, wo die *Queste* endet, mit dem Tod Galaads und der Rückkehr Boorts an den Artushof. Artus, heißt es, lässt alles aufschreiben über die *queste del Saint Graal* und will wissen, wieviele Ritter er dabei verloren habe. Vom halbsakralen Geschehen um den Gral ist nicht mehr die Rede. Das Religiöse wird aber gleich eingangs in einer Weise im Geschehen wirksam, die sich grundlegend von ‚Perlesvaus' und ‚Queste' unterscheidet. Artus erkennt, dass es nun mit den *aventures del roiaume de Logrez* vorbei sei und beraumt – sozusagen als Ersatz – ein Turnier in Winchester an, ein sportliches

Spektakel also, bei dem der Tod nur als Betriebsunfall erscheint. Viermal wird im Verlauf des Geschehens Artus ein Turnier veranstalten; im ‚Perlesvaus‘ und in der ‚Queste‘ ist das nicht so. Der Schauplatz der Handlung verlagert sich also von der *foret aventureuse* der matière de Bretagne mit dem Seltsamen, was dazugehört, in die stilisierte Wirklichkeit der hochmittelalterlichen Adelsgesellschaft. Es brauchen keine Ungeheuer mehr besiegt zu werden, unheimliche Örtlichkeiten und Zauberei fehlen und eine Schwertbrücke fehlt auch, dazu reiten auch keine *damoiselles* mehr durch den Wald mit den abgeschlagenen Köpfen böser Ritter am Sattelkopf. Die erzählte Welt ist menschennäher geworden, was auch für das Religiöse gilt, das die Exaltiertheit der ‚Queste‘ und das massiv Missionarische des ‚Perlesvaus‘ verliert. Im zweiten Teil kommen halbreale Kämpfe hinzu, was bis zu größeren Schlachten führt und näher an die mittelalterliche Realität heranbringt. Auch die Frage der Vasallität wird einbezogen. Auf dieser neuen Handlungsbasis konstituiert sich die überkommene Artuswelt neu. Die im ‚Perlesvaus‘ und in der ‚Queste‘ geradezu erdrückende Präsenz des Religiösen wird neu dosiert, etwa im Sündenbewusstsein Gaweins, in der Verurteilung des Ehebruchs und in der abschließenden Episode von der Sühne Lancelots. Keine Rede aber von *chevalerie céleste*, von *chevalerie de Diex*, nichts vom Eintreten für die Verbreitung der *noevelle loi*. Auch die Zahl der Einsiedler hat sich mit dem Verschwinden der *foret avantureuse* radikal reduziert. Die Ritter gehen natürlich zur Messe und beichten, doch das alles ist auf Menschenmaß zurückgeführt. Im Verlauf des Geschehens erfährt man, dass Lancelot beichtet. Er tut dies aber nicht bei einem Einsiedler, sondern wirklichkeitsnäher bei einem *arcesvesque* im *mestre moster de la cité*, S. 194; vom Ehebruch ist aber dabei keine Rede mehr.

Die Neuausrichtung des Geschehens liegt in der Verlagerung des Gewichts auf Lancelot, der zur Hauptgestalt wird. ‚Perlesvaus‘ und ‚Queste‘ hatten da schon kräftig vorgearbeitet, wenn auch Gral und Galaad noch mehr Aufmerksamkeit beanspruchen konnten. Nun wendet sich das Interesse gleichsam ungehindert ganz und gar Lancelot zu. Man kann daraus sehen, wie sehr die Lancelotthematik Autoren und Publikum fasziniert haben muss. Unmittelbar nach Ankündigung des Turniers durch Artus ist man bei Lancelot, wobei der Autor an einem bestimmten Punkt einsetzt. Mit Rückbezug auf die entsprechende Stelle in der ‚Queste‘ heißt es, dass Lancelot auf seiner Gralqueste *se fist confés* und dem Ehebruch abgeschworen habe, S. 3. (Ein Bezug auf das große Beichtgespräch im Perlesvaus fehlt, wie es auch nicht zu einer psychologisch vertieften Darstellung der Beichte kommt.) Bereits einen Monat nach der Rückkehr Lancelots an den Artushof – wie es akribisch festgehalten wird – verfällt Lancelot wieder dem Ehebruch.

Das Entscheidende ist nicht so sehr die religiös-psychologische Problematik, sondern die Tatsache, dass er sich nun in einer Weise, *folement*, dem Ehebruch hingibt, dass er zum gesellschaftlichen Skandal werden kann. Chrétiens Karrenritter ist erhaben über höfische Intrigen und Skandale und kann auf höchster Ebene *fin'amors* vorleben bis hin zur Sakralisierung. Im ‚Perlesvaus‘ stellt sich das, was die Kirche als *luxuria* verdammt, als derart beglückendes Erlebnis dar, dass sich der Liebende nicht davon zu lösen vermag. Wenn nun in der ‚Mort Artu‘ dieses Erleben in die Öffentlichkeit höfischer Ränke und Umtriebe hineingezogen wird, so trägt das nicht unwesentlich dazu bei, dass dieser Text sich der Gattung Roman im Vollsinn des Wortes annähert. Eigentlich müsste er auf die Schilderung des Untergangs des Königs Artus angelegt sein, wo es um Verrat und Ehebruch Modrets geht. Stattdessen haben wir es mit einem Lancelotroman zu tun, der – wie man schließen darf – mit dem Anspruch auftritt, dem Lancelotschicksal die endgültige Form gegeben zu haben.

Indem Lancelots Minneschicksal neu gedeutet und zum Scandalon der höfischen Gesellschaft wird, nähert es sich fast zwangsläufig der Tristanmythe an. Dichtungen dieser Zeit haben sich auf unterschiedliche Weise mit dem Thema der ehebrecherischen Liebe der Tristanmythe auseinandergesetzt, auch um sich vom bloßen Ehebruchschwank abzusetzen. Die Tristanmythe mit ihren archaischen Wurzeln nimmt Zuflucht zum Minnetrank; Schuld und Schuldbewusstsein spielen da kaum eine Rolle und verbleiben im Konventionellen. ‚Queste‘ und ‚Perlesvaus‘ halten die Ehebruchthematik aus der Öffentlichkeit des Hofes fern und intensivieren dafür umso stärker das persönliche Sündenbewusstsein. Die ‚Mort Artu‘ bietet nun Beides, den öffentlichen Rahmen und das individuelle Sündenbewusstsein und das in einer großen erzählerischen Spannweite, was man als ‚Korrektur‘ an den verfügbaren Ehebruchgeschichten, vom Schwank bis zur Tristanmythe, verstehen kann, die auch über ‚Queste‘ und ‚Perlesvaus‘ hinausgeht. Über die Aktualität der Tristanmythe kann es keinen Zweifel geben, wenn man nur an Chrétien denkt – an eines seiner Lieder und an Cligès. Der Autor der ‚Mort Artu‘ integriert die Ehebruchthematik in ein vielgestaltiges Erzählwerk und ergänzt damit die strukturelle Einsträngigkeit der Tristanmythe. In diesem neuen höfischen Umfeld verlieren die Menschen ihr typisiertes Rollendasein und können ein reiches Eigenleben entfalten, was dem Text zusätzliche Wirklichkeitsdichte verleiht. Man vergleiche das Verhalten des Königs Artus mit dem Markes im Tristan. Die wenigen Personen gehen dort in ihrer festgelegten Statistenrolle auf, siehe Melot und Marjodo. Lancelot dagegen ist ein Mensch, der voll im Hofleben steht, im Gegensatz zum Wunderkind Tristan, das sich darin wie ein Fremdkörper ausnimmt, was nichts über die

Qualität der jeweiligen Dichtungen aussagt, doch das Neue der Gesamtkonzeption der ‚Mort Artu' unterstreicht. Die Ehebruchsgeschichte von Tristan und Isolde ist auf die Erwartung angelegt, wann denn endlich das Liebespaar ertappt wird. Dieser simple Trick führt auch dazu, dass schwankhafte Elemente eindringen konnten – Marke auf dem Baum, die Episode von den Fangeisen etc. Marke ertappt denn auch das Paar in flagranti. Die ‚Mort Artu' hat der Peinlichkeit dieses banalen Ertapptwerdens einen großartigen Einfall aus der Lancelotüberlieferung entgegengesetzt. Artus ertappt nicht die Liebenden im Bett, sondern er wird sich an Hand der Wandgemälde, S. 61 f, mit denen Lancelot seine Gefängniszelle ausgeschmückt hat, allmählich der Realität des Ehebruchs bewusst. Die Wirklichkeit der Kunst tritt an die Stelle der derben Realität. Es ist eine faszinierende Koinzidenz, dass unabhängig voneinander ein deutscher und ein französischer Autor auf ihre Weise sich um die ‚Rettung' dieser im Grunde schwankhaften Episode bemühten. Gottfried, der – aufbauend auf Thomas – um die Schilderung des Ertapptwerdens nicht herumkam, tat dies mittels der Projektion dieser Episode auf den biblischen Sündenfall hin, der Autor der ‚Mort Artu' mittels der Umsetzung ins Künstlerische.

Bei den Tristandichtungen ist mit dem Ertapptwerden des Paares die Haupthandlung zu Ende, es folgt die Weißhandepisode und die Schilderung des Liebestodes. Ganz anders in der ‚Mort Artu'. Der König hat zwar *apertement* erkennen müssen, dass Lancelot Ehebruch begeht, doch Lancelot bleibt weiterhin im Mittelpunkt des vielgestaltigen Geschehens am Artushof, auch wenn er vorübergehend abwesend ist. Bezugnehmend auf das jeweilige Geschehen werden die unterschiedlichen Stimmungslagen des Königs, vom Hass bis zur Dankbarkeit für das, was Lancelot geleistet hat und für dessen Fairness, ausführlich dargelegt sowie auch die Taten und Reaktionen der zahlreichen am Geschehen beteiligten Personen bis hin zu der Stelle, wo Lancelot sich endgültig von der Königin trennt.

Lenken wir zurück an den Beginn, wo sogleich das Ehebruchthema aufgegriffen wird. Der Autor stellt den Anschluss an die vorausliegende Erzählung her – *comme li contes li a devisé ça arrieres*, S. 3, und berichtet, dass Lancelot nach seiner Beichte auf seiner *queste* wieder am Hof lebt und rückfällig wird – *renchei el pechié*. Dabei gibt der Autor eine überaschende Erklärung. Er verweist, fast wie entschuldigend, auf die einmalige Schönheit der Königin, begnügt sich aber nicht mit diesem allgemeinen Hinweis, sondern präzisiert das Außergewöhnliche auf realistisch-moderne Weise, indem er das Alter der Königin genau angibt – 50 Jahre sei sie alt! Undenkbar eine derartige Angabe bei Isolde u.a. Das ist Wirklichkeit. Man denke dabei an die verweinte Kriemhilt nach 13 Jahren Witwendaseins. Während Lancelot, wie erwähnt, früher darauf achtete, nicht ertappt zu werden, lässt er es nun – typisch für den Rückfall – an der nötigen Vorsicht fehlen, so dass Gaweins Bruder Agravains Verdacht schöpfen kann und Artus informiert, der diese Verdächtigungen nicht glaubt, doch Agravains in dessen Recherchen nicht behindern will. Im Gegensatz zu den Tristandichtungen erfährt man nichts Genaues über die Machenschaften Agravains; darauf lässt sich der Autor also gar nicht ein. Anderes ist ihm wichtiger, und er holt weit aus in seinem Bemühen, Lancelot ins höfische Treiben einzubinden. Da ist vor allem das Turnier, dem sogar die Ehebruchthematik untergeordnet wird. Der Königin, die am Turnier teilnehmen möchte, ordnet der König an, am Hof zu bleiben, er will *esprover la mençonge Agravain*. Lancelot gibt vor, er könne nicht am Turnier teilnehmen, da er nicht in Form sei. Das nährt den Verdacht, er wolle die Abwesenheit des Königs nutzen, um seinem sündhaften Treiben nachzugehen. In der Tristangeschichte findet sich das genaue Gegenstück dazu; wie ich meine, das Modell dafür. Dort will Marke 20 Tage auf der Jagd verbringen, um dem Liebespaar eine Falle zu stellen. Tristan bleibt unter dem Vorwand, krank zu sein, zu Hause, V 14356, 14375. Er tut dies, um Isolde zu treffen. Genau das hat aber Lancelot nicht vor. Er verabschiedet sich von der Königin in aller Form, indem er ihr mitteilt, er wolle incognito am Turnier teilnehmen. Das höfische Großereignis Turnier, bei dem Lancelot sich auszeichnen wird, ist wichtiger als ein Schäferstündchen. Auch da fällt es mir schwer, keinen Zusammenhang in der sehr unterschiedlichen Behandlung der Ehebruchthematik zu sehen. Artus hat aber bemerkt, dass Lancelot nicht am Hof bleibt, sondern ebenfalls ausreitet und dann am Turnier teilnimmt. Der Autor bietet nun – als Gegenposition zum ‚Tristan‘? – ausgehend von Lancelots Teilnehme am Turnier ein Paradebeispiel für vorbildliches Minneverhalten im Sinn der *fin'amors*. Das wird sogar das Verhältnis Lancelots zur Königin erschüttern, menschliche Komplikationen nach sich ziehen und für die betroffene Maid schließlich tragisch enden. In diesem Zusammenhang kommt es zu weiteren Parallelen zum ‚Tristan‘. So liegt eine mögliche Entsprechung vor, wenn man das sich anbahnende ätherische Verhältnis Lancelots zu der Tochter des Burgherrn mit Tristans Verhältnis zu Isolde Weißhand vergleicht, das die Beziehung zur blonden Isolde belastet. Der Burgherr, wo Lancelot und sein Knappe unterwegs Station machen, hat nämlich eine Tochter von außerordentlicher Schönheit und Sittsamkeit. Diese möchte wissen, wer denn dieser stattliche Ritter sei. Der Knappe nennt natürlich Lancelots Namen nicht, gibt aber zu verstehen, dass er *li mieudres chevaliers del monde* sei, S. 9 f. Die Maid verliebt sich unsterblich in Lancelot. Man wird nicht fehlgehen, wenn man an dieser Stelle an die Liebe der jungen Obilot zu Gawein denkt. Zur Ausgestaltung dieses an sich sekundären Erzählstrangs, der aber als wertvolle Ergänzung der Haupthandlung zu verstehen ist, setzt der Autor verschiedene Motivzitate ein. So kniet sich die Maid vor dem Ritter nieder und bittet ihn wie folgt: *Gentis chevaliers, done moi un don par la foi que tu doiz a la riens el monde que tu mieuz ainmes*, S. 10. Kniefall ist eine wichtige Feudalgebärde. Die Bitte um *un don* ist in Anlehnung an eine typische arturische Situation zu verstehen – am Hof erscheint da jemand und verlangt von Artus, auf dessen sprichwörtliche Generosität pochend, einen Blankoscheck, das *don contraignant*, meist mit bedenklichen Folgen. Dann noch die Beschwörungsformel – bei dem, was du am meisten liebst – der sich der Angesprochene nicht entziehen kann. Die Konzentration dieser Erzählmittel auf Lancelot – mit ist keine Parallele bekannt – setzt einen hohen Grad an Bewusstheit voraus, wodurch Lancelot innerhalb der Artusritter zusätzlich aufgewertet wird. Lancelot, als Minneritter des Fräuleins mit deren *manche* ausgestattet, gewinnt überlegen das Turnier, wenn auch schwer verwundet durch seinen Cousin. Mit der Gestalt dieser Maid kann der Autor dann ein weiteres wichtiges Motiv in die Erzählung einbringen, den Liebestod. Wie die Maid erkennen muss, dass dem Minnedienst Lancelots Grenzen gesetzt sind, kündigt sie ihrem Bruder gegenüber an, dass sie sterben werde: *car il m'est ensi destiné que je muire por lui*, S. 43, was sie etwas später gegenüber Lancelot ausspricht: *que vos sachiez veraiement que ge sui a la mort venue* … S. 67. Sie zählt auch die typischen Liebessymptome auf - Schlaflosigkeit, kein Appetit etc. Lancelot eröffnet ihr, dass er nicht Herr seines Herzens sei und nicht über seine eigene *volonté* verfüge. Etwas später entdeckt Gawein den Leichnam der Maid in einem der Schiffe, die in diesen Texten immer wieder aufkreuzen. Artus lässt sie in Kamaalot bestatten und versieht das Grab mit der entsprechenden Inschrift, S. 82. Diese zarte und tragische Minnebeziehung zwischen Lancelot und der *damoiselle* d'Escalot droht die Liebe zur Königin zu zerstören; es ist sogar von ihrem Hass gegenüber Lancelot die Rede, und es bedarf vieler und eingehender Interventionen, um das Missverständnis auszuräumen, was der Autor in ausführlichen und wirklichkeitsnahen Gesprächen darlegt. So führt z.B. Boorz ein intensives Gespräch mit der Königin, worin er Minneexempla aus dem Alten Testament und der Antike heranzieht und abschließend feststellt, dass es erst fünf Jahre her sei, *que Tristan en* (= wegen einer Frau) *morut*, S. 71. Eine derart präzise Zeitangabe aus der damaligen Gegenwart ist einmalig und lässt aufhorchen. In diesem Gespräch mit der Artuskönigin wird also ein präziser zeitlicher Bezug zur Tristantradition hergestellt, was diese Erzählstoffe auf bis dahin kaum bekannte Weise miteinander verflicht. Es handelt sich dabei auch nicht um einen Einzelfall. So kennt der Autor, wie erwähnt, genau das Lebensalter der Königin, 50 Jahre sei sie alt! In der

‚Queste‘ erfährt man, dass 490 Jahre nach Christi Tod die Inschrift am Sitz der Runde erscheint, und im ‚Perlesvaus‘ weist der *hermites* darauf hin, dass es noch nicht lange her sei – *novellement* – dass ein Ritter es versäumt habe, die Gralfrage zu stellen. In diesen Texten macht sich also ein Bewusstsein für reale zeitliche Zusammenhänge bemerkbar, das von einem sich anbahnenden neuen Wirklichkeitsverhältnis zeugt.

Im Gegensatz zu den Tristandichtungen unternimmt Artus nach der Entdeckung des Ehebruchs zunächst keine rechtlichen Schritte. Die Verhältnisse am Hof erscheinen bereits in ihrer Komplexität. Immer wieder versinkt Artus in tiefe Nachdenklichkeit. Berücksichtigung der Realität tritt an Stelle der Schematik der Überlieferung. So kommt es auch nicht zu einem Auszug des Liebespaares in ein Waldleben; die Königin und Lancelot ziehen sich auf seine Burg zurück. Die Königin wird dann auch nicht wegen Ehebruchs sondern wegen eines angeblichen Giftmordes öffentlich beschuldigt und soll auf den Scheiterhaufen kommen, S. 122. Es kommt auch zu richtiggehenden kriegerischen Auseinandersetzungen, worin es um ein Eindringen der mittelalterlichen Wirklichkeit und deren Problemen wie Vasallität und Loyalität geht, wie man sich auch vom herumschweifenden Kämpfer, der auf Zweikämpfe aus ist, grundsätzlich entfernt. Schließlich schaltet sich die Kirche ein, S. 153 ff. Auch da fällt der Unterschied zur Tristanmythe ins Gewicht. Im Tristan spielt nur der typische Einsiedler, Ogrin, herein und auf der Hofversammlung, auf der über Isolde entschieden wird, äußert sich der alte Bischof von Tamise recht versöhnlich. Nun wird dagegen sogar, wie bei mittelalterlichen Eheproblemen in Herrscherhäusern, der Papst bemüht, der erfahren hat, *que li rois Artus avoit sa fame lessiee et qu'il prometoit qu'il l'ocirroit.* Ihre Schuld, so die Meinung der Kirche sei nicht erwiesen und so ordnet *li apostoiles de Rome* den Erzbischöfen und Bischöfen des Reiches an, das ganze Land unter Exkommunikation zu stellen, falls Artus seine Gemahlin nicht wieder aufnehme *et la tenist en pes et an honor.* Artus ist zutiefst betroffen. Er liebt ja auch die Königin sehr, wie es heißt, - von Marke erfährt man nichts Derartiges – und sagt, wenn die Königin wieder zu ihm komme, sei auch der Krieg mit Lancelot beendet. Der Bischof von Rovecestre wirkt auf die Königin ein, indem er garantiert, dass Artus sie als Königin behandeln werde und die Angelegenheit damit beigelegt sei. Ginover erbittet Bedenkzeit, und da kommt es zu einem Gespräch mit Lancelot, Boorz, Hector und Lyonnel. Sie legt ihr Schicksal in die Hände dieser Ritter, ob sie nun zum König zurückkehren solle, wenn er Straffreiheit garantiere, oder bei ihnen bleiben. Hier tut sich also eine realistische Alternative auf, die z.B. im Tristan undenkbar wäre; dort dominiert die vorgegebene Handlung mit ihren poetischen Gesetzen. (Erst im Prosatristan wird z.B. nach der

Brautwerbung Tristans für Marke flüchtig die Möglichkeit erwogen, nicht mit Isolde an Markes Hof zurückzukehren!) Ginovers Worte an die Ritter sind ein Kabinettstück erlesener Prosa, in der jedes Wort sitzt, S. 154:
Zuerst antwortet sie dem Erzbischof: *Sire, fete ele, ge m'en conseillerei et vos dirai prochainnement ce qu'en m'en loera.*
Lors mande la reïne Lancelot et Boort et Hestor et Lyonnel en une chambre; et quant il furent devant lui, ele leur dist: „Seigneur, vos estes li home el monde ou ge plus me fi; or vos pri que vos me conseilliez a mon preu et a m'enneur, selonc ce que vos cuideroiz qui me vaille mieuz. Il m'est venue une nouvele qui moult me doit plere et a vos ausi; car li rois, qui est li plus preudom del monde, si com vos meïsmes dites chascun jor, m'a requise que ge m'en aille a lui, et il me tendra ausi chiere comme il onques fist plus; si me fait grant honour de ce qu'il me requiert et de ce qu'il ne regarde a ce que je me sui tant meffaite envers lui. Et vous avrés prou en ceste chose, car sans faille je ne me partirai jamais de ci, s'il ne vos pardone son mautalent, a tout le moins en tel maniere qu'il vos en lera aler hors del païs, si que vous n'i perdrés riens, tant comme vous serez en cest païs, vaillant un esperon. Or m'en loez ce que vous voudroiz, car s'il vos plest mieus que je remaigne ci avoc vous, je remanrai, et se vos volez que je m'en aille, je m'en irai. – Dame, fet Lancelos, se vos en fesiez ce que mes cuers desirre, vos remeindriez; mes neporquant, por ce que ge vueill que cist aferes aut plus a vostre enneur que selonc mon desirier, vos en iroiz a vostre seigneur le roi Artu. Car se vous ore n'i aliés après cest offer qu'il vous a fait, il n'est nus qui ne puist apertement connoistre vostre honte et ma grant desloialté; et pour ce voel je que vous mandés au roi que vous irés a lui demain. Et je vous di que, quant vous partirés de moi, vous serez si richement convoiee a nos pooirs que onques haute dame ne fu plus bel; et ceste chose, dame, ne di je mie pour ce que je ne vous aim plus que onques a nostre vivant chevaliers n'ama dame, mais je le di pour vostre honour." Et lors li commencent li oel a larmoier et la roïne commença d'autre part a plourer.

Lancelots Antwort ist von gleicher Präzision. Mit dieser Entscheidungsfreiheit, die den Protagonisten zugestanden wird, tritt die Artus-Gralüberlieferung in ein neues Stadium ein, das man getrost ‚modern' nennen kann; nur das unausrottbare Renaissance-Klischee hindert uns daran. In der ‚Queste' sagt sich Lancelot, dem der Einsiedler eindringlich ins Gewissen geredet hat, in der Beichte von der Liebe zur Königin los – das hört sich mittelalterlich an. Im ‚Perlesvaus' gesteht derselbe Lancelot auf menschlich anrührende Weise, dass es ihm unmöglich sei, von diesem *peccatum dulce* abzulassen. Nun aber vermag er es aus freiem Entschluss, aus Einsicht in die Wirklichkeit des Hoflebens, die über das Herz siegt. Lancelot versichert der Königin, dass dies nichts an seiner Liebe zu ihr ändere, *mais je le di pour vostre honor*, S. 155. Boorz, der, wie er sagt, Lancelots *cuers* kenne, rät davon ab; Lancelot bleibt aber dabei. Die Königin bespricht sich mit dem Bischof, der dann alles regelt. Mit Sicherheit kann man sagen, dass stoffliche Vorgaben, die es gegeben haben wird, sich auflockern, verfügbar werden und sich Alternativen ergeben, die sich zur Wirklichkeit hin öffnen. Der feste Begriff *materia* verliert seine verbindlichen Konturen. Neues entsteht.

Die Nacht verbringt Lancelot in großer Trauer. Am Morgen, bevor die Übergabe der Königin an Artus stattfindet, übergibt er ihr den Ring, den er einst von ihr erhalten hat, S. 157. Im ‚Tristan‘ Gottfrieds, in der großen endgültigen Abschiedsszene, ist es Isolde, die ihrem Geliebten den Ring als bindendes Vermächtnis überreicht!

Das volle Ausmaß dessen, was die ‚Mort Artu‘ hier an Neuem bietet, wird klar, wenn man diese Episode mit der Parallelsituation bei Berol vergleicht. Dort heißt es, dass nach drei Jahren die Wirksamkeit des Minnetranks erlischt, Tristan sich dessen schlagartig bewusst wird, V 2158 ff, und als Folge davon Isolde an Marke übergibt. Der Einsiedler fungiert als Vermittler.

Mit dem ureigensten Entschluss der Beteiligten zieht der Autor einen Schlussstrich unter die großartig beklemmende Lancelotgeschichte und unterstreicht dadurch aber auch deren Relevanz im Denken der literarisch interessierten Öffentlichkeit. Die zentrale Stellung der Liebesthematik und dieser Abschluss der Liebeshandlung, worin sowohl der primitive Weiberheld Lanzelet als auch der exaltierte Karrenritter Chrétiens auf neues Niveau gebracht wurden, beeinflussen auch das Schicksal des Königs Artus. Das, was 100 Jahre zuvor Galfred und Wace darüber zu sagen hatten, verliert an Bedeutung. Nun heißt es aber in der Einleitung, dass Walter Map diesem Schlussteil der *aventures del seint graal* den Titel ‚la Mort le roi Artu‘ gegeben habe, worauf der Hinweis auf die Schlacht bei Salisbury folgt. Das Bedürfnis nach einem, wenn auch dürftigen Anschluss an die Historie war also vorhanden, doch hatte es damit auch schon sein Bewenden, denn wenige Zeilen später hat man es in erster Linie mit den Rittern und deren Problemen zu tun, was bis hin zum Schluss gilt, worin die Geschichte vom Untergang des Königs nur eine Episode ist. In diesem grundlegenden Umschichten zugunsten der Ritter muss auch etwas vom Selbstverständnis wichtiger Kreise der höfischen Gesellschaft zur Geltung kommen; Chanson de geste und Nibelungenlied halten es ähnlich. Dazu noch eine Überlegung. Im ‚Perlesvaus‘ fiel die penetrante Ausrichtung auf den Ritter, *buens chevaliers, meilleur chevalier* besonders auf; sie zieht sich durch die hier behandelten Texte, beginnt aber schon im ‚Erec‘ Chrétiens. Das Schicksal der Ritter hängt allein von ihrem Verhalten ab. Es geht da nicht um imperiale Macht und somit braucht das *fortuna*-Klischee nicht eingesetzt zu werden; es geht um das individuelle Verhalten. Der Autor des ‚Perlesvaus' war bemüht, den Artushof ganz und gar für *la nouvelle loi* zu vereinnahmen und ersparte es somit dem König Artus, dem Rad der *fortuna* unterworfen zu sein; der Begriff kommt in diesem Text nicht vor. In der ‚Mort Artu' setzt sich wieder die übliche Auffassung von der Unbeständigkeit weltlicher Macht und Herrschaft durch. In der weiter oben erwähnten nächtlichen Traumvision, in der König Artus das Rad der *fortuna* erscheint, wird das drastisch demonstriert. Er wird von der Drehung des Rads erfasst und zu Boden geschleudert, sein *orgueil terrien* wird zunichte, S. 227. Etwas später erklärt Segremor dem König, der über die Erschlagung Iweins erschüttert ist: *ce sont li geu de Fortune ... qu'ele vos vent chierement les grans biens ... qu'ele vos tolt de voz meilleurs amis*, S. 243. Etwas später ruft Artus aus: *Fortune qui m'a esté mere jusque ci, et or m'est devenue marrastre*, S. 247.

Nun ist die matière de Bretagne, wie sie in den Romanen erscheint, weniger der erzählerische Entfaltungsraum des Schicksals des Königs Artus als vielmehr seiner Ritter. Das gilt auch für die ‚Mort Artu', auch wenn einleitend mit diesem Titel das Artusschicksal als vorrangig erwähnt wird, der Roman selbst zeigt ein anderes Bild. Unmittelbar nach der Ankündigung des Untergangs des Königs Artus beherrschen die noch übriggebliebenen Ritter der Artusrunde die Szene. Das Anliegen des Autors besteht darin, die belastete Geschichte Lancelots auf überzeugende Weise zu Ende zu bringen. Neben dem Problem Minne/Ehebruch worauf der Autor bereits S. 3 der Einleitung die Aufmerksamkeit lenkt und dessen Bewältigung wir eben darzulegen versuchten, geht die Einleitung auch auf das Problem des Tötens ein, das offenbar als kaum minder gravierend empfunden worden sein muss. So wird gleich zu Beginn, S. 2, Gawein von Artus gefragt, wieviele Ritter er getötet habe und Gawein legt dazu ein bezeichnendes Geständnis ab. Er gesteht die Tötung von 18 Rittern und formuliert das auf bemerkenswerte Weise, indem er sagt, dies sei nicht deshalb geschehen, weil er *mieudres chevaliers que nus autre* gewesen sei, sondern dies sei vielmehr eine Folge der *mescheance, ce n'a pas esté par ma chevalerie, mes par mon pechié*, S. 2. Es geht dabei vor allem um den Tod des Königs Baudemagus, der nach Artus, schwerer wiegt als die Tötung von vier Rittern der Tafelrunde. Rittertypisches Töten erscheint also als *pechié*, womit ein starker religiöser Akzent gesetzt ist. Mit dieser Einsicht Gaweins ist das Thema Töten keineswegs erledigt; es wird einen Großteil des Werkes beherrschen und sich als ebenso wichtig wie das Thema Ehebruch erweisen. Der Autor führt am Beispiel Gaweins dieses seit Wace besonders prominenten Artusritters vor, wie verhängnisvoll Töten und Rächen die ritterliche Gesellschaft belasten und Freundschaft zu zerstören drohen. Ausgerechnet Lancelots tiefe Menschlichkeit wird sich darin bewähren können.

Im Kampfgewühl bei der Befreiung der Artuskönigin – der Scheiterhaufen war schon vorbereitet – erschlägt Lancelot den Bruder Gaweins, Gaheries, ohne ihn zu erkennen. Gawein sinnt nun gegenüber dem Freund Lancelot unerbittlich auf Rache. Lancelot ist zutiefst betroffen, dass er den Tod eines Ritters zu verantworten hat, den er über alles schätzte, S. 125. Gaweins Freundschaft gegenüber Lancelot schlägt in Hass um. Eng verflochten mit der Artushandlung beansprucht die Gawein-Lancelotfehde über 100 Seiten des Romans, stellt ein Kernstück darin dar und verleiht ihm eine neue Qualität. Der bei Galfred und Wace gegen Schluss hin in den Vordergrund rückende ‚historische' Kampf gegen Rom und dann gegen Modret gerät in der ‚Mort Artu' gegenüber der menschlich bedrückenden Auseinandersetzung zwischen Gawein und Lancelot ins Hintertreffen; eine Perspektivenverschiebung von großer Tragweite, was erneut zeigt, wie sehr die Ritterthematik die Vorstellungswelt beherrscht haben muss. Im ‚Iwein' sah das noch ungleich harmloser aus, wenn am Schluss Gawein und Iwein aufeinandertreffen. In der ‚Mort Artu' kommt es schließlich zu einem furchtbaren Zweikampf zwischen den beiden Eliterittern. Vor dem Kampf legt Lancelot noch seine Beichte ab über *touz les pechiés*, S. 194, wobei nicht mehr auf die *luxuria* zurückverwiesen wird, wohl aber auf die Tötung des Gaheries. Mit ungewöhnlicher Ausführlichkeit werden bereits die Vorbereitungen des Kampfes geschildert bis hin zur Zeitangabe *li jorz fu biax et clers, et li soleuz levez*, S. 195, was an die Chansons de geste erinnert. Der Kampf selbst nimmt den ganzen Tag in Anspruch. Um die Mittagszeit nimmt Gawein an Kräften zu – ein Reflex eines Sonnenmythos, hier aber verchristlicht zum Zeitpunkt der Taufe Gaweins. Lancelot gerät in arge Bedrängnis, hält aber durch und gegen Abend ist Gawein total erschöpft. Er hat auch eine Kopfwunde, was sich später als fatal erweisen wird. Lancelot bricht den Kampf ab als Sieger, weigert sich, Gawein zu töten, wie Hector ihm rät. Lancelot beugt sich also nicht dieser Automatik des Tötens in einem Rechtskampf. Artus rühmt ihn darob als *meilleur chevalier*, S. 202. Die Intensität des Menschlichen, die dabei zutage tritt, ist ohne Beispiel in der damaligen Artusliteratur. Im Abwehrkampf gegen die Römer, zu dem sich der aus dem Kampf mit Lancelot schwer verwundete Gawein noch aufrafft, bricht die Kopfwunde unter den Schlägen auf und es gibt keine Rettung mehr für ihn. Er lässt Artus kommen, verabschiedet sich von ihm, grüßt alle und lässt Lancelot sagen *que ge li mant salus seur toz les homes que ge onques veisse et ge li cri merci*, S. 220. Er will in Kamaalot beerdigt sein neben seinem Bruder, verfasst noch seine Grabinschrift, worin er sich anklagt; dann stirbt er *ses mains croisiees seur son piz.* Aus dem eleganten Pazifisten Gawein bei Wace ist eine tragische Figur geworden. Verglichen damit wird z.B. das Problem des Zweikampfs selbst bei Wolfram im Zweikampf Parzival/Feirefiz beklemmend flach abgehandelt, desgleichen die Tötung Ithers, worüber nur die Damen des Artushofes klagen; nur bei Gurnemanz wird etwas spürbar vom Leid, das dieses ritterliche Töten verursacht. In wenigen Jahrzehnten seit dem ‚Erec' ist es da zu einem Durchbruch gekommen, der die Artuswelt in ein anderes, modernes, Licht taucht.

In diesem Zusammenhang ist ein Seitenblick auf Wolframs ‚Willehalm' angebracht. Man entfernt sich damit von der Artusliteratur und hat es mit einem Werk zu tun, in dem von der Gattung her das Töten keine bloße Begleiterscheinung ritterlichen Treibens ist, sondern in der Vernichtung des heidnischen Gegners seine Rechtfertigung hatte und nicht weiter hinterfragt zu werden brauchte. Wolframs Neuerzählen des französischen Aliscanzepos greift aber nun derart in die Substanz der Vorlage ein, dass es einem Neuerfinden der *materia* gleichkommt. Die Beibehaltung der nackten Fakten des Geschehens verdeutlicht auf drastische Weise diesen Vorgang. Nach verlorener Schlacht, in der Vivians seinen schrecklichen Wunden im Geruch der Heiligkeit erlag, schlägt sich sein Onkel Willehalm durch nach Orange. Er stößt dabei auf zwei heidnische Könige und es kommt zu Kampf. Fast 200 Verse widmet Wolfram dieser Episode, doch diese gelten nicht der Kampfschilderung im engeren Sinn; Anderes ist ihm wichtiger, und darauf ist im Detail einzugehen. Es geht darum, den glänzenden Perserkönig Arofel als Vertreter der Minne darzustellen. Man achte dabei auf den Zusammenhang zwischen großartigem Äußerem und Minne! Man erfährt auch sogleich, dass er Giburgs Onkel ist, der konvertierten Gattin Willehalms, um derentwillen der Krieg entbrannt ist. In der Vorlage gibt Arofel die üblichen Beschimpfungen von sich und nennt Giburg eine *putain.* Nichts davon bei Wolfram. Seine aufwendige Schilderung der Rüstung des Heiden – immer diese Betonung des äußeren Glanzes, wobei jeder zu erwartende Hinweis auf heidnische *superbia* fehlt – nimmt Wolfram zum Anlass, seinen *meister* von Veldeke zu erwähnen, V 76,24 f, der das besser gekonnt hätte. De facto wird also Vergils Epos evoziert!

Von dem einen der beiden Heiden, Tenebruns, heißt es ohne Umschweife, dass er sofort getötet wird, und nun kann sich der Dichter Arofel zuwenden. Man wird ausführlich über Arofels Schwert informiert, V 77,24 ff, und man erfährt, *daz er sich kunde pînen von hôher kost in wîbe gebot*, V 78,12 f, womit die Minne ins Spiel gebracht ist. Damit ist man im Kernbereich von Wolframs Schaffen. Arofel wird gerühmt als der beste Ritter im heidnischen Heer, V 78,17, was Wolfram durch die bewusst deplazierte Einbeziehung Giburgs verstärkt, wenn er behauptet, dass die *milte* Giburgs auf die verwandtschaftliche Nähe zu Arofel zurückzuführen sei, denn dessen *milte* war unübertroffen. Man erwartet nun auch eine entsprechend ausführliche Beschreibung des Kampfes wie in der Vorlage und wird enttäuscht. Es heißt nur, dass Arofel heranstürmt, dass dabei ein Riemen der Rüstung riss, so dass der Beinschutz verrutschte und der Schenkel bloßlag, dass Willehalm diesen lächerlichen Zwischenfall höchst unfair ausnützte und dem Gegner das Bein abschlug. Der nun Wehrlose bietet *sicherheit* und Schätze und meint zurecht, V 79,22: *helt, dû enhâs deheinen prîs, ob dû mir nims mîn halbez leben.* Er greift damit auf das Leitwort *prîs* zurück, das man seit Kalogreants *aventiure*-Definition im Ohr hat. Die vom Dichter aufgebaute Erwartung, die diese Episode bestimmt, bildet die strukturelle Grundlage für die Tragik dieser einmaligen Situation. Willehalm überlegt, denkt an das, was er in der vorausgehenden Schlacht verloren hat, vor allem an seinen Neffen Vivianz, dessen Tod er nun rächen könne, fragt nach der Identität des Gegners, der sich sogar als Onkel Giburgs zu erkennen gibt, V 80,10, Schätze als Ausgleich für seine *schulde* anbietet, V 81,2 ff und sein einmaliges Pferd, doch Willehalm erschlägt ihn, V 81,12, was der Dichter mit einer Minneklage quittiert, V 81,18 ff, und mit der mehr als ungewöhnlichen Aufforderung an die christlichen (!) *wîp*, den Tod dieses Ungläubigen zu beklagen. Arofels Worte, in denen er *sicherheit* verspricht, lassen an die Ritterlehre des leidgeprüften alten Gurnemanz denken, V 171,25: *lât erberme bî der vrevel sîn. sus tuot mir râtes volge schîn: an swem ir strîtes sicherheit bezalt, der enhabe iu solchiu leit getân diu herzen kumber wesen, die nemet und lâzet in genesen.* Die Einschränkung auf den *herzen kumber* kann Willehalm für sich geltend machen und doch bleibt ein Rest, denn wie immer deutlicher wird, ist mit Arofel die Minne auf besondere Weise präsent, eines der höchsten Güter des Dichters, worauf gleich einzugehen ist. Die Tötung eines Wehrlosen aus Rache für den Verlust eines vertrauten Menschen erinnert, wie man schon bemerkt hat, an den Tod des Turnus in der Aeneis. Da Wolfram in diesem Kontext Heinrich von Veldeke erwähnt, gewinnt diese Parallele an Gewicht und rückt Wolframs Neubearbeitung des Aliscanzepos in den großen europäischen Zusammenhang, was zusätzliche epische Würde verleiht. Der Tod Hagens gehört ebenfalls hierher.

Hunderte von Versen später, ab V 202,19 ff, kommt der Dichter ohne ersichtlichen Grund aus dem Mund Willehalms selbst auf diese offenbar als besonders gravierende Episode zurück. Hörer und Leser sind auf diese eingeblendete seltsame Passage nicht gefasst, was deren Wichtigkeit erhöht. Ausgelöst wird der Rückblick Willehalms durch ein bedeutsames Requisit, durch Arofels kostbaren Schild, dem hier zusehends Symbolwert zukommt.

Nach der Tötung Arofels hatte sich Willehalm dessen Ausrüstung und Pferd angeeignet, Schwert und Schild werden eigens erwähnt, V 82,7. Was nun folgt, wird immer seltsamer. Auf seinem Ritt an den Königshof übernachtet Willehalm in einem Kloster. Dabei lenkt der Dichter erneut die Aufmerksamkeit auf Willehalms Ausrüstung, darunter auf den Schild, V 125,10. Er bemüht dabei sogar kritisch Chrétien de Troyes und vergleicht Arofel mit Feirefiz und dessen Ausrüstung, die er *durch minne* von Sekundille erhalten hatte, was zur unerwarteten Aufwertung dieser Passage beiträgt; erneut dieser Anschluss an ‚Parzival' und Betonung der Minne! Bevor Willehalm weiterreitet, *bevalh er sînen schilt* den Mönchen, V 126,6. Auf der Rückreise gelangt er, in Begleitung des Königs, wieder an dieses Kloster. In der Vorlage heißt in drei Versen nur, dass das Kloster samt dem Schild inzwischen abgebrannt sei, V. 392f. Wolfram dagegen kommt von dem Schild nicht los und entwickelt daraus eine sich immer mehr anreichernde unverhältnismäßig große Szene, in deren Mittelpunkt der Schild und Willehalms Schuldbekenntnis stehen. Zunächst weist der Dichter auf den Wert dieses Schildes hin, der den des abgebrannten Klosters übersteige, V 202,23 f, worauf der König – nicht ohne Humor – die seiner Ansicht nach nicht angemessene Ausrüstung Willehalms in Frage stellt, dieser sei ja nicht mehr der Jüngste, V 203,14. Nun legt Willehalm, ohne jeden Ansatz in der Vorlage los, erzählt, wie er den Perserkönig erschlug und dessen Ausrüstung an sich nahm. Die Tötung Arofels deutet er als Affront gegenüber der Minne, die ihm nun mittels der Zerstörung des Klosters den Schild entzogen habe, V 204,2, den zu tragen nur der Perserkönig würdig gewesen sei. Der kostbare Schild wird gleichsam zum Symbol der Minne und Arofel zu deren unersetzlichem Vertreter. Willehalm bekennt, dass er gegenüber der Minne schuldig geworden sei und *der minnen hulde durch die schulde verlorn* habe, V 204,25 f. Er holt dann weiter aus in seinem Schuldbekenntnis, indem er auf die Tötung des Tesereiz eingeht und fragt *wie möhte ich daz gebüezen*? V 205,4. Der jugendliche Minneritter Tesereiz wird hier zum heidnischen Pendant zum jugendlichen Märtyrer Vivianz. Beide verbindet die *süeze*. Bei Vivianz, so Wolfram, würde eine ins Meer geworfene Zehe genügen *des breiten mers salzes smac* in Zuckersüße zu verwandeln, V 62,11 und bei Tesereiz würde dort, wo er, der *minnaere*, erschlagen wurde, das Feld in weitem Umfang Zucker tragen, V 88,1. Nach weit über 100 Versen schließt Willehalm sein Schuldbekenntnis ab, indem er nochmals auf den Schild zurückkommt, V 207,27.

Was Wolfram hier mit seiner Neufassung des Aliscanzepos aus der kargen Schilderung des Kampfes mit Arofel herausspinnt, geht in der Verbindung von Töten und Minne im Kontext des Heidenkampfes in seiner „Humanität" über das hinaus, was Giburg in ihrer zurecht berühmten Toleranzrede bietet, dass nämlich auch die Heiden Gottes Geschöpfe seien, die man nicht wie Vieh abschlachten dürfe.

Zurück zur ‚Mort Artu'.

Dem Autor ist vor allem an der Entlastung Lancelots gelegen. Dies geschieht auf überraschend differenzierte und überzeugende Weise, was als keineswegs selbstverständliche erzählerische Errungenschaft dieser Literatur zu verbuchen ist. Dieser Ritter, der die Artuswelt ungemein bereichert und zu ihrer Humanisierung beiträgt, erfährt am Schluss des Romans eine weitere Aufwertung. Während Galaad nach Erfüllung seiner messianische Mission stirbt und Perlesvaus seine Tage als Einsiedler beendet, kann es von Lancelot sogar heißen, dass er als richtiggehender Priester, der täglich die Messe liest, seine Tage beschließt, S. 260. Der Erzbischof, dem in seiner Vision die Freude der Engel gezeigt wird, deutet dies im biblischen Sinn als die Freude über den heimgekehrten Sünder und preist darum die *penitance* über alles. Die Menschen küssen das Grab Lancelots.

Mit Blick auf die Artustradition darf man feststellen: überbietendes Neuerzählen als Schaffung einer neuen literarischen Wirklichkeit. Die gegenwärtige Diskussion um Fiktion, Wahrheit der Fiktion, ebnet die Unterschiede zwischen den in dieser Hinsicht sehr unterschiedlichen Werken ein. So wird in den frühen Artusromanen dieses Problem nicht sehr ernst genommen. Im ‚Erec' Chrétiens geht es um das gekonnte Erzählwerk, die *bel conjointure*, der er sich rühmt, und seinen Löwenritterroman beschließt der leichtgewichtige Hinweis, dass *son romanz* nun zu Ende sei, weil er keine Lügen erzählen wolle. Hartmann macht daraus ebenfalls kein Problem. Auf dieser Stufe der Entwicklung des neuen Romans wäre der Begriff Fiktion noch am ehesten vertretbar. Dabei blieb es aber nicht. Der Roman sollte an Dichte gewinnen und die anfängliche Leichtgewichtigkeit abstreifen. Wolframs auf die *grôzen triuwen* aufbauendes *niuwen* beansprucht mehr an Wirklichkeitssubstanz, Gottfried mit seinem *brot der lebenden* tut dies nicht minder. Die besprochenen französischen Prosawerke einer neuen Generation fügen dem wichtige Aspekte hinzu, die nicht im Fiktionalen aufgehen. So bestehen diese Werke mit auffälliger Beharrlichkeit darauf, dass das, was ‚geschah' sorgfältig aufgeschrieben wurde. König Artus selbst lässt es sich angelegen sein und dann wird, zusätzliche Autorität beanspruchend, Walter Map beschworen mit Ausblick auf den englischen König. Ich nehme das ernst, ungeachtet der für uns offenkundigen historischen Fragwürdigkeit. Die *bel conjointure* lässt man damit hinter sich, auch wenn wir dieses Neue nicht so recht fassen können; es ist da!

Erheblichen Anteil an der Verdichtung dieser spezifischen Erzählstoffe hatte m.E. die zunehmende gesellschaftliche Bedeutung des Rittertums, das sich in diesen Werken gespiegelt sieht. Die frühen Artusritterromane boten dafür bloß erste Ansätze. Mit dem Gralroman dürfte sich das verstärkt haben, man denke an Gurnemanz und an sein Lob des *order de chevalerie* und an Trevrizent. Da lässt sich eine ansteigende Tendenz erkennen. Das rasch sich durchsetzende Turnierwesen wird daran nicht unbeteiligt gewesen sein. Lag der Schwerpunkt ritterlicher Bewährung in den frühen Romanen und darüberhinaus vor allem bei der Tötung von Ungeheuern im Abenteuerwald, so entwickelt sich daneben und auch darüber als neues Betätigungsfeld des *chevalier* der Kampf auf dem höfischen Turnierplatz, gipfelnd in der ‚Mort Artu'. Lancelot, obgleich ihm wegen seiner sündhaften Beziehung zur Artuskönigin die entscheidende Vision des Gral versagt bleibt, erweist sich als der *meilleur chevalier du monde*, und das vollzieht sich im Turnier. Bei aller Bedeutung des Religiösen ist nirgends von einer Kritik an diesem Treiben zu erkennen; es handelt sich sozusagen um ein Tabu dieser Gesellschaft. Die sich vollziehende Konsolidierung des Ritterstandes als maßgebender Gesellschaftsschicht, die das höfische Dasein bis tief ins Spätmittelalter bestimmen sollte – man denke an den Turnierglanz im Burgund, der sich immer mehr von der Realität entfernte – zeigt sich verstärkt auch darin, dass nun neben dem einzelnen ritterlichen Protagonisten in diesen Romanen eine ganze Gruppe von charakteristischen Rittertypen ins Geschehen eingreift und dass jeder ein bestimmtes Eigenleben darin entfalten kann. Im ‚Erec' ist davon noch nichts zu spüren, im ‚Iwein' gibt es einen sachten Vorklang, wenn Gawein einbezogen wird, was sich im ‚Parzival' gesteigert fortsetzt.

Wir gingen vom Faktum des Neuerzählens aus, beginnend mit biblischen und antiken Stoffen. Dieses Neumachen erschöpfte sich nicht in dem, was man oberflächliche Vermittelalterlichung nennen kann, bei den antiken Stoffen, verbunden mit punktueller Einbeziehung typisch christlicher Vorstellungen wie z.B. Hinweise auf Hybris etc. Mit dem Neuerzählen der Stoffe aus der matière de Bretagne änderte sich das grundlegend, was dann sogar auf das Neuerzählen germanischer Sagenstoffe im Nibelungenlied übergreifen konnte. Das Neuerzählen der bretonischen Stoffe hatte eine unvorhersehbar befreiende Wirkung und öffnete der volkssprachlichen Literatur neue Möglichkeiten. Das mag auch damit zusammenhängen, dass diese Stoffe nicht durch verbindliche religiöse oder bildungsmäßige Vorgaben – Bibel und Antike – festgelegt waren, sondern als offener und freier verfübar empfunden werden konnten. Entscheidend ist, dass man diese Chancen auch wahrgenommen hat. Mit dem Einbruch der matière de Bretagne konsolidierte sich auch die neue und zukunftsträchtige Problemkonstellation aus Ritter, Minne und Töten, die die jeweiligen nun entstehenden Dichtungen auf unterschiedliche Weise prägte. Das auf dieser Grundlage einsetzende

Neuerzählen ermöglichte es, in bisher nicht gekannte Bereiche vorzustoßen, Freiräume zu öffnen und der volkssprachlichen Literatur neue Seins- und Funktionsweisen zu erschließen, was auch im Hinblick auf die Diskussion um das Fiktionale zu beachten ist. Dabei wurde auch, wie gezeigt werden konnte, das Humanum auf neue Weise gestaltbar, was gleichzeitig zu einer Vertiefung des Religiösen führte. Die Fähigkeit, sich auf das Menschliche einzulassen, wirkt auch darin, dass eine echte Humanisierung stattfindet, die weitere Kreise zieht. Sie erfasst z.B. nicht nur die Hauptgestalt Lancelot. So wird in der ‚Mort Artu‘ die tiefe Freundschaft, die Gawein mit ihm verbindet, erfahrbar gemacht, wir erleben dann, wie sie sich in bitteren Hass verwandelt, als Gawein erfährt, dass Lancelot seinen Bruder getötet hat, und wir fühlen mit ihm, wie er schließlich, todgeweiht, zur Einsicht kommt, sich versöhnt und stirbt. Auffallend ist auch, wie differenziert der sonst so stereotyp dargestellte König Artus erscheint. Er reagiert auf die Kunde vom Ehebruch gerade nicht wie König Marke, sondern wird als Mensch fassbar, der erwägt, unterscheidet, Lancelots Leistungen und Größe anerkennt etc.

Am Beispiel von Chrétiens Karrenritterroman und Gottfrieds ‚Tristan‘ und der großen Prosaromane andererseits sei abschließend die Spannweite dieser neuen Möglichkeiten angedeutet. Das Thema Ehebruch, das offenbar besondere Anreize bot, sollte sich als zentral erweisen. Es geht, wie erwähnt, um die Verlagerung dieses Themas vom ‚historischen‘ und üblen Modret, dem Neffen des Königs Artus, auf den unhistorischen edelen Ritter Lancelot. Die Intensität mit der z.B. im ‚Perlesvaus‘ auf dieses Thema eingegangen wird, konnte am Beispiel des großen Beichtgesprächs Lancelots aufgezeigt werden. Verglichen damit fallen die etwas früher entstandenen Werke Chrétiens und Gottfrieds mit ihrer Behandlung der Ehebruchthematik durch ihr fast provokantes Ignorieren von Sünde, Schuld und Reue aus dem mittelalterlichen Rahmen, sowohl seitens der Autoren als der Protagonisten. Das ist umso bemerkenswerter, als es sich bei diesen Werken um Literatur auf besondes hohem Reflexionsniveau handelt und sowohl Naivität als auch Religionslosigkeit auszuschließen sind. Wenn also die gläubigen Autoren und ihr Publikum sich nicht an dieser Amoral stießen, so dürfte dieser gravierende Unterschied gegenüber den Prosawerken mit der Auffassung vom Status und vom Wesen der Literatur zu tun haben; das Aufzeigen derartiger Unterschiede ist ja ein Anliegen dieser Untersuchung. Wenn Chrétien seine *antancion* den *commandements* seiner Mäzenin unterordnet und Gottfried sich selbst seine *unmüezekeit* auferlegt, so verliert die vorgegebene *materia* ihre Verbindlichkeit, wird gleichsam freigegeben, um mit ihrer moralischen Fragwürdigkeit das Können des Bearbeiters herauszufordern, dessen Aufgabe nun darin bestand, einem höfisch elitären Publikum neue Facetten des

Eros zu präsentieren. Ich sehe da eine Übereinstimmung mit dem, was in der damaligen anspruchsvollen Lyrik das Tun der Troubadours und Minnesänger bestimmte, die von Lied zu Lied in immer neuen Wendungen das Phänomen Minne umspielten. Wie weiter oben vorgeschlagen, wären Karrenritterroman und Gottfrieds Tristan diesem großen und geistvollen Gesellschaftsspiel zuzuordnen. Es zeugt von der erstaunlichen Bandbreite dieser Literatur, dass in den betrachteten großen Prosaromanen die Ehebruchthematik ebenfalls auf anspruchsvolle Weise aus dieser hochstilisierten Welt nun wieder auf den Boden religiöser Verantwortlichkeit zurückgeholt und damit auch in die Geschichtlichkeit der Artuswelt eingefügt wurde, wenn mit allem Nachdruck die *veritas* beschworen wird, zusätzlich gestützt durch die exakten Hinweise auf die Aufzeichnung der Geschehnisse durch Walter Map und den Anteil der Mönche. Seinsweise und Funktion dieser Werke erscheinen dadurch in anderem Licht als Chrétiens Roman oder Gottfrieds Tristan. All das geht an die Substanz der vorgegebenen *materia*, wie bei Wolfram und im Nibelungenlied auch.

Das überbietende Neuerzählen mit seinem besonderen Seins- und Funktionsverständnis von Dichtung ist nicht ohne Relevanz für Literaturtheorie und Poetik mittelalterlich volkssprachlicher Literatur auch für die ‚nachklassische' Zeit. Autoren der neuen Generation wie Rudolf von Ems, Ulrich von Eschenbach u.a. blickten bewundernd auf ihre Vorgänger zurück, folgen aber zugleich ihrem eigenen Literaturverständnis, das uns verstört und ratlos macht, auch wenn man sich jahrzehntelang um ‚historisches' Verstehen bemüht hat. Wie Haug in seiner scharfsinnigen Analyse zeigen konnte, hat z.B. Rudolf von Ems in seinem Wilhelm von Orlens eine abgespeckte Variante der Tristanfabel vorgelegt, gleichsam ad usum delphini; ein Indiz dafür ist u.a. sein harmloser Umgang mit Gottfrieds ‚edelen herzen'.[53] Man steht da etwas ratlos vor einem grundsätzlichen Problem der Mediävistik, das einem die Fremdartigkeit mittelalterlichen Empfindens drastisch bewusst macht. Wir gehen nicht weiter darauf ein, ebensowenig wie auf die nicht minder beunruhigende Frage, inwieweit die hier betrachteten Dichtungen auch als Beitrag zu der großen abendländischen Bewegung der Säkularisierung zu verstehen wären. Gerade das besonders eifrige Bestreben, die rezipierte profane Artuswelt total religiös zu vereinnahmen, könnte in diese Richtung weisen.

Das beharrliche Neuerzählen hatte mit dem Verlangen nach intensiver Vergegenwärtigung zu tun. In diesem Zusammenhang sei abschließend die Frage aufgeworfen, ob da nicht eine eigentümlich mittelalterliche Verbin-

[53] Walter Haug, Literaturtheorie im deutschen Mittelalter, Darmstadt 1985, S. 320ff.

dung zur Architektur, zur Bildenden Kunst und Malerei bestehe; darin ging es vor allem darum, das Heilsgeschehen in seiner Vielgestalt immer neu zu vergegenwärtigen; bloße Nachhilfe für des Lesens Unkundige war das ja wohl nicht. Die Handschriften und kostbaren codices konnten auch dazu beitragen, dem Buchstaben der Dichtkunst besondere Präsenz zu verleihen; das wäre vielleicht auch in die Diskussion um die ‚Fiktion‘ einzubeziehen.